鲍勃·迪伦传

时代变了

BOB DYLAN

The Times They Are a-Changin'

艾米/著

中国工人出版社

图书在版编目（CIP）数据

鲍勃·迪伦传：时代变了／艾米著. —北京：中国工人出版社，2016.10
ISBN 978-7-5008-6571-1

Ⅰ.①鲍… Ⅱ.①艾… Ⅲ.①迪伦（Dylan，B.）—传记 Ⅳ.①K837.125.76

中国版本图书馆CIP数据核字（2016）第259148号

鲍勃·迪伦传：时代变了

出 版 人	芮宗金
责任编辑	左 鹏
责任校对	董春娜
责任印制	黄 丽
出版发行	中国工人出版社
地 址	北京市东城区鼓楼外大街45号 邮编：100120
网 址	http://www.wp-china.com
电 话	（010）62350006（总编室） （010）62005039（出版物流部） （010）62379038（社科文艺分社）
发行热线	（010）62005049 （010）62005042（传真）
经 销	各地书店
印 刷	北京市密东印刷有限公司
开 本	710毫米×1000毫米 1/16
印 张	19
字 数	260千字
版 次	2017年1月第1版 2017年8月第2次印刷
定 价	39.00元

本书如有破损、缺页、装订错误，请与本社出版物流部联系更换

BOB DYLAN

The Times They Are a-Changin'

目　录

BOB DYLAN

The Times They Are a-Changin'

序　言

时代会老去，它不断向前奔走，无法回头。

粉丝会老去，即使他们愿意沉浸在梦幻里不愿醒来，但依旧无法阻挡岁月在脸上雕刻的皱纹。

诗歌的吟唱却始终没有老去，正如他低声哼唱着“forever young”，重新连接起音乐与诗歌的桥梁。

2016年深秋，诺贝尔文学奖出人意料地颁给我们的一位老朋友——鲍勃·迪伦。他是一位囊括格莱美大奖的音乐人，是被美国总统奥巴马亲手颁发自由勋章的人，是无数歌迷心目中的音乐教父。但这一次，他因“重新定义了文学的疆域”，而获得了另一重荣耀身份。

这是一个耐人寻味的答案，所有的媒体都在不同立场和角度翻炒这个话题，而鲍勃·迪伦本人早已宠辱不惊。适当的沉默，或许就是对一切最好的回应。

“我觉得自己先是一个诗人，然后才是个音乐家。我活着像个诗人，死后也还是个诗人。”这是鲍勃曾经对自己的评价，如今倒也别有意味。半个多世纪以来，他不断成就自我，不断颠覆自我。

民谣诗人鲍勃·迪伦唱出人们心中的摇摆与彷徨，他却拒绝被归纳风格；接着，他以摇滚的姿态重新出发，也饱受争议；信仰基督教后，他因推出福音专辑而被不少昔日的歌迷所指责；20世纪80年代，他以更自由的风格重出江湖，打开自由天地。他成了太多的文化标签，又亲手将这些标签一一撕碎，因而他说："我不想再为任何人写歌，不想成为什么代言人，只想从我的内在出发来创作音乐。"

对于中国这片土地来说，其实很多人对他的名字感到陌生，但也有一大批人将他奉若神明。余光中、林怀民、罗大佑、陈升、赖声川、汪峰等人都不讳言这位音乐大师对自己的深刻影响。如今伴随着诺贝尔奖项的巨大影响，他的作品也敲开更多人心灵的天堂，当然，大部分是喧哗路过，小部分是深刻根植。

舆论的热度终会过去，只有留下来的静默，才是信仰。

如果他的歌词进入过你的灵魂，相信你明白，他本来就是一个伟大诗人，获奖并非因为跨界，而是命中注定。如果他湿润的眼神望向过你的心底，相信你懂得，他看似冷漠的脸庞下，流动着沸腾的血。

BOB DYLAN

The Times They Are a-Changin'

第 1 章

最好的事情将要来临

The best is always yet to come

1. 如果现场安静，他就会歌唱

1941 年 5 月 24 日 9 点 05 分，在德卢斯的圣玛丽医院内，一名男婴顺利诞下，体重是七磅一盎司。在办理完毕出生登记手续和割礼仪式的四天之后，新生儿有了属于自己的两个名字，希伯来语的名字叫作沙泰伊·西塞尔·本·亚伯拉罕，俗世的名字取了当时最为普遍的男孩名字——罗伯特·艾伦·齐泽莫曼。除此之外，为了好记顺口，身边人从这个时候开始叫男孩子鲍勃或者博比。

鲍勃的母亲名叫比阿特丽斯·斯通，人们经常称呼她为比蒂。比蒂的祖父母是原本居住在立陶宛的犹太人本杰明·埃德尔斯坦和莉芭·埃德尔斯坦，1902 年的时候，他们带着孩子移居到了美国，辗转两年之后，定居希宾城。比蒂的祖父埃德尔斯坦经营着多家电影院，而他的大女儿佛罗伦萨则和与她一同出生于立陶宛的本·斯通结婚了，并且在希宾城内开了一家主要为矿工家庭提供服务的服装店。1915 年，鲍勃的母亲比蒂出生。佛罗伦萨和本·斯通一共有四个孩子，比蒂排行老二。斯通家是一个音乐爱好者之家，鲍勃的母亲比蒂本人就会演奏钢琴。

1866 年，梅萨比矿区被发现后，立刻成为美国的主要矿区之一。该矿区由西北部连成一线的几座采矿城市组成，希宾则是梅萨比矿区最大的一座城市。尽管如此，它的居民却只有一万人左右，犹太人就更少了。因此，对比蒂和她的姑妈埃塞尔 · 克里斯朵（埃塞尔 · 克里斯朵与比蒂年纪相仿，二人形如姐妹）而言，和同族人交往就变成了一件非常困难的事情。所以，她们经常到德卢斯去走亲访友。

德卢斯是渔业港口，却主要销售来自梅萨比矿区的铁矿石。铁矿石用火车运抵德卢斯，然后再用船运至芝加哥和匹斯堡的钢铁企业。德卢斯位于明尼阿波利斯和圣保罗市构成的双子城以北一百五十一英里处，就建立在苏必利尔湖东岸的悬崖之上。德卢斯的城市规模比较小，却非常繁华，当地的气候和俄罗斯十分接近——夏季短暂，而冬季漫长难熬。

在德卢斯逗留的时候，比蒂和她的姑妈埃塞尔 · 克里斯朵出席了一些新年聚会。在聚会期间，埃塞尔 · 克里斯朵将比蒂介绍给了亚伯 · 齐泽莫曼，即鲍勃的父亲。

亚伯 · 齐泽莫曼的父母是东欧犹太移民齐格曼 · 齐泽莫曼和安娜 · 齐泽莫曼。齐格曼 · 齐泽莫曼 1875 年出生于黑海港口的一座城市敖德萨，当时的敖德萨正处于沙皇尼古拉二世的强权统治之下，沙皇谴责犹太人不停地攻击俄罗斯帝国的言论直接导致了暴徒杀害数千无辜民众的人间惨剧。到了 1905 年 1 月，反犹风潮波及敖德萨，一万五千名俄罗斯帝国的拥护者走上街头游行，一边高喊着“打倒犹太人”的口号，一边用绞索和枪支等残忍杀害了一千名犹太人。在这场惨烈的大屠杀之后，齐格曼 · 齐泽莫曼不得不逃离家园。他和大批移民一同搭乘了一艘前往美国的船只来到了德卢斯。初到这里时，齐格曼只是以在街头修鞋、做小贩为生，过了一段时间，齐格曼逐渐安稳下来，他便将还留在俄罗斯的妻子安娜及三个孩子马里昂、莫里斯和保罗也接到了美国，而杰克、艾布拉姆（即亚伯）和马克斯这三个孩子则是齐格曼和妻子安娜在美国重聚之后才出生的。

从七岁开始，亚伯 · 齐泽莫曼便开始做一些擦鞋、卖报等杂工来赚钱补贴家用。亚伯戴着一副眼镜，个子也不高，却十分喜欢运动，并且还是一个十足的音乐爱好者。齐泽莫曼家的孩子们共同组建了一支小型的乐队，亚伯和杰克拉小提琴，马里昂则弹奏钢琴。三个人都拥有音乐方面的天赋，还常常在一些中学进行同台演出。1929 年，亚伯・齐泽莫曼中学毕业后进入了美孚石油公司开始工作，然而没过几个月，就发生了华尔街股票的崩盘。

“亚伯是个美男子，每个人都非常喜欢他。”比蒂的姑妈埃塞尔・克里斯朵如此称赞亚伯。

事实上，亚伯是个安静得有些过头的年轻人，而比蒂则性格十分活泼可爱，两个人的性格差异正好形成很好的互补。

在比蒂十九岁生日后的第三天，也就是 1934 年 6 月 10 日，比蒂和亚伯在比蒂母亲的家中成婚，当时的亚伯只有 22 岁。

1934 年的时候，整个美国还笼罩在经济大萧条的阴霾之中，中西部的佃农不断向加利福尼亚进行迁移，报纸上连篇累牍地报道暴徒们所犯下的罪行，包括邦妮和克莱德（美国 20 世纪 30 年代的一对雌雄大盗，在得克萨斯州等地持枪抢劫银行，最后被警方击毙）三月间在圣保罗所引发的枪战。亚伯和比蒂在芝加哥度过了蜜月，几周之后，约翰・迪林杰（美国 20 世纪 30 年代知名的劫匪，于 1934 年 7 月伏法）也在这座城市被枪决。这是一段从未有过的困难时期，因此，直到 6 年之后，亚伯和比蒂才得以自立门户，而在这 6 年间，他们一直和亚伯的母亲安娜一同居住在德卢斯。

第二次世界大战的爆发和富兰克林・罗斯福的新政将美国从经济大萧条的泥淖中拯救了出来。

1941 年，亚伯・齐泽莫曼进入了美孚石油公司的主管层，他和妻子比蒂也终于有了足够的资金购买属于两个人的居所，他们搬入了德卢斯东三大街北519号一栋建立在小山上的隔板房内，房子的屋顶坡度陡峭，带有阳台，而当时的比蒂正怀着鲍勃。

在中心山腹区居住的主要是犹太人和波兰人，街道的另一头有一座犹太教堂，斜坡上则有一家欧式的面包房、一家普通的商店、一家希尔斯·罗克巴零售公司以及一家罗塞尔贩酒店。终年冰冷的苏必利尔湖幽深而辽阔，这也使得德卢斯即使是在仲夏时节仍被阴冷的雾气笼罩着。在这里，可以嗅到海洋的清新气息，听到海鸥的鸣叫，每当过往的船只靠近陆标阿瑞尔桥的时候便会拉响汽笛，而守桥人听到汽笛后也会进行回应。在整个第二次世界大战期间，这些声音和景象伴随着漂亮的小鲍勃逐渐长大。

1946年，即第二次世界大战结束之后的第一年，鲍勃进入了离家有两个街区远的内特尔顿小学。也是在这一年的一次家庭聚会上，大人们怀着娱乐的目的鼓励孩子们进行节目表演。轮到鲍勃时，只有四岁的他跺了跺脚，神情十分专注地说："如果在场的每个人都能保持安静的话，我就为祖母献唱一首，歌名叫作《某些周日的清晨》。"这是鲍勃首次在家庭聚会上进行表演，并且十分成功，下面的听众纷纷要求鲍勃再来一首，点唱的是当时收音机里经常播放的一首流行歌曲——《性感之声》。对于这件事，鲍勃的母亲比蒂深感骄傲，她称人们不断地打电话前来向她和丈夫表示祝贺，她们家里的电话因此响个不停。

首次在家庭聚会上进行表演之后不久，小鲍勃又获得了第二次表演的机会。这一次，是在他的母亲比蒂的妹妹艾琳的婚礼上，亲朋好友们纷纷表示希望鲍勃可以再次献上一曲，但是鲍勃则显得十分勉强，最后，在父亲亚伯的劝说之下，鲍勃还是同意了演唱。在开始表演之前，鲍勃再次向脸上挂满兴奋神情的听众们说："如果现场安静，那么我就会演唱。"不出意料，这又是一次很成功的表演，听众们给予了鲍勃热烈的掌声。而在鲍勃表演之前就许诺愿意为此付钱给鲍勃的一位伯父甚至迫不及待直接将钱塞到了鲍勃的手中，但鲍勃让母亲比蒂将这些钱还了回去。

“听到他的歌声时人们都会快乐地笑起来，我可以说，他是一个非常可爱、非常与众不同的孩子，我想，我们当时从来没想到他有朝一日会成为著名歌手……当同龄的孩子们还在唱‘玛丽有只小羊羔’时，他已经在演唱《性感之声》了，而人们也因此认为他富有才华。”鲍勃的父亲亚伯这样回忆说。

鲍勃的弟弟大卫·本杰明于 1946 年 2 月出生，而与此同时，鲍勃的父亲亚伯却罹患了当时的流行病之一：脊髓灰质炎。在医院经过一周治疗后，亚伯回到家中，他称自己爬上台阶的样子活像一只猿猴——他必须重新学习如何行走。在家中休养了六个月之后，亚伯因为这个疾病失去了在美孚石油公司的工作，坚强的他勇敢地承受住了这一系列不幸的打击，但他从这之后再也无法正常行走，并且终身饱受疾病的折磨，而这所有的痛苦是当时的鲍勃所不能体会的。

父亲失去了工作，家里的经济开始紧张起来，齐泽莫曼一家不得不迁居到了希宾城以寻求亲戚的接济，因为比蒂的家就在希宾城，而亚伯的两个兄弟也在希宾城里做生意。

希宾城在德卢斯西北七十五英里处，连绵数百英里的湖泊区和森林将希宾城和加拿大隔离开来。在第二次世界大战期间，对钢铁的巨大需求让希宾城得到了飞速的发展，人口一下子激增到了一万八千人，在第一大街和霍华德大街的周围已经形成了非常热闹的街区。希宾城的支柱产业是采矿，赫尔·儒斯特·马赫宁矿坑足有三英里长、五百多英尺深，被当地人称为“北方人工开凿的大峡谷”。矿坑在希宾城北面的 1.5 英里处，然而铁矿石遍地都是。城市被红土覆盖的小山环绕着，一些面积较大的山顶上也已经建起了房屋，运输车从铁矿区开往周围的建筑物。在这里：人们常说，“去过希宾城之后就必须用水清洗一下耳朵里的矿尘”。

希宾城的繁荣和奥利弗矿业公司的命运息息相关，因此人们绝对有足够的理由善待这一矿区。据说在“二战”时和“二战”后对矿石需求非常之高的那段时期，希宾城的生活水平上升到了全美平均线以上，在希宾城内的每一个能喘气的人都得到了一份工作。

每逢独立日，希宾城内的建筑物上都会升起星条旗。这是一座典型的小城市，这里的每一个人都相互熟识，甚至非常了解彼此的父母、祖父母……每一户居民的情况大同小异，要么是在希宾中学教书，要么是在菲尔德曼百货商店里上班。平日里，大家会一同坐在萨米比萨餐馆的餐桌旁用餐。希宾城的居民不喜欢显得过于特殊或者突出，对他们而言，最重要的是邻里之间的融洽相处，因此这里的群体意识要比美国的其他地方更加强烈。

和美国其他任何一座城市相比，希宾城十分偏僻的地理位置使得它最为接近加拿大。透过荒凉的地平线，可以看到北极光的闪动，在松树林里，可以窥见熊的活动踪迹。到了隆冬季节，这里的每一个人都会显得极其安静，人们必须将堆积在汽车上的厚厚的雪铲掉，没有人会到处走动，而且这种情况需要持续将近八个月之久，人们似乎除了透过窗户向外面张望之外无事可做，简直是生活在静悄悄的幻觉之中。

希宾城最开始的位置还要更靠北一些，只是 1912 年奥利弗矿业公司决定进行扩建后，居民们不得不因此进行迁移，他们把自己的房屋架在轮子上沿着大路向前行进，只留下一座幽灵一般的“北希宾城”。不过，作为对这一城市剧变的补偿，奥利弗矿业公司投资建设了城市的很多主体建筑，包括安德罗伊旅店、一个全新的商业区还有市政厅，这些建筑物的宏大规模让希宾城看上去很是富裕。与此同时，奥利弗矿业公司还仿照纽约市的首都剧院修建了一座十分奢华的礼堂，以及一所设施良好的中学作为城市重建工程的一部分，因为希宾城里的居民大部分都是在抵达美国时处于半文盲状态的移民，他们非常希望可以给自己的孩子们创造更好的生活条件。

齐泽莫曼一家刚刚搬到这座城市的时候，北希宾城的迁移工作还在进行中，正面临着暂时性的住房短缺，因此他们便不得不先和比蒂的母亲佛罗伦萨·斯通暂时住在一块儿了。

2. 第七大街 2425 号

1948 年的时候，齐泽莫曼一家搬到了第七大街 2425 号。这是一栋独立的两层小楼，屋里有一条走廊直接通往起居室，经过中央双向楼梯可以到达二楼的三间卧室。这栋小楼连接了希宾城的供暖系统，热蒸汽被抽取出来从地下送往临近市区的房屋，因此住户们也就不用再使用火炉供暖了。鲍勃的父亲将小楼的地下室改装成了娱乐室，用松木镶板对墙壁进行了装饰。鲍勃还在家里的挂壁式电话上刻下了“B.Z”——这是他自己名字的两个首字母。鲍勃和弟弟大卫一同住在小楼后面的一间卧室里，这间卧室有两扇窗户，一扇窗户对着第二十五大街的西面，另一扇则正对着第七大街的南面。两扇窗户的下面是一间平顶车库，除此之外，亚伯一家还有另外一间车库，他们将那间车库租给了面包房让他们用于存储物品，所以每到傍晚时分，孩子们就会围住前来运送面包的卡车，捡拾从卡车上掉下来的那些小面包圈。

第七大街 2425 号距离鲍勃和大卫就读的希宾高中有两个街区之远，距离鲍勃的父亲亚伯工作的地方则需要步行十分钟。这里是鲍勃整个孩童时期的重要居所。搬到这里来以后，鲍勃的母亲比蒂经常会组织一些非常有趣的家庭聚会，邀请小楼附近居住的几个和鲍勃同龄的孩子们到家中做客或者一起到侧湖（位于美国明尼苏达州圣路易斯县法国镇区，是一片未予承认的自治区域，附近是麦卡锡海滩国家公园）漫步等来帮助鲍勃他们结识新的小伙伴，就这样，鲍勃认识了比尔·马里内克、弗隆兄弟以及卢克·德威兹这些好朋友，其中比尔·马里内克后来还在鲍勃上中学时组建的一支乐队里担任了贝斯手。夏天的时候，他们几个会一起到湖边钓鱼、游泳；到了冬天，他们就打曲棍球或者溜冰。小的时候，他们也只是结伴在中学旁边的操场上一起做游戏；等大家都长大了一些之后，他们又跑到假山上去玩耍，在那被红土覆盖的山坡上尽情打滚。不仅如此，他们还会一起骑自行车到矿坑旁边，在高高的山崖上兴致勃勃地俯瞰如同玩具一样来回开动的卡车，他们偶尔也会骑车到班尼特公园溜达。

1949 年 9 月，北部各州的矿工们举行了为期两个月之久的集体罢工以向美国钢铁企业的老板们争取保险金和养老金，矿区原本昼夜不停运作的蒸汽机车一下子陷入了死一般的沉寂，爆破声和喇叭的轰鸣声也消失得无影无踪。到了 1952 年，矿工们又掀起了第二次罢工浪潮。这是鲍勃对于人们齐心合力寻求公正待遇的最初的深切体会。

和北部各州的其他城市相比，希宾城的罢工运动显然要艰难许多，但也因此培养出了人们更加团结的精神，矿区商店的店主们深知店铺生意的繁荣直接依赖于矿工们的消费。就这样，在当地居民的支持和帮助下，矿工们得到了他们应有的、想要获得的补偿，希宾城也又一次繁荣了起来，新的消费需求又一次来临，绝大部分用于制造汽车、摩天大楼和家庭用具的钢铁均来自希宾城市外的矿场，而城市内的富人虽然很少，但是穷人也不多，绝大多数当地居民的生活水平要比整个美国的平均生活水平高出一些来。过了不久，鲍勃的父母亚伯和比蒂也在当地的各种社团组织上脱颖而出，他们家的屋子里开始摆放起定做的地毯和优质的家具，他们收藏纯银的餐具和水晶玻璃器皿，在用一盏小型的树枝状的吊灯照明的餐桌上品尝价格高昂的中国菜肴……总而言之，鲍勃一家的生活开始变得舒适，鲍勃在这样一个稳定的生活环境中慢慢长大成人，虽然算不上受到了过分的宠溺，但至少他向父母提出的每一个请求几乎都能够得到满足。

对鲍勃而言，最为幸运的并非优裕的家庭成长环境，而是他的母亲比蒂——一个非常可爱可敬的妇女。鲍勃少年时期的好朋友约翰·巴克伦曾说，鲍勃之所以可以拥有美好幸福的童年，主要就是因为有一个好妈妈。鲍勃在十岁生日时，曾经创作了一首带有情节剧格调的诗，他在诗中表示自己希望母亲永远年轻，还说如果没有母亲的爱，他就会死去，然后被尘土掩埋。鲍勃用这首诗来明确表达了自己对母亲的爱。这首诗亦让比蒂感到十分开心，她将鲍勃创作的这首诗拿给自己的朋友一起欣赏，还将它和鲍勃、大卫写给她的其他一些诗歌共同收藏在了一个盒子里面。

与母亲的亲密相比，鲍勃和父亲亚伯的关系则要冷淡许多。根据鲍勃同校的朋友描述，鲍勃的父母出现在人们面前时，母亲比蒂总是容光焕发，而父亲亚伯则神情有些倨傲，令人不敢亲近。有一年的父亲节，尽管显得有些困难，但鲍勃也还是创作了一首诗献给了父亲。在这首诗里面，他表达了对父亲亚伯的敬意以及愿意尽自己最大的努力让父亲开心的心愿。但事实上，鲍勃的话总是让他的父亲亚伯吃惊并大为恼火，而每到这个时候，鲍勃认为最明智的选择就是马上保持安静。

实事求是地讲，尽管鲍勃吐词清晰，而且言语十分诙谐，但他说话的声音却非常小，在客人面前就显得更加羞涩。有的时候，他宁愿独自一个人坐在角落里玩《纽约时报》上的填字游戏，也不愿意和其他人进行交谈。他就是这样一个生性安静、沉默寡言的男孩，并且很小就有自己的主见，别人常常猜不透他到底在想些什么。鲍勃家里早就购置了一架古柏森牌的立式钢琴，鲍勃的母亲比蒂年轻时曾经弹奏过这架钢琴，鲍勃的父亲亚伯亦懂得如何调音，但希望培养起孩子们对于音乐的兴趣才是这对夫妻购买这架钢琴最主要的目的。最开始的时候，鲍勃和弟弟大卫由一位名叫哈利特·路斯坦的表姐进行音乐辅导，但因为鲍勃的舅舅刘易斯·斯通称赞大卫比鲍勃要弹得好，更具有音乐天赋，所以情绪低落的鲍勃便开始拒绝表姐的辅导，并宣称要按照他自己所想的方式来弹奏钢琴。从这之后，鲍勃开始自学，他甚至从来没有学会怎么认识和读写乐谱。

亚伯夫妇还鼓励孩子们学习和尝试其他乐器，鲍勃最终选定了吉他。在开始学习《尼克·曼诺鲁夫基础西班牙吉他手册》之前，他还学习过如何吹萨克斯和长号。

直到 1952 年，亚伯一家成了希宾城内首批购买电视机的群体之一，鲍勃和弟弟大卫才因此可以在电视上欣赏到很多西部电影和戏剧，但由于明尼苏达州北部地区的地理位置偏远，所以电视信号接收效果极差，每天只能短时间地播放一些儿童节目，所以我行我素的鲍勃仍然有大量的时间可以用来沉思和独处。

希宾城内的居民和矿工均来自欧洲各地，尤其是东欧和斯堪的纳维亚，因此，这里的每一个孩子身上或多或少都有些欧洲血统，很多年长者说话都带有口音。尽管大家都是移民，但是在居民中仍然潜藏着一定程度的反犹暗潮，而希宾城里的犹太人都并非正统的东正教徒，包括亚伯在内，很多人都剃掉了胡子，在安息日里也仍然照常工作，但尽管这样，这里的犹太人还是不被批准加入麦萨巴乡村俱乐部（希宾城内的一家高尔夫球俱乐部）。对于一些孩子而言，鲍勃的名字应该是齐姆博，所以，虽然并没有任何资料证明鲍勃曾经受到过捉弄或恐吓，但鲍勃具有的犹太血统还是将其和一些孩子们疏远开来。

鲍勃喜欢读一些冒险故事，还喜欢绘画并将这些图画编成有趣的情节。

有时，他会坐在铁轨旁边，茫然地拔起一大片杂草，看着装满铁矿石的车厢咯哒咯哒地驶向德卢斯，每当这个时候，他还会有些害羞地朝火车司机挥一挥手，一边倾听着车轮渐行渐远的声响，一边数着缓缓而过的车厢的节数或者向对面的铁轨扔石块儿。

鲍勃的父亲亚伯当时和他两个熟悉电学的兄弟保罗和莫里斯一同入股了位于第五号大街上的米克卡电气公司，该公司的经营范围包括电力设施维修、家用电器销售以及线路铺设等。罢工获胜后，米克卡电气公司的经营获得了极大的成功。鲍勃也在这家电气公司里面做一些简单的工作，偶尔还会和伯父一起乘坐卡车外出配线或者打扫店面来换一些零花钱。通过做这些工作，他可以得到很多零花钱，足够他去买香烟（鲍勃很早就学会了吸烟），并且还能在市区内的快餐馆里买到很多馅儿饼和可乐。不过，鲍勃内心其实并不喜欢这种工作，这也许是因为他的家人和欠债者之间做买卖的那种热闹的方式会严重破坏他的情绪吧。

由于希宾城的犹太社团十分的小，所以并不存在拉比（犹太人中的一个特殊的阶层，主要是指一些有学问的学者，通常是老师，也是智慧的象征。犹太人中的拉比的社会功能十分的广泛，其中尤以在宗教中扮演重要角色最为突出，他们通常会担任许多犹太教仪式中的主持，同时也担任犹太儿童的宗教教义的启蒙老师）。当鲍勃到了需要学习戒律的年龄，一位身穿黑色长袍，胡子如雪一般洁白的，如同从《旧约全书》中走出的人物一般的拉比乘公车从纽约来到了希宾城。当地的犹太社团为他在市区找了一间住所，鲍勃每天放学之后便会到这位拉比那里去进行戒律的学习。

1954 年 5 月，鲍勃完成了他的犹太成人礼，并且在安乔伊饭店举行了一场聚会来款待来自德卢斯及其他一些地方的亲朋好友。此后，当地的犹太人便不再让拉比留在希宾城内了，那位已经过时了的拉比只好因此返回了纽约。

尽管鲍勃不是在正统的犹太教家庭中成长起来的，但他依然接受过基础的《圣经》教育，在他20世纪70年代改信基督教之前，《圣经》一直是他进行抒情歌曲创作的精神源泉。

不仅如此，父亲亚伯对鲍勃的成长也有十分深刻的影响。尽管在外界的很多人看来，鲍勃后来的生活状态特别是在他获得巨大成功后的最初的几年里，赢得了大量财富及赞扬的他也许显得过于以自我为中心，毫无道德约束，有些虚伪，但事实上，在鲍勃的身上继承了父亲亚伯的一些价值观。他始终牢记着父亲亚伯曾经告诫他："如果品行变得污浊，那么父母就会遗弃他，如果那种情况发生了，要尽自己的能力信仰上帝以修成成长之路。"长大成人后的鲍勃和父母的关系十分亲密，对朋友保持着长期的忠诚，他极少赌咒发誓，也从来不和警察发生冲突，在很多方面，鲍勃都算得上是一个非常恪守道德的人。同时，他还始终坚持在音乐上的奋斗和发展，从而使得音乐愈加成了他毕生的事业。

3. 青春期得不到答案

鲍勃最初接触到流行音乐是通过收音机。每当夜深人静的时候，鲍勃便摸索着从阿肯色州的小石城、伊利诺伊州的芝加哥一直往南到路易斯安那州的什里夫波特的各个频率的电台节目。这些地区所播放的绝大部分都是布鲁斯音乐，其中由电台音乐节目主持人弗兰克主持的“兄弟话匣子”专栏现场秀《无名摇摆乐》尤为特殊。

“深夜我经常从什里夫波特电台听到穆迪·沃特斯、约翰·李·胡克、吉米·里德和‘嚎叫野狼’的歌声，我一直听到凌晨两三点钟都不睡觉。听了那些歌以后，我便努力去领会它们。我开始自己尝试着演唱。”鲍勃回忆说。

就这样，鲍勃对音乐的兴趣变得愈加浓厚。他满怀着对音乐的巨大热情，尤其是对于布鲁斯音乐的激情将收音机里播出的那些唱片的名字一一记录下来，尽管只有位于什里夫波特的摇滚唱片店才销售电台里“兄弟话匣子”专栏节目介绍的这些唱片，当时六张唱片的捆绑销售的特价为 3.49 美元，而在位置偏远的希宾城里，根本就没有办法买到这种所谓的“种族音乐”（20 世纪上半叶对于各类非洲美国音乐的总称），市区克里帕唱片店的店员甚至从来就没有听说过鲍勃喜欢的那些艺术家们。

鲍勃喜欢的艺术家都倾向于创作和演唱题材较为严肃的歌曲，而且他们演绎的往往都是非常宏大的主题。很多年以后，鲍勃才结识了他在早年间就知道的20世纪50年代早期的大明星约翰尼·雷。鲍勃称约翰尼·雷是非常与众不同的人，他精力充沛，在演出的时候能够全身心地投入，并且将泪水作为舞台表演的一个重要组成部分。鲍勃相信约翰尼·雷的歌声能够真正打动人心，并认为他的音乐水平和佩里·科摩、帕蒂·佩奇相比不分伯仲。另外，对于鲍勃而言，他始终认为可以算得上美国最伟大的歌曲创作人的是汉克·威廉姆斯。鲍勃是在“大奥普里”（美国历史最为悠久的专门播放乡村音乐和节目的一个娱乐机构）节目中听到威廉姆斯的声音的。汉克·威廉姆斯出生于南亚拉巴马州的一个穷苦家庭，他本人则是一个不怎么健康也不怎么快乐的酒鬼。他创作和演唱了许多朴实而迷人的歌曲，但是他绝大多数的歌曲都是在表达和不忠贞的女郎相恋后的那种悲伤的情绪，让人感觉他就是在描述他自己的婚姻状况一样。威廉姆斯在其短暂人生的尾声阶段成了“大奥普里”群星里的一员。威廉姆斯的声音其实并不独特，也不优美，却饱含一种信仰。当时的威廉姆斯被称为“大奥普里患相思病的忧郁男孩儿”，他所创作的那些忧伤的歌曲深深地打动了鲍勃的心。

尽管当时摇滚乐尚未形成风潮，但是聪敏的鲍勃早已在查克·贝里、小理查德和埃尔维斯·普雷斯利之前就偶然发现了美国流行音乐的形态。吉米·里德和“嚎叫野狼”那种流畅的反复即兴说唱激发了鲍勃进行演唱和表演的欲望，而汉克·威廉姆斯那种山地人的歌曲以及悲伤的歌词则促使鲍勃进行反复思考，他对这种歌声和歌词的完美结合感到难以言说的兴趣和激动。

鲍勃曾经坦言说，他非常高兴当时有这些独特的音乐影响着他，如果没有这些音乐的影响，他或许并不会知道自己到底将会成为什么样的人。

“我之所以能够坚持专注于自己的音乐，是因为从早年起，音乐就以一种非常强有力的方式影响着我、感染着我，它就是感动我的一切。对于我而言，音乐始终留给我最真实的东西。”鲍勃回忆说。

在这段时期内，鲍勃不仅坚持不懈地练习着原声吉他和钢琴，还会经常和身边的人一起谈论音乐，并因此先后认识了约翰·巴克伦、霍华德·儒特曼和拉里·凯甘、路易斯·坎普等终生好友。

鲍勃很早就在希宾城里听说过约翰·巴克伦，只是很少有机会和他进行交谈。一个偶然的机会，鲍勃和约翰·巴克伦以及其他伙伴走在街上时，便不约而同地聊起了有关音乐的话题来。鲍勃发现约翰·巴克伦对他所喜欢的艺术家的歌曲了解得非常全面而深刻，并且巴克伦也和鲍勃一样喜欢这些作品。鲍勃问巴克伦是否会唱这些歌曲，于是巴克伦就开口唱了起来。鲍勃学着他从收音机里学到的腔调说：“噢，真不错，伙计！”巴克伦因此有些害羞，但还是继续唱了下去，就这样，这两个人很快就成了密友。

约翰·巴克伦比鲍勃小六个月，因此在学校里要比鲍勃低一个年级。他的父亲是一位伤残的矿工，但是十分多才多艺，而且爱好各种风格的音乐。约翰·巴克伦的妹妹名叫鲁斯，她拥有一台电唱机。

对于鲍勃和约翰·巴克伦的这段友谊，亚伯并不是非常赞同。事实上，鲍勃的父亲在面对鲍勃的绝大多数的朋友时往往都会将眉头紧蹙，这让包括约翰·巴克伦在内的鲍勃的很多朋友们都印象深刻，但是这丝毫没有妨碍到这两个小家伙一起打发空闲的时光。

就在和约翰·巴克伦开始不断聚会的这一时期，鲍勃开始将他从流行音乐中所获得的一些心得体会和自己的歌曲理念进行融合。他创作的第一首歌是关于女演员碧姬·巴铎的。鲍勃弹奏着父母的那架白色的小型钢琴，而巴克伦则用吉他进行伴奏，并用卡式录音机记录下了整个演唱过程。两个人就像是在进行专场的电台演出一样，其中还夹杂有少量时髦的俚语和幼稚的幽默。偶尔他们也会相约一起到克里帕唱片店去选听摆放在货架上的唱片，而到德卢斯和双子城去探望亲戚的时候，鲍勃还会抓住机会逛逛规模更大的唱片店，因为那里会陈列鲍勃最喜欢的种族音乐。

鲍勃是在夏令营中结识的霍华德·儒特曼和路易斯·坎普。那是在威斯康星州韦伯斯特哈泽露营地举办的犹太人夏令营，男女均可参加。一开始鲍勃并不愿意参加这样的夏令营活动，但是母亲比蒂却希望他可以在那里认识一些犹太孩子。从那儿开始，鲍勃每到八月都会参加为期三周的夏令营，他和另外七个男孩儿同住在一个房间里，他和他们一起游泳、划独木舟，有时也会独自在小屋里弹钢琴。

鲍勃第二次参加夏令营是 1954 年的 8 月。有一天，他正在弹钢琴的时候，12 岁的拉里·凯甘走了进来，因为他听出来鲍勃弹奏的是收音机里曾经播过的一首布鲁斯音乐。鲍勃告诉凯甘深夜里接收北方的信号时就能够找到这个台，而凯甘则声称自己一直在听这些。两个人对音乐的共同爱好促使他们逐渐建立起了非常亲密的友谊。

凯甘比鲍勃小一岁，家住在圣保罗市。他是一位不折不扣的优秀歌手，而且多才多艺，还组建了一支中学风格另类的乐队。在鲍勃前往圣保罗的时候，凯甘还将乐队里的三个非洲裔的美国黑人介绍给了鲍勃，这让鲍勃感到十分新鲜有趣——因为在铁矿区，鲍勃并没有见到过黑人。鲍勃从始至终都非常尊敬非洲裔美国人，这既是因为鲍勃喜欢他们所创作的那种类型的音乐作品，又是因为拉里·凯甘和这一群体的联系。

此后，鲍勃经常和凯甘一起在夏令营里举行双人合演，鲍勃弹奏钢琴，男孩子们就进行演唱。每当这个时候，女孩子们就会像蝴蝶一样向他们靠拢过来，鲍勃也因此和朱蒂·鲁宾建立起了友情，两个人在几年里多次分分合合，而与此同时，鲍勃还喜欢着哈利特·奇松。

到圣保罗的时候，鲍勃就会暂时住在新朋友的父母家里。霍华德·儒特曼的地下室里有一架钢琴，鲍勃会在钢琴上敲击出轰鸣的声响，甚至爬上钢琴手舞足蹈，这让霍华德·儒特曼觉得他简直要将那架钢琴彻底毁掉。

那时，鲍勃和霍华德·儒特曼经常驾车外出，回来后还意犹未尽，他们在车里聊天打发时光直到深夜他们喜欢的音乐节目《洛克瑞迪亚狼人》开播。他们所谈论的都是关于战争以及人性道德这样严肃的主题。儒特曼称他们是真正紧密联系在一起的伙伴。

然而事实上，鲍勃多数时间还是更喜欢独处，他一直是一个非常内向的人；可当他开始演唱和弹奏音乐的时候，他又会变成一个非常外向的、完全相反的另外一个人。

鲍勃和弟弟大卫之间反倒不是那么亲近，也很少进行交流。而且，每当鲍勃邀请他的朋友们到家里做客的时候，他都会习惯性地将大卫轰走。对此，约翰·巴克伦就曾说："我不记得他与大卫之间曾有过热烈而友好的讨论。大卫对他而言只是小弟弟，而且大卫在个性上与鲍勃完全不同。他可能是任何父母都喜欢的那种类型的孩子——学习刻苦，根本不会在外面疯玩。"而鲍勃虽然看起来显得很安静，但十几岁之后的他早已是一个极富独立思想的孩子了，并且他比较喜欢以摩托车、沙哑的音乐和不被父亲认可的女友作为青年的叛逆手段。因此，鲍勃也被人们认为是一个粗野的孩子，他把头发向后梳得光滑油亮，穿着马龙·白兰度在电影《飞车党》中所穿着的那套皮夹克、牛仔裤和司机靴，他一直维持着一个由各个类型的孩子所组成的朋友圈。

鲍勃还喜欢花很多的时间泡在希宾城的电影院里。他观看电影的时候十分投入。在他所看过的电影里，他最喜欢的电影主题曲是由比尔·哈雷演唱的《昼夜摇滚》，他也喜欢马龙·白兰度和碧姬·巴铎一起出演过的所有影片。不过，在鲍勃的眼中，詹姆斯·迪安的光芒要远远大于其他影星。

詹姆斯·迪安在 1955 年 9 月 30 日因车祸去世，在事故发生后第四天，《天生叛逆》公演，这也是他出演过的唯一一部得以上映的影片。他在该影片中的形象被视为了一个文化标志性的人物。在《天生叛逆》中，詹姆斯·迪安饰演一个因为父母争吵不断而陷入痛苦的少年吉姆·斯塔克。他需要证明自己。斯塔克和鲍勃有很多相似之处：他们一样口齿不清，都非常热心，十分真诚，也都出生于中产阶级，家庭环境都十分舒适。在影片里，斯塔克的父亲曾经问斯塔克有什么东西是他想要而父亲买不到的，鲍勃的父亲亚伯一定也曾经这样问过鲍勃。

鲍勃和约翰记住了《天生叛逆》里的很多经典台词，但是他最喜欢的是当斯塔克面对勇气测试的挑战，要参加“小鸡快跑”的比赛，和另外一个男孩子分别开着车驶向悬崖，在最后跳离车厢的重要时刻，他希望父亲可以给他提供一些建议，但是斯塔克的父亲给了斯塔克一个十分动听但其实毫无意义的警告：身处青春期的他看待事物是不准确的。听了父亲的话，斯塔克非常苦恼地反问父亲：“青春期？我现在只想得到一个明确答案。我需要一个答案。”鲍勃和约翰在城里闲逛时，就会模仿电影里的对白对彼此说着：“我现在想有一个答案。”他们每天都会一起到史蒂芬糖果店翻阅电影杂志以查找有关迪安的相关消息，鲍勃还购买了一件詹姆斯·迪安穿过的红色摩托车手夹克。他们用迪安在影片中饰演的角色来称呼他为吉米·迪安，他们认为他是一个非常强有力的人物，而且在鲍勃和他的伙伴们的心中，他就是吉姆·斯塔克。

另一个鲍勃感兴趣的重要人物是埃尔维斯·普雷斯利。鲍勃曾说他第一次听到埃尔维斯的歌声时就知道自己不会为任何人而工作，或者说没有任何人能够成为他的老板，他第一次听到埃尔维斯的演唱时感觉就像是冲出了囚笼一般。鲍勃最喜欢的是 1954 年和 1955 年间田纳西州孟菲斯太阳唱片公司制作的埃尔维斯·普雷斯利的唱片，该公司早期录制的这些令人感到振奋的原始歌声是后来贯穿鲍勃人生的旋律之一。

然而，当埃尔维斯真正逐渐流行起来的时候，鲍勃和约翰他们却开始对其失去兴趣，他们的新宠是小理查德。小理查德是一个非常完美的新教徒，在电视上极受欢迎，其创作和演唱的音乐作品以及他本人所拥有的品质都强烈地吸引着鲍勃。为此，鲍勃开始弹着父母的小型钢琴，模仿小理查德的钢琴即兴演奏，还特意留起了长发，像小理查德一样梳起了后背头。

4. 脑袋里的怪东西

鲍勃组建的第一支乐队叫“玩笑者”，是由他和拉里·凯甘、霍华德·儒特曼以及他在圣保罗所结识的朋友所组成的卡贝拉演唱组合。只要有钢琴，他们就会进行表演。孩子们的母亲为他们编织了红色和灰色的无袖羊毛开衫，还在胸前的地方缝上了“玩笑者”这一名字。随后，孩子们便穿着这些开衫在双子城九频道的业余歌手演唱会上进行了演出。他们雄心勃勃，立志要真正做出一番事业来。

1956 年的夏天，鲍勃和儒特曼、凯甘花五美元录制了一张七十八转的唱片，这是鲍勃录制的第一张唱片。鲍勃弹奏钢琴，和朋友们用和声的方式演唱了多首歌曲灌录进了这张唱片里，此时鲍勃的嗓音就已经十分独特和甜美了。

除了“玩笑者”，鲍勃随后还和比尔·马瑞纳克、恰克·纳热以及拉里·法博瑞一起组建了“阴暗爆破工”乐队，比尔·马瑞纳克会弹贝斯，恰克·纳热负责打鼓，而拉里·法博瑞则对吉他充满了兴趣。鲍勃最初只是负责弹钢琴，但由于他对于音乐的热情最高，所以很快便由他负责乐队的整体运作，训练其他三个男孩子演奏小理查德和鲍勃当时新迷上的吉恩·文森特风格的歌曲。1957 年，“阴暗爆破工”乐队在希宾中学的礼堂举办了演出，男孩子们穿着桃色的衬衫，头发竖起，戴着墨镜，鲍勃站着演奏钢琴，并滑稽地模仿着小理查德演唱了两首歌曲。尽管老师们纷纷对此摇头叹气，但是台下的学生们却大笑不止。不久，“阴暗爆破工”再次受邀前往专科学校的校园喜剧回顾展中进行表演。鲍勃大胆的演出让学生们开始对他有了新的认识。

1958年春季，鲍勃作为“玩笑者”乐队的成员四处演出，而凯甘则和父母一起前往佛罗里达州旅游。不幸的是，凯甘在和朋友一起戏水时不小心被防波堤激起的海浪卷走，在这一过程中，凯甘从浪尖掉到了浅水区内，而且是头部先着的地，这使得凯甘脊椎受损，并致终身瘫痪。这是鲍勃亲眼见到一个饱含对音乐的热爱和雄心的同龄人健康生活因一场意外事故而变得艰难阴暗，这给鲍勃上了冷静的一课。不过，轮椅上的凯甘仍然坚持着演唱，他和鲍勃的深厚友谊一直延续到成年。

鲍勃和巴克伦对于音乐的热情与日俱增，他们每天放学后聚在一起，插上鲍勃的扩音器，用两把硬壳的斯普诺电吉他演练新的指法。鲍勃和巴克伦以及他们的其他一些朋友都有成为音乐明星的梦想，但是似乎只有鲍勃的态度才是极其端正的，他很认真地去考虑如何才能够成为一个明星，他甚至考虑成为一个明星的具体细节和实施步骤，说谎可以帮助他更快地成为一个明星的话，那他就宁愿去说谎。

鲍勃说：“在这里，我们无论遇到谁，都要告诉他，我们要录制唱片，而你就是我的贝斯手。”从这件事情里，可以看出鲍勃总是习惯于为了实现他的目的而极力操控其他任何人和事，而且其性格中存在明显的浮夸因素，虽然大多数情况下，鲍勃总会让自己看上去态度从容。鲍勃性格里的这种浮夸或许是从性格外向、喜欢社交的母亲比蒂身上继承而来的，这种浮夸可以使其常常有一些大胆冲动的表现。他曾经驾驶着摩托车撞上了一个冲到马路上的小男孩，还有一次，他和朋友们一起开着哈利摩托车来到希宾城和临近的布鲁克林之间的铁路交叉口时，正好一列货运火车驶过，大家都在耐心地等候，只有鲍勃一看守车刚刚通过就迫不及待地冲了出去，而他冲出去之后才发现原来平行的另外一条铁路线上还有第二列火车开过来，于是，鲍勃就在两股铁路线之间紧贴着地面摔倒了，列车在他的身旁轰然驶过，他几乎就被撞死了，但是鲍勃却是一个虚荣心极强的人，列车驶过之后，鲍勃扶起摩托车默默地继续前行，他不想让别人觉察到自己被刚刚发生的事情吓到了。不仅如此，鲍勃和他的朋友们一致认为自己是希宾城里的局外人，他们从来不把真实的自己表露出来，和那些主流社会中沉迷于篮球比赛的同龄的少年格格不入，他们只是在做自己认为对的事情，而从不合群。

鲍勃在高中阶段最重要的一支乐队是由他和他的车友拉罗·毫克卡拉（一位具有芬兰血统的，会敲击爵士乐风格的鼓声的音像店店员），以及鲍勃的另外一位朋友蒙迪·爱德森组成的三重唱“金色和弦”乐队。“金色”这个词语的灵感来自毫克卡拉的金色套鼓，而“和弦”则来自鲍勃的演奏。

爱德森是一个优秀的吉他手，但还是由鲍勃来决定乐队应当演奏什么曲目以及采用什么方式进行表演，甚至连鼓声部分也由鲍勃做最后的处理。对此，爱德森和毫克卡拉并没有任何的异议，因为鲍勃信心十足，他总是清楚地知道应该做什么，而且能够坚持自己的观点，发展出属于他自己的措辞、嗓音以及表演风格。

1958 年 2 月 6 日，“金色和弦”参加了希宾高中定期举办的一场活动，这是一场年度的短衫狂欢节。校长肯尼斯·派特森称鲍勃和他的朋友们在舞台上的演出非常可怕，局面已经失去了控制，他拔掉了鲍勃的麦克风插头，在鲍勃继续吼叫的时候将幕布拉了起来，然而学生们却纷纷笑着高声喝彩。

几周之后，“金色和弦”参加了一场作为商会冬季欢庆活动组成部分的比赛，鲍勃他们是在一系列沉闷的表演之后出场，台下的孩子们为他们的音乐呼喊尖叫，他们非常喜欢这支乐队，但是最后比赛的一等奖却并未颁给这支乐队，而是归于一位哑剧表演者，这让鲍勃感觉受到了愚弄。

“金色和弦”乐队最大规模的一场互动演出是1958年3月1日在希宾城国民警卫队军械库举办的一场由专职DJ打碟的舞会。这次演出吸引了很多年轻人前来，“金色和弦”有足够的时间为喜欢他们的这些年轻人表演。这是他们的第一次有偿演出，鲍勃的名字也因此出现在了报纸的广告里。

不过，鲍勃和毫克卡拉、爱德森的关系从一开始就不是很紧密，而乐队在参加了德卢斯的一档电视节目之后，毫克卡拉和爱德森想要在演出中添加埃尔维斯·普雷斯利风格的表演元素，而鲍勃对此坚决反对，乐队因此最终破裂。鲍勃只好暂时和德卢斯的一个堂兄妹合作组成了“丝滑音质”乐队。也就是从这个时刻开始，鲍勃意识到了摇滚的局限性，因为摇滚虽然可以将活力达到顶峰，但是其所表现出来的态度仍然不够严谨，不能够用一种现实主义的方式去反映生活。

自此，鲍勃对待音乐的态度日益严肃起来，经过考虑后，他甚至将鲍勃·齐泽莫曼改为了鲍勃·迪伦作为艺名，这是因为齐泽莫曼这个姓不便于记忆，另外则是因为鲍勃非常喜欢迪伦·托马斯的诗歌，他将这位诗人视为和詹姆斯·迪安、汉克·威廉姆斯一样的悲剧性伟人。事实上，鲍勃从未停止过诗歌创作，在文学上也拥有着非凡的成熟品味，而且十分擅长阅读，这一点让他的母亲比蒂十分担心，因为她猜想鲍勃可能最后会成为一位诗人，而在她看来，诗人就意味着失业。她和亚伯对此十分关注，这也直接导致了鲍勃长大成人后和父母的关系日益紧张起来。

“金色和弦”乐队解散后，鲍勃最后一学年中的大部分时光是在德卢斯和双子城度过的，闲暇时他就和朋友们以及那对堂兄妹待在一起。也就是在这段时间里，鲍勃的第一个真正意义上的女友艾克・斯达・哈尔斯多姆察觉到他在那里追求别的女孩子，于是，她将鲍勃曾经送给她的情侣手镯还给了鲍勃，从而结束了两个人的关系。

艾克是来自芬兰的夫妇马特和码撒・哈尔斯多姆的幼女。她是一个留着淡黄色头发的非常有魅力的女生，巴克伦认为她是当时学校里最好看的女孩儿之一，十分引人注意。哈尔斯多姆一家住在枫林山的林区中，这在一定程度上导致了艾克从小就被排斥而成了希宾城的“圈外人”，因为尽管从林区到城里只有三英里远，但这短短的三英里就足以让希宾城的女孩子自以为是“都市女孩”，而让艾克自卑地认为是一个“乡下人”了。

艾克的外表看起来像是一个叛逆者，皮夹克和牛仔裤让她看起来充满了野性，但实际上她是一个非常热情、敏感又乐观的人。

艾克和鲍勃相识在1957年的一个暴雪之夜，当时艾克正和她的好朋友迪・洛克哈特乘车穿过霍华德大街前往“L&B”咖啡馆，她看到鲍勃站在街角冒着雪在弹唱，鲍勃的面前并没有摆放盛钱的杯子，也没有行人驻足聆听鲍勃的演唱，所以她猜想这个“怪人”只是在那里自娱自乐罢了。

到了货摊前，艾克要了一杯特制的可乐（一种将可口可乐和橘子汁或者樱桃汁混起来的饮品），此时，鲍勃和巴克伦一起向她走了过来。

鲍勃告诉艾克她喝的饮品有很多种调法，这让艾克觉得他十分地自作聪明，不过她还是和两个男孩子攀谈起来。在交流过程中，艾克告诉鲍勃她会在夏天收音机信号接收清晰的时候整晚整晚地收听电台节目，而且她还是《无名摇摆乐》的忠实粉丝。艾克对于布鲁斯音乐的喜爱让她和两个男孩儿的关系立刻变得亲密起来。鲍勃说他想要弹奏钢琴，艾克就拉着他跑到了慕斯旅店的隔壁，她用小刀撬开了门锁后，聆听鲍勃为她演奏布吉伍吉乐（一种非常注重旋律的华丽、和爵士乐十分相似的音乐）。艾克称鲍勃像一个年长的布鲁斯演奏家那样弹奏着钢琴，她觉得他弹得非常棒。

这天晚上，两个人相互交换了联络方式，并且约定第二天艾克到鲍勃家里去欣赏他收集到的唱片。自此，鲍勃每天都花很长时间跟艾克待在一起，他还十分喜欢艾克家的小外甥。事实上，鲍勃终其一生都对孩子保持着非常浓厚的兴趣，并且天生就具有能够和小孩子们友好相处的本领。

鲍勃和艾克之间的爱情并不是像一般的少男少女那样短暂，对于十来岁的年轻人而言，这是极不寻常的一段关系。并且，在艾克眼中，他们之间似乎充满了不可思议的美好情感：

“他是个非常顽皮的男孩儿，但他是那么温柔。他不是足球运动员，不是那种匈牙利式的男子，他没有高大的体格。对我而言，他非常可爱，我喜欢他身上所具有的特质。他是非常富有吸引力的人……非常非常有吸引力。”

尽管鲍勃告诉艾克她是他的初恋，但她绝对不是他的第一个女友，他曾经和艾克的朋友有染。鲍勃总是能够和女孩子交往得十分成功，这让巴克伦在内的其他朋友感到惊讶，同时他们也承认，有着娃娃脸和漂亮蓝眼睛的鲍勃的确是一个令女孩子感到心情舒爽的伙伴，他善于幻想、富有魅力。

虽然鲍勃的不忠让艾克感到心碎，两个人最终分手，但他们成年后仍然继续保持着联系，关系仍旧亲近。

实际上，和艾克的分手并没有给鲍勃带来过多的烦恼。1959 年 6 月 5 日，鲍勃从希宾高中毕业后开始考虑自己的音乐事业。亚伯和比蒂为他举办了毕业晚会，邀请亲朋好友共同分享这一值得纪念的时刻，然而个性极强的鲍勃并不想参加，在父亲的告诫之下才勉强出席，并且提前好几个小时离开了宴会。回到家之后的鲍勃却收到了一份令他吃惊的礼物，原来是一个叔叔送给了他的一堆休迪·莱德贝特的每分钟 78 转的唱片。休迪·莱德贝特也叫莱德贝利，是一位民谣和布鲁斯歌手，其所演唱的歌曲，如《岩石岛》等都充满了力度，其歌词的含义也更加丰富。从收到这份礼物开始，鲍勃便对民谣产生了浓厚的兴趣，他探究着这些歌曲的内涵，非常希望能够了解和掌握其创作的方法。

毕业后不久，鲍勃在红苹果咖啡馆找到了一份工作，这是他一生中唯一一次尝试着用音乐以外的方式谋生。在这里，他使用了一个假名字——埃尔斯顿·耿。当地有一位名叫博比·维的音乐人领着其“阴影”乐队进行演出，他请鲍勃担任了乐队的钢琴手。在博比·维看来，鲍勃是一个不修边幅的糊里糊涂的小孩儿，虽然他可以全身心地投入音乐之中，但其所能演奏的曲目有限，因此他最后还是决定不将鲍勃吸纳为该乐队的成员，但这一机遇是鲍勃音乐生涯的开端，他还为此创作了《照顾好我的宝贝》等歌曲。

鲍勃在红苹果咖啡馆待了一段时间后重新返回了希宾城。他向他的朋友巴克伦等人声称他在博比·维和“阴影”乐队制作的新唱片“苏西宝宝”中担任演奏，这让他的朋友们产生了一个奇怪的印象——好像鲍勃·齐泽莫曼和博比·维是同一个人。从这件事情可以看出鲍勃早期几年的生活历程是十分模糊的，他故意给人留下一种诡秘和少年老成的感觉，但这也是他成为音乐巨星、超越一切的野心的体现，此时的鲍勃已经明确了自己的人生目标。他认为无论人们喜欢还是讨厌自己，他都是一名视音乐为生命的音乐家，他似乎从来就没有想过要稳定而平凡地度过一生，但鲍勃的父母对此并不认同，他们采用了最为常见的方式去解决鲍勃那任性的雄心——他们要求儿子在有能力将音乐作为自己的谋生手段之前至少要完成大学学业。

在希宾城里，每一个中产阶级的家庭都会尽其所能地将自己的孩子送去大学接受教育，鲍勃无论如何都没有理由拒绝父母的这一提议，因为他没有办法获得稳定的工作，当然也没有任何收入。为了不让父母失望，1959年夏末，鲍勃在双子城的明尼苏达州立大学注册登记入学。亚伯告诉鲍勃希望他顺利毕业后能够接手家族的生意或者另外寻求一份体面的工作；而比蒂则十分恳切地请求鲍勃不要再继续写诗，她希望他到学校里可以做一些积极向上的事情，拿一个学位。那个时候，父母也许从来没有想过，他们的告诫和希望对脑子里装满“怪东西”、日后美国最伟大的歌词创作者和音乐巨星鲍勃而言是多么的苍白而毫无意义。

BOB DYLAN

The Times They Are a-Changin'

第 2 章

一些人幸存，一些人迷失

There's saved people and there's lost people

1. 被窃走的生命时刻

1959年秋天，在鲍勃的人生坐标里，线条已经延伸至密西西比河东岸。这里是明尼苏达州立大学的所在地，由明尼阿波利斯城和圣保罗城组成的双子城。

带着父母的期许，鲍勃走进了大学。家人希望他早日忘记那些疯狂且不切实际的想法，能够顺利获得一张文凭，未来接手家族生意，步入安稳平静的生活。

这样的安排显然令鲍勃痛苦不堪，他的大学生涯并不是身心自由的，要通过考试成绩来安慰父母，让他们不必太担心。但他还是坚持选了一门与音乐有关联的主修专业课。

家人为鲍勃安排好了住处，那是在大学街道东南方向的一座公寓里，属于犹太兄弟会的房产。在此之前，鲍勃家里有几位兄弟也是从这里走出去的。鲍勃并不喜欢这里，但是出于家族安排他还是安心居住下来，父亲为他支付足够的生活费用，这使得他无须操心生计，也不必像其他同学一样外出打工来养活自己。

经历了海堤事故的拉里·凯甘后来也来到了明尼苏达州立大学医院接受相关的治疗，这段时间里，鲍勃每天课间都会到医院来探望凯甘。因为凯甘无法坐立起来，所以每次鲍勃来时，凯甘就会要求护理员将他从床上挪到轮椅上，而鲍勃则会将轮椅推到娱乐室的钢琴旁边，把凯甘扶到靠近钢琴键盘的位置，然后他们便开始演唱他们经常练习的一些歌曲。另外，凯甘注意到，这时的鲍勃手里总会拿着一本诗集，而且很多时候就是迪伦·托马斯的诗集。

尽管鲍勃的神秘个性使得他从未和他人谈及探视好友的事情，但是对于凯甘而言，鲍勃的探视却意味了太多的东西。两个人的友情十分深厚，并且，令鲍勃深以为荣的是，他从来没有向朋友们炫耀过他对凯甘的忠诚。

到了双子城，虽然仍有来自家庭的束缚，但是鲍勃仍旧感到幸运。他认为自己从此走出了荒凉之地。尤其是他爱上了学校附近的一处社区，那里有他感兴趣的音乐风格。

具体说来，这是一处波西米亚风格的社区，名为狄克町，鲍勃在这里认识了一大群十分有趣的人。在第四大街与第五大街之间，“十点学者”咖啡馆是鲍勃最喜欢的场所。在狄克町，类似的场所有很多，这几乎成了一种风气，让人着迷。“十点学者”咖啡馆是学生们钟爱的场所，可以泡上一整天——听音乐，喝咖啡，下棋，读书，还可以结识形形色色的人，这些人都对鲍勃产生了深远的影响，如约翰·科纳、戴夫·雷和托尼·格拉夫以及戴夫·莫顿、戴夫·惠特克等。

约翰·科纳、戴夫·雷和托尼·格拉夫是鲍勃最早遇到的一批音乐人，他们三个组建了一支名叫“科纳·雷和格拉夫”的乐队。其中，约翰·科纳是一个来自纽约州北部的态度十分和蔼的年轻人，在明尼苏达州立大学攻读航空学专业的时候就已经开始演奏吉他。科纳四肢瘦长，因此被叫作“蜘蛛约翰”。科纳在入学一年半以后就离开了学校，因为他认为自己可以像旅行音乐家一样生活，而到达加利福尼亚州后，科纳又加入了海军陆战队，但不久便遭遇了车祸。在静养恢复期间，他在《花花公子》杂志上读到了关于讲述音乐人怎样在咖啡馆舞台表演民谣音乐的文章，光荣退伍回到明尼阿波利斯后，他便开始出入“十点学者”咖啡馆。戴夫·雷的头发始终像是稻草一样，他十分关注莱德贝利，而托尼·格拉夫则是一个口琴演奏家。

鲍勃和科纳同属于一个朋友圈，并因此认识了狄克町的一位重量级人物——戴夫·莫顿。戴夫·莫顿的个子很高，虽然才上了两年的大学，但他那长满胡须的神情憔悴的脸却让他看起来要比鲍勃大了许多。在狄克町，没有人留胡须和长发，除了莫顿，他穿着滑稽而颓废的服装，看起来像是弗兰克·辛纳特拉。不仅如此，他还是狄克町圈子里唯一一个在莱德贝利去世前亲眼见过他演出的人。那是1948年，他跟随母亲参加了莱德贝利的演唱会。莫顿热衷于欣赏民谣和布鲁斯音乐，并且还是狄克町里第一个能够在“十点学者”咖啡馆演唱民谣音乐的人。莫顿不仅会演唱《吉卜赛人戴维》之类的民谣经典歌曲，还会写一些有关民权和人道主义之类的关于时事问题的歌曲。莫顿运用民谣音乐的旋律，以当时南部的种族之争引发的一系列时间为基础，同时添加了他自己的抒情元素表达了他对于政治的见解，鲍勃和莫顿成为好朋友之后也掌握了这种创作手法。

戴夫·惠特克是鲍勃在大学时期遇到的另外一个重要人物。惠特克身形十分瘦小，体重只有九十磅，为人慷慨又聪敏，十分热衷于阅读，在政治、社会和历史等领域都拥有非常渊博的知识。惠特克自认为是一个“彻头彻尾的怪人，一个受右脑支配却身处左脑支配的世界里的人”，他最初的愿望是成为流浪汉。他还发现了带有波西米亚风格的亚文化群体，并成了环游世界的“垮掉派”奥德赛。他在以色列的集体农庄里住过，和作家威廉·巴洛斯、诗人艾伦·金斯堡和劳伦斯·费林盖蒂等会面和交往，并在伦敦现场演奏过噪音爵士乐，还遇到过像戴夫·范·容克等前途远大的民谣艺术家。对鲍勃而言，惠特克对他最大的影响就是告诉了鲍勃外面的生活，一种可以远离此地的、可以加以选择的生活，在广大的世界之外还会有一个他的容身之地。

在鲍勃和惠特克的友情根深蒂固以前，两个人还因为同一个女生格里塔尔·霍夫曼而有过一段感情纠葛。鲍勃和格里塔尔·霍夫曼在“十点学者”咖啡馆偶遇后，两个人很快建立起了亲密关系。和以往对女孩子的非常大胆的表现不同，这一次，深陷爱河的鲍勃却并没有将情感直接表露出来，以至于格里塔尔并不认为两个人的关系非常浪漫，她只是认为鲍勃是一个很奇特的人，她非常喜欢和他交谈，但她在偶遇惠特克之后却一见倾心，两个人一起私奔到了不需要获得父母允许就可以结婚的爱荷华州。自此，鲍勃对格里塔尔·惠特克的态度便冷淡了下来，尽管他在拜访戴夫·惠特克的时候仍然彬彬有礼。

生活在狄克町的包括约翰·科纳这些音乐人在内的学生们组成的波西米亚风格的社团范围十分广泛，社团里有一位名字叫作托瓦·哈摩门的犹太成员，她是个派头十足的“垮掉的一代”的信徒，她和男友一起住在亨丙平大街的一栋房屋内，狄克町的音乐人常常会跑到哈摩门的房屋里一起鄙夷或热爱某种音乐形式，鲍勃也经常一同前往，在这里免费享用饭菜甚至留宿。在聚会时，哈摩门喜欢议论政治，鲍勃虽然听得非常仔细，却并不参与讨论，他只是像一块海绵一样吸收所有的讯息。事实上，鲍勃终生对于政治一类的话题毫无兴趣，尽管戴夫·莫顿等人也曾经极力地向他灌输一些美国社会存在不公平的思想。此外，对于鲍勃而言，哈摩门的朋友圈过于犹太化了，他并不愿意结识和他有相同信仰的人，这倒不是因为他认为自己犹太人的身份让他蒙羞，而是他对于自己是一个犹太人有着奇怪的不安全感，他并不希望因此被人们简单地定义为一个典型的犹太人。因此，鲍勃并不喜欢狄克町的犹太男孩儿，他甚至总是装出一副自己并不是犹太人的样子。天生内向、性格古怪的他看起来十分冷淡，他从不喜欢参加犹太兄弟会的活动或者和他们分享趣事，他只是专注于做他自己想做的事情，他努力想让自己变得声名显赫并且富有。鲍勃的这种态度自然也让狄克町的犹太男孩儿们对他产生了一致的不满，在当年的冬季，他们要求鲍勃搬离了犹太兄弟会，而鲍勃在离开犹太兄弟会之后也再没有回去过。

当鲍勃混迹于狄克町的波西米亚文化圈的时候，其对于学业的兴趣开始明显减弱，他认为那影响到了他在音乐方面的发展，甚至不再去学校上课。有一次，在一场必须参加的期末音乐考试的前夜，鲍勃不仅放弃了备考，还跑到了惠特克家里参加聚会并喝得酩酊大醉，于是，第二天，带着残留的醉意参加考试的鲍勃只得了一个“C”。从这件事情里，已经看出鲍勃对于学习已经十分不在意了。

并且，鲍勃也很少往家里打电话，那段时间他和他父亲的关系十分紧张。因为亚伯的态度十分强硬，他认为儿子在音乐方面的发展是在浪费时间，但好友惠特克却经常接到来自鲍勃母亲比蒂的电话，惠特克认为比蒂的口音让她听上去像是一位知识分子。比蒂因为长时间没有听到儿子的消息，变得十分惶恐，所以打电话给惠特克打听鲍勃的近况，当时鲍勃已经离开了不认同他的犹太兄弟会，跑到了狄克町的朋友们那里。惠特克告诉比蒂鲍勃一切顺利，过得很好，让她不要过于担心。

其实鲍勃第一次与“十点学者”咖啡馆结缘，还是在高中时期。那时他来双子城旅行，并在咖啡馆里遇见一位姑娘。

邦妮·吉恩·比彻年纪比鲍勃略大一些，家境很是优渥，父母经营着一处夏季旅行基地。当时，邦妮就读于明尼苏达州立大学的高中部，因此经常出入这家咖啡馆。在一次偶然的机会，遇到了正在抱着吉他弹唱布鲁斯歌曲的鲍勃。当时与鲍勃一同弹唱的还有他的朋友哈维·艾布拉姆斯。热爱布鲁斯音乐的邦妮与两人攀谈起来，他们谈论民谣，谈论“猫王”与理查德，她的言论让鲍勃印象深刻。

渐渐地，他们的话题开始更加宽泛。她聊起了自己去纽约旅行的见闻，还有许多喜欢的唱片，鲍勃也滔滔不绝于自己的见解，两人擦出了火花。邦妮觉得，鲍勃是一位很有想法的年轻人，他有个性有魅力，充满吸引力。

1959 年，邦妮也成为明尼苏达州立大学的学生，主修戏剧艺术。这位举止优雅的女孩综合素养非常高，喜欢阅读，痴迷于布鲁斯音乐，与鲍勃成为情侣后，他们成为人人羡慕的一对儿。尤其邦妮还是表演专业的漂亮女生，因此吸引了更多关注的目光。

作为一个多情的音乐才子，邦妮绝对不是鲍勃在双子城的唯一女友。但他对邦妮的情感确实深厚。他将一些情绪记录在作品里，比如诗作《我被窃走的生命时刻》和《来自北国的女孩》。

在鲍勃最著名的情歌《来自北国的女孩》里，他写道：

> ……她曾是我的挚爱/如果你去时恰逢暴雪之季，河流冰封/夏季早已远去，请看看她是否穿着温暖的外套，抵御那咆哮不止的冷风/请替我看看她是否留着一头长发，是否依然美丽蜷曲，垂至她的胸前。请替我看看她是否还留着一头长发，那是我记忆中她最美的样子/我在她的印记中只是一个浪子……

而邦妮·吉恩·比彻就是一位非常美丽的长发女孩。

在那段时间，杰克·凯鲁亚克的小说《在路上》风靡校园，“垮掉的一代”形成巨大的潮流，将这些年轻人裹挟其中。但鲍勃更沉迷于摇滚乐这种当时在狄克町并不算潮流的音乐类型。“十点学者”咖啡馆里整天都在演奏民谣音乐，学生们为莱德贝利、皮特·西格、伍迪·格斯这样的声音感到癫狂。喜爱音乐的年轻人聚集在这里，弹唱着心中喜爱的民谣，度过摇摇晃晃的美好青春。

另外值得一提的是奥德塔，她对鲍勃有很重要的影响。鲍勃回忆说：“让我转而演唱民谣音乐的第一位歌手就是奥德塔，当我第一次听到她的唱片，立刻冲出去卖掉电吉他，换回了一把原声吉他。”

鲍勃是一个随性而至的多情种子。一方面与邦妮成双入对，另一方面也不乏与其他女孩的情感纠葛。令人吃惊的是，这一切都看在邦妮眼里，她仿佛对这一切并不在意。

鲍勃在夏令营中认识了一位叫作朱迪·鲁宾的姑娘，之后便经常与她约会。更夸张的是，他还与邦妮的好朋友洛那·苏利文暧昧不清。后来，他又认识了女友艾伦·贝克，两人又打得火热。

艾伦·贝克的父亲对鲍勃学习音乐起到了重要的作用。因为他是民俗学会的成员，所以鲍勃有机会经常参加女友家中举办的民谣音乐晚会。他听到了各种社会习俗唱片公司的音乐，还会亲自参与到晚会中。他很喜欢艾伦·贝克的家庭氛围，他们为他做美味的食物，并无微不至地关心他的健康，在他不愿意回到犹太兄弟会的时候，也乐于将他留下过夜。

在鲍勃的一生中，爱过太多女人。对待感情，他更乐于随心而至，顺其自然地去发展，不彼此纠缠，也不患得患失。

2. 命运之手在肩头

职业音乐人罗尔夫·卡恩在途经双子城的时候曾经给鲍勃和科纳上过一堂半小时的吉他演奏课，卡恩演示着弹奏的技巧而两个人则紧盯着他手指的动作。科纳说，鲍勃其实不能算是非常出色的乐手，因为他既不拥有悦耳的嗓音，又缺乏高超的技巧，但在这次吉他演奏课上，鲍勃身上所表现出的那种特质却令科纳印象十分深刻。他认为那是一种可以和信心起到相同效果的特质，这种特质让鲍勃即使身处一群同样有趣的人中间依然显得最引人注目。

离开犹太兄弟会后的鲍勃生活状态变得更加复杂起来，他走进了现实世界。他通过在“十点学者”咖啡馆演出赚取少量的报酬，然而当他要求店主提高薪水的时候却被解雇了。鲍勃当时没有多少积蓄，经常身无分文，生活变得十分拮据，他甚至不得不将自己的吉他当掉，他也从未努力地去寻找一份稳定的工作。他曾经在圣保罗的“紫色洋葱”比萨店里找到了一份兼职，每晚可以领到五美元的薪水，后来他在“城堡”咖啡厅获准演出。1960 年的鲍勃在舞台上的演出风格和其后来的那种居高临下的舞台演出风格是截然不同的，当时的他外表看上去似乎未满 19 岁，虽然嗓音柔弱却十分甜美。传统音乐在当时的狄克町仍然占领了主导地位，和鲍勃同时代的绝大多数人都沉浸在一种冷淡的情绪氛围中，喜欢欣赏那些做作又虚伪的表演，而鲍勃则既不怕做出滑稽可笑的样子，也不怕犯错，鲍勃的那种天生的自信会使得他的听众彻底放松下来。作为表演者的鲍勃很早就表现出了非同寻常的能力，和他那非凡的人生前途相得益彰。

虽然收入微薄，但好在鲍勃的开销也不算大，而他的朋友们也总是会热情地留他过夜或者帮他填饱肚子。虽然有的同学看不起鲍勃，认为他整日衣衫不整，外表肮脏，和并不熟识的人交往时要么显得过于笨拙，话都说不上几句，要么又让人觉得他是在吹牛皮，但是科纳等人依然十分欣赏鲍勃，愿意帮助他。鲍勃的好友惠特克就曾经说："鲍勃之所以显得笨拙，很大程度上是因为他太年轻，没有什么经验，而性格又腼腆。他非常羞涩，容易紧张，他过去常常会处于悸动的状态中，但他手里一直都拿着把吉他，而且十分幽默……他感觉到命运之手就放在他的肩上，但他却并不是真的了解该怎样做，或者为什么这样去做。"

狄克町的一处聚会地点是东南区第六大街1401号，那里是大学生乔恩·佩恩卡克的住处。鲍勃经常到那里和佩恩卡克一起演奏音乐，并且对佩恩卡克的班卓琴十分感兴趣。

佩恩卡克对传统美国音乐有着非常强烈的兴趣，从1959年开始，他陆续搜集了多张唱片，其中包括录有伍迪·格斯的多首畅销歌曲的"织工"演唱组的唱片以及哈瑞·史密斯限量发行的特制六碟装《美国民间音乐歌舞集》。其中，《美国民间音乐歌舞集》是1923年出生于俄勒冈州的波兰市的裸背的人种音乐学家哈瑞·史密斯的杰作，也是美国音乐中最受人瞩目的优秀唱片之一。它的创作者哈瑞·史密斯因为自身的残疾而被"正常"社会所排斥，尽管他的母亲自称是俄国沙皇的皇后。

史密斯生活的年代还没有版权的限制，因此，在人生最后的二十年内，史密斯一共收集了20世纪20年代到30年代的山地音乐家和布鲁斯歌手所传唱的很多灵乐、布鲁斯音乐、民谣以及乐器演奏并将之录制为老式的 78 转唱片。1952 年，民俗协会将这些唱片灌制成六张时间超长的唱片，这些唱片每两张为一组，每一组上都装饰着被史密斯称为“天国单弦琴”的一种神话乐器的铜版画，并且附有一本印制粗劣的小册子，上面记载了史密斯对每张唱片的歌词和主题短小简洁得如同电报一般的介绍。

尽管《美国民间音乐歌舞集》中所收录的部分歌曲的作者仍然健在，但有不少曲目听起来好像是来自不为人知的世界一般，有的则极有可能是流传于第二次世界大战时期的歌曲，还有一些歌曲是已经传承了好几代的，保留了古代的奇异比喻和词汇的英国儿歌，听起来就仿佛是从时空深处走来的曾被禁锢的绝响。

除了极少数的特例外，《美国民间音乐歌舞集》中的歌曲所表达的绝大部分都是像爱情、灾难事故以及社会变革等生活中常见的元素，因此很容易就可以听得懂。像山地歌手“码头”博格斯演唱的《糖果宝贝》的内容就是一个将走向地狱的男人在抱怨着自己的“糖果宝贝”离开他以后，他还能为孩子做点什么；而歌曲《钉子和钻子》则描绘了手工制鞋业是如何一步步被机器制造业摧毁掉的。还有一些歌曲则描述了矿山灾难、火车事故甚至泰坦尼克号的沉没，它们一起勾勒出美国社会的变化发展过程。因此，《美国民间音乐歌舞集》是非常重要的社会历史载体。

不仅如此，值得一提的是，《美国民间音乐歌舞集》同时还是一部杰出的诗歌作品集。鲍勃曾称民谣音乐的价值就隐藏在这些特别的唱片之中，他说每一首歌曲都是诗歌。

和流行音乐所使用的语言不同，《美国民间音乐歌舞集》中的歌曲所使用的语言和比喻都十分出人意料，有着奇特的美感。它们或者出自异乡流传的民间传说，或者取材于《圣经》，而有的则产生于歌者实际的生活经历。

有一次，佩恩卡克外出几周，他的住处没有上锁，于是鲍勃未经佩恩卡克允许就跑进去拿走了大约二十张唱片，其中包括了非常珍贵的伍迪·格斯的巡演伙伴——“流浪者”杰克·埃利奥特的唱片。杰克·埃利奥特的教名是埃利奥特·阿德诺佩兹，他本来差点儿成为医生，因为他的父亲就是来自布鲁克林的犹太医生，但是埃利奥特对医学的恶劣态度促使他毅然离家出走并加入了一个牛仔竞技表演队。被西部的浪漫主义冲昏头脑的埃利奥特将自己塑造成了一个流浪牛仔歌手，并且他能够将格斯的声音模仿得惟妙惟肖。到 1960 年的时候，埃利奥特已经为英国主题唱片公司推出了六张格斯风格的民谣歌曲集。鲍勃对这些唱片十分痴迷，他将它们拿回家后还坚持让邦妮·吉恩·比彻用心欣赏，而比彻也的确一直待在房间里将所有的唱片都认真聆听了一遍。

事实上，这次事件也是鲍勃第一次有机会听到像《美国民间音乐歌曲集》这样的唱片，这些唱片所收录的民谣对于鲍勃日后创作的《很久以前》《如我一般好好待你》和《错误世界》等都影响巨大，并成了鲍勃的音乐事业的基石之一。

佩恩卡克返回家中发现唱片被鲍勃拿走了之后伙同几个朋友一起狠狠地揍了他一顿，虽然鲍勃否认所有的指责，但最终还是承认了自己的偷窃行为，将部分唱片还给了佩恩卡克并答应次日早晨将其余唱片一并返还。

不过，回想这段并不体面的插曲时，佩恩卡克并不认为鲍勃拿走这些唱片是为了卖钱（尽管这些唱片能卖到 100 美元），他说鲍勃对于音乐有一种“渴望”，他也许从来未将这一举动视为偷窃，所以才轻易地忽视掉了需要征求主人的许可这一基本礼貌问题。

然而，鲍勃不加询问地率性拿走他人物品的行为并不只是这一次。

1960年夏天，鲍勃乘便车西行前往科罗拉多州的丹佛。这是一座富有激情的音乐城市，有很多家像“出埃及记”俱乐部和“讽刺文学”俱乐部一样充满活力的组织。“讽刺文学”俱乐部的管理者名叫沃尔特·康利，同时他本人也是一位歌手。他旗下的主要艺人是斯姆斯兄弟，和鲍勃所演唱的山地人的民谣不同，他们为主流听众表演民谣音乐，并认为他们的演唱是在为民谣音乐增添光彩。鲍勃是在一位熟识的女孩儿的建议之下向沃尔特·康利毛遂自荐的，康利安排他在斯姆斯兄弟出场前的短暂时间内演唱几首歌，但很快斯姆斯兄弟就直接向康利表明他们不喜欢鲍勃，因为他们认为穿着破烂不堪的棉质劳动布外套的鲍勃看起来如同是从《愤怒的葡萄》中走出的人物，而且不注意个人卫生的鲍勃身上那并不清新的气味也让他们难以忍受。于是鲍勃很快就失去了在“讽刺文学”俱乐部演唱的机会而不得不在丹佛城内流浪，他希望可以找个地方演出，但是当时没有一个地方愿意接纳他。

在“出埃及记”俱乐部的地下室里，鲍勃遇到了当时在那里演出的64岁的耶西·富勒。富勒创作了歌曲《圣弗朗西斯科海湾布鲁斯》，还组建了一个很具有新意的“一人”乐队：他一个人在演唱布鲁斯歌曲的同时还要弹奏吉他、吹奏口琴和用脚敲打贝斯，但不幸的是，对于当时处于社会主导地位的绝大多数的白人听众来说，布鲁斯音乐并不具有吸引力，所以富勒也没能够赚到钱，但是富勒的出现对于鲍勃早期的音乐仍有所影响。

很快，康利将鲍勃打发到了“镀金吊袜带”俱乐部演出。这是索菲亚·约翰在中心城（淘金热时期建立的城市）附近开的一家西部风格的酒吧，但这个地方十分嘈杂，旅行者对于食物和酒精的欲求远远超过音乐，所以即使鲍勃费尽心思地演唱来取悦听众也丝毫没有获得成功，于是他不得不再次返回丹佛。

鲍勃再次回到丹佛后，有一天，和康利合住在一起的班卓琴演奏家戴夫·汉密尔发现他的几部民谣唱片集消失了，他断定这些唱片集是鲍勃拿去卖掉了，于是报了警。鲍勃发现警车开过来以后就将唱片从三楼的窗户抛到了他住处后面的小巷里。警察帮汉密尔找回了唱片之后，汉密尔十分强硬地要求警察对鲍勃提起控诉，但康利却并不愿意出庭做证，因为他是个喜欢过闲散生活的人，不愿意让这次偷窃事件影响到自己的生活，所以康利劝说汉密尔忘记此事。后来康利还曾经表示他对于鲍勃的惋惜大于气愤，但是当四年后，他在纽约遇到已经成名的鲍勃·迪伦而对方装作根本不记得他的时候，他却几乎要大发雷霆。

这件事情之后，鲍勃便搭乘便车返回了东部，用他自己的话讲，他是因为"抢占了猫的住所而被踢出了丹佛"。

在从丹佛返回的过程中，鲍勃去了希宾探望家人，随后却又发生了一件让人啼笑皆非的事情。

原来，鲍勃的前女友艾克和男友丹尼·切乌斯于1959年12月2日结婚后，1960年8月31日在希宾城的综合医院诞下了一个女婴，取名叫作达娜尼，而鲍勃却跑到医院坚持称自己才是艾克孩子的父亲。这让艾克觉得十分可笑，因为她和鲍勃分手后虽然还经常一起结伴外出，但是从未和他发生过关系，鲍勃的话不可能是真的。其实在一定程度上，鲍勃的话并不带有恶意，充其量只是他的一个把戏而已，是他又萌生了一些奇怪又疯狂的想法罢了。

不过，鲍勃似乎的确很想要一个属于自己的孩子。他在夏末返回狄克町后就向邦妮·吉恩·比彻表示希望两人能够再次复合，他甚至很认真地告诉邦妮他想要与她结婚，想和她一起开始居家过生活，他表示希望两个人结婚后就能够有一个孩子，他对孩子十分感兴趣，然而邦妮却对结婚生子根本不感兴趣，而且她知道即便是鲍勃认真地和她商定婚期，他仍然在留心着其他女孩子。

“他并不忠诚。这根本无须特别在意。男孩子都不会很忠诚。”邦妮说。

这一切不过是鲍勃复杂多变性格的再次反映而已，并且，他的这一性格还始终伴随着他，直到他最终成年。

3. 不为人知的世界

在狄克町，学生们对文学的兴趣和对音乐的兴趣一样的浓厚，对他们每个人而言，杰克·凯鲁亚克的《在路上》等“垮掉派”的作品都是在全国十分流行的书籍。鲍勃和惠特克、莫顿以及其他朋友不仅都读过了《在路上》，而且还读过了劳伦斯·费林盖蒂的《心灵的科尼岛》、艾伦·金斯堡的《嚎叫》等含有激进的政治观点的书籍。他们的阅读范围十分广泛，连菲林迪的《我在等待》这种类型化的诗作也对鲍勃早期的文化转型起到了不可磨灭的作用。

在鲍勃读过的所有的作品中，《奔向荣耀》占据了非常重要的地位。他拥有一本硬皮精装本伍迪·格斯的回忆录《奔向荣耀》，这是一个名叫亨利·韦伯的音乐人（也是鲍勃的同学）送给他的抄本。

尽管戴夫·莫顿他们认为鲍勃精力充沛，好像总有使不完的劲儿，在他的印象里，鲍勃热爱阅读。可事实上，到狄克町以后，鲍勃也早就不像他在希宾城里一样花大量的时间在书本上了，可即便鲍勃只是阅读了《奔向荣耀》的部分内容，聪敏的他还是发现和吸收了其中很多有趣的知识。

《奔向荣耀》是一部极其富有浪漫色彩的作品，记录了出生在俄克拉荷马州的音乐人伍迪·格斯的早期生活经历。它开篇讲述了一群流浪汉们坐在货车的车厢内横穿明尼苏达州，到达鲍勃的出生地德卢斯的时候跳下火车。这些是鲍勃在希宾城也经常能够目睹的场景。从整体上来讲，《奔向荣耀》这部作品是十分简洁的，不过是某些章节的用笔很是大胆，鲍勃在读过之后将它们吸收并内化成了他自己的风格和东西。

鲍勃模仿格斯的笔触，如在书里开列过一份长长的人物清单："……小偷、商人、人行道上的推销员……"，这和鲍勃在 1965 年创作的歌曲《隐秘的思乡布鲁斯》中的一些内容相对应；又如作品的第二章"新兴城市"中还出现了和鲍勃 1974 年创作的歌曲《莉莉、罗斯玛丽和杰克之心》中一模一样的人物——大吉姆。此外，鲍勃对该作品的最重要的模仿就是对书中人物的说话方式、语言表达风格的转化使用。在《奔向荣耀》里面，书中的流浪汉习惯于使用简短快速及双重否定的表达方式，就好似他们根本就没有太多的时间进行深入交谈似的，如在作品的前半部分中就出现过"你反对卑微的生活而争取令人尊敬的生活"这样的语言，鲍勃此后就采用了这种嬉皮士的表达方式，他模仿着书里人物的语言，还在其中混杂了对于不常用的词语雀舌一般的运用。他故意使用这种非常蹩脚的方式来传情达意，就好像自己从来没有接受过文法教育一样。

对于鲍勃，韦伯不无嫉妒。他说："他非常富有感染力。当你参加聚会的时候，鲍勃就会直接将椅子搬到房间的中央位置，然后开始演唱，你如果不想听的话，就不得不离开房间躲避他那地狱般的折磨。我痛恨这一切。"

和戴夫·惠特克再次相聚后，鲍勃将伍迪·格斯的长篇民歌《汤姆·乔德》在惠特克面前从头到尾演唱了一遍。

格斯在鲍勃生命里的出现是宗教启示一般的意义。

伍迪·格斯 1912 年 7 月 14 日出生在一个左翼家庭中。在他的身上有太多的光环："20 世纪前半叶最伟大的民谣歌手""美国史上最有才气的民谣唱作者之一”……他开创了用音乐来介入社会改革的先河。在他短暂的五十五年的人生里，他创作了包括美国第二国歌《这片土地是你的土地》等多达两千多首的歌曲。

当我漫步在路上时／我看到路边有一个牌子／牌子上写着“不准穿越”／但是在牌子的另一边／它什么也没有说／因为那一边是属于你和我的……

这首《这片土地是你的土地》是1931年伍迪和家人随美国南部几万名工人和农民因为干旱而不得不沿路西迁时写下的。当时他们长途跋涉几千英里去往加州，一路上他们穿越破败的农村和荒漠之地，目睹了各种人间惨状。

鲍勃最先关注的当然是格斯的音乐作品。格斯创作的《这片土地是你的土地》以及《被放逐者》《辽阔的草原》等歌曲是美国的民谣音乐里最为写实的作品，而格斯的回忆录则帮助鲍勃模仿和充实了英雄的形象。根据鲍勃当时的女友邦妮·吉恩·比彻的回忆，他常常在喝醉的时候戴上一顶旧帽子，装成格斯的样子。

“如果你不称呼他为‘伍迪’的话，他根本就不会理会你。”在相当长的一段时间里，鲍勃都沉迷于格斯并热衷于开这种玩笑。

当时的格斯正在新泽西莫里斯草原城的玄武石公园医院休养。伍迪·格斯曾经是一个性格十分倔强的小伙儿，如今48岁的他却不得不忍受遗传脑疾亨廷顿舞蹈症的折磨（格斯的母亲就是罹患这一疾病而去世的），成了一个浑身颤抖的残疾人——这个病已经让他完全丧失了保持平衡的能力。每当走路的时候，他的头就会向前倾斜。因为颤抖，他写出来的字也很难辨别，而他又无法使用打字机。当然，此时的他更没有办法再弹奏吉他了。他虽然能够接听电话，却不能进行长时间的通话，但这并没有阻止鲍勃用戴夫·惠特克家里的电话打长途给格斯。他兴奋地告诉护士："我就要启程了！告诉伍斯，我就要动身去看望他了。"

这是1961年，年仅19岁的鲍勃就这样跑到了新泽西的医院里探望他的音乐偶像伍迪·格斯。

当时的鲍勃满头鬈发，一脸稚气。他每天下午都在伍迪面前一边弹奏吉他，一边演唱伍迪创作的那些歌曲，甚至有的时候还偷偷为伍迪买烟。不仅如此，鲍勃还专门为伍迪写下了一首超越了他当时年龄的、充满厌世情绪的《给伍迪的歌》：

> 我在离家千里的地方/走在一条荒僻的公路之上/我看见了你世界中的人和事/倾听乞丐、农夫、王子和国王/嘿，伍迪·格斯，我给你写了一首歌/关于这来到的奇异的旧世界/它似乎病态又饥饿，疲惫又破烂/它看上去濒临绝境，又像刚刚出生/嘿，伍迪·格斯，我知道你所知悉的/我所说过的话，我将反复述说/我唱过每一首歌，但仍未唱够/因为没有多少人像你昔日所为/这首歌也献给西斯科和桑尼·莱德贝利/还有所有陪伴你旅程的好人们/献给他们真实的心与双手/虽然他们已经归于尘土，随风而去/我明日即将离开，但是也许就在今日/某一日走在某处的公路上/我想做最后一件事情/是说："我也经历了一些艰难的旅程。"

伍迪·格斯最终于1967年去世。

"父亲就如同身处一条河流之中，那条河有很多的溪流、河口或者汇入，或者汇出这条河，而他所身处的就是一条非常大的河流，鲍勃汇入了这条河流，随后他成了同一条河上的船长。我的父亲已经凋谢了，鲍勃继承了他的衣钵，我总觉得他一直都是一个可爱的、真性情的船长。”伍迪的女儿诺瑞尔曾经如此评价父亲和鲍勃之间的关系。

在患病之前，格斯总是用一个看起来像是弯曲的衣架一样的，结构非常简单的铁丝架将口琴固定在脖子上吹奏，这个精巧的装置可以使格斯可以一边弹奏吉他，一边吹奏他用双手无法控制的口琴。这一设计后来被“流浪者”杰克·埃利奥特所借鉴，而现在鲍勃也掌握了这一技巧。邦妮根据鲍勃画给她的一张这种口琴架的草图到史密斯音乐店里为鲍勃买了一个一模一样的口琴架送给了鲍勃。

从此以后，鲍勃无论跑到哪里都要演奏吉他同时吹奏口琴，他尝试着学会像格斯一样吹奏出像火车开动时那样的声音，但开始只能发出十分刺耳的声响，这让期待着鲍勃可以弹一些打动女孩子芳心的布吉伍吉乐曲的邦妮·吉恩·比彻情不自禁地发出了不许他再吹口琴的抗议。不过，邦妮的抗议似乎并没有奏效，倔强的鲍勃一边继续吹奏口琴一边说：“不！我就是要学会这该死的吹奏技巧。”他下定决心，甚至开始对口琴进行改造，这多亏了对乐器十分熟悉的托尼·格拉夫的建议和帮助。

“我第一次遇到鲍勃的时候，他正在吹奏回音口琴，他看上去像是在肩膀上架了一块集成电路块一样。他的表情有些傲慢和冷漠。他吹奏的那种口琴通常是渔夫一类的人吹的，在口琴上另外有一排吹孔，这样就能够吹出八度音阶，同时也能够获得颤音，这是非常富有表现力的声响效果，但是他并不能真正达到伍迪、耶西·富勒以及他们同级别的一些音乐家的吹奏水平，因此我建议他买个全音阶的口琴——只需要有单排吹口的常见口琴。也就是从那时开始，鲍勃的口琴吹奏技巧便日渐出色起来。”格拉夫说。

其实在见面之初，格拉夫并不是很喜欢鲍勃，在两个人开始一同演奏的时候，格拉夫才改变了对鲍勃的看法，进而一心帮助鲍勃改进他的吹奏技巧。

尽管惹人喜欢的邦妮·吉恩·比彻在女生联谊会中认识了一大群“好姐妹”，但因为她们对邦妮和鲍勃两个人的感情持反对意见，进而要求邦妮搬离女生联谊会。无奈之下，邦妮只好搬进了一间出租房里，此后，鲍勃也常常在这里待着以打发空闲时间。

1960 年秋天，邦妮·吉恩·比彻借用同室好友威比克的盘式录音机将鲍勃用带有格斯风格的乐器演奏的一些歌曲录了下来。邦妮一共录制了两盘磁带，第一盘是鲍勃去纽约之前录的，音质很差，其中收录了《约翰·我并不了解你》（这是一首在第一次世界大战期间在美国非常流行的反战民谣）和包括伍迪·格斯为哥伦比亚河电气水利工程创作的《说说哥伦比亚》在内的四首说唱歌曲，第二盘磁带则收录了如《卡朋特之家》这样的经典民谣，不过她不小心遗失了它们，最终流传到了收藏家们的手里。

对于这两盘磁带，邦妮十分地珍爱，经常反复播放，而作为它的创作者，鲍勃对此更是评价颇高。他甚至以非常严肃的口吻告诉邦妮：“如果国会图书馆某天来向你索取这些歌曲的话，我希望你以两百美元的价格卖给他们。我希望你现在就答应这一要求。”听到鲍勃让她做出的承诺，邦妮目瞪口呆，她笑了很久才答应了鲍勃的这一请求。

“我当时想他是一个多么让人难以容忍的自负的家伙啊！竟然会想到国会图书馆会跑来向邦妮·吉恩·比彻索取鲍勃·迪伦的磁带……他一直非常自信，认为自己非常了不起，但不得不承认，也正是这种自信使得他成了一名优秀的音乐家。”邦妮说，尽管她认为鲍勃的这种天生的自信有时和他的能力并不是完全协调。

但是鲍勃就是拥有这种特立独行而不容他人置疑的力量，他怀揣着与生俱来的自信和梦想，大踏步地向前追逐着一个他脑海中不为人知的音乐世界。

4. 支气管炎嗓音

1960 年的时候，鲍勃生了一场大病，不断地咳嗽着，而且咳嗽得十分厉害，尽管邦妮陪着他到校医院进行了多次检查，但鲍勃的病情始终没有任何好转的迹象，并且，剧烈的咳嗽很快就恶化成了支气管炎，虽然最终康复，但根据邦妮的描述，这次生病已经给鲍勃的嗓音造成了永久性的伤害，鲍勃那原本柔弱甜美的嗓音变得粗粝起来，并最终变成了后来鲍勃为大众所熟知的那种嗓音。

当邦妮·吉恩·比彻 1969 年在唱片《纳什维尔的地平线》中听到鲍勃成熟的歌声时，她又回想起了鲍勃之前罹患支气管炎时的那种嗓音，邦妮说："那才是鲍勃年轻时的嗓音。"

就在鲍勃病愈后不久，奥德塔来到了狄克町。当时奥德塔在声望十分高的"角门"俱乐部（20 世纪 50 年代到 60 年代，在芝加哥北部赖斯旅馆地下室开设的一间民谣音乐俱乐部，由艾伯特·格林斯曼开设，该俱乐部拥有一百张座位，奥德塔、罗杰·麦吉恩和鲍勃·吉布森等知名艺术家都曾经在这里演出过）演出，是芝加哥和旧金山民谣舞台上璀璨的明星。

奥德塔认识托瓦·哈摩门和格里塔尔·惠特克，哈摩门意欲由奥德塔来判断鲍勃究竟是否有机会成为专业的音乐人，所以特意安排鲍勃为奥德塔进行了表演，而奥德塔对鲍勃的表现给予了肯定而坚决的回答——鲍勃一定会成为专业的音乐人。这件事让邦妮·吉恩·比彻感到非常开心，因为她一直担心鲍勃会因为被支气管炎毁掉的嗓音影响到他未来在音乐道路上的发展，奥德塔的话让她终于吃了一颗定心丸。“那可真是明尼阿波利斯的大新闻！”邦妮说。

这件事情之后，鲍勃终于下定决心返回希宾城和父母商讨他未来的发展问题。

在离开前，鲍勃让邦妮帮他理发，结果邦妮给他修剪的发型让他的朋友们觉得十分滑稽。鲍勃为此专门写了一首歌唱道：“邦妮，你剪了我的头发，因此我出不了门了。”邦妮却说：“可是是你让我这样做的！”

1960年12月中旬的时候，鲍勃终于回到了希宾城。他告诉父母他不想继续完成学业了，他想到纽约去追求成为音乐巨星的梦想，因为主要的唱片公司都在纽约，这样他会有更多的机会录制唱片，而且在格林尼治村还有着充满活力的咖啡馆表演舞台。

“他想要成为民谣歌手、演艺人员。我们难以看到他所展望的目标，但我们感觉他能够获得这样的机会。这毕竟是他自己的生活，我们不想去挡他的道，所以我们之间达成了协议，给他一年时间去做他喜欢的事，一年期限到了之后，如果我们对他的发展状况不满意，他就必须再回到学校去。”鲍勃的父亲亚伯·齐泽莫曼说。鲍勃最终和父母达成了这一协议。

很快，鲍勃又返回了双子城。他四处拜访朋友，和他们一一告别，告诉他们他就要前往纽约去发展了，但在鲍勃的朋友们心中，纽约还是一个非常难以企及的地方，他们无法理解鲍勃，对他说的话也半信半疑。

“我希望他能在明尼苏达大学再多待些日子。我不知道这对他而言是否值得一试，可他非常想离开。”儒特曼说。他认为鲍勃放弃学业是一个非常错误的决定。但是鲍勃的另外一个好友卢克·德威兹则说：“每个人都有自己的梦想，我猜测鲍勃的梦想比多数人的梦想更为远大。”

圣诞节快到了，鲍勃对邦妮表示希望可以在他离开这里踏上前往纽约的伟大征程之前和她及她的家人待在一起，但是这一愿望遭到了邦妮父母的强烈反对，他们不允许邦妮将鲍勃带回家。

对于这件事，邦妮说：“我记得当时自己和父母大吵起来，我几乎要说‘如果他不来，我就不来’，因为当时鲍勃在圣诞节时的确是无处可去，但最终我也只能是通知他不能来家里共进晚餐。我还记得当时鲍勃是多么地烦躁，而我又是多么地气愤，我希望成年后的生活能始终坚持自己的立场。这是我们之间爆发的一场大战，我始终觉得这一次自己确实伤害了鲍勃。”（在去世前的最后一年，邦妮的母亲曾为当时不让鲍勃来家里做客的事情向邦妮道歉）

圣诞节的雪花终于飘了下来，鲍勃独自一人住在学校附近的一处非常寒冷的公寓里，他发现自己正处在一个最为孤独的时刻。第二天早晨睡醒后，鲍勃便收拾出一个手提箱，拎着他的吉他离开了这座城市。鲍勃深信世界是仁慈的，他搭上了一辆破旧的顺风车，一头扎进了茫茫的白色冰雪世界里。

“我已经花了太多的时间去考虑这件事，我不能再去想它了。无论是否下雪，都是时候离开这里了。我到明尼阿波利斯城时，它看上去就像是一座大城市或者大城镇，而当我离开它时，它则像你乘坐飞驰而过的火车时所看到的某些乡下的边区村落。”鲍勃后来回忆说。

不过，鲍勃之所以如此匆忙地离开这座城市似乎还有另外一个并不是很浪漫的原因，因为就在鲍勃离开后的一个冬天的午夜，两个看起来像是暴徒一样的陌生人来到惠特克夫妇的家里询问鲍勃的踪迹。

“当时我独自一人在家，房门没有上锁，我起来的时候就看到两个人站

在我的床边。那是让你无法忘怀的，心跳几乎停止的情景。”格里塔尔·惠特克说。（当时她已经怀着第一个孩子有一段时间了）

惠特克认为他们并不是狄克町的当地人，她告诉他们鲍勃并不在那儿后，两人便离开了。离开的时候，他们告诉惠特克他们一定会找到鲍勃好好给他上一课的，但是至于他们最终是否找到了鲍勃，又因为什么要找鲍勃，他们到底想要做什么，至今仍是个谜。

在到达纽约之前，鲍勃首先来到了伊利诺伊州的芝加哥，在这里逗留了几周。一个女孩儿暂时收留了他，于是他就在她住的女生宿舍里给一帮女学生弹奏钢琴。此外，在芝加哥大学校园里面，他还遇到了他夏天曾在科罗拉多州帮助过的凯文·柯诺恩，他也是一位民谣歌手。

来芝加哥以后，鲍勃继续一路往北到达了威斯克星州的麦迪逊。

威斯克星州大学因为其知名的历史学系和校园内活跃的民谣表演舞台而吸引了一大批来自激进家庭的学生，他们往往聚集在马歇尔·布里克曼和埃里克·威斯伯格位于克莱姆区的住所内。

布里克曼和威斯伯格组建了一个名叫“逗留者”的民谣演唱乐队，后来威斯伯格为电影《判决》演奏了其主题曲——班卓琴曲《决斗》，而布里克曼则因为和伍迪·艾伦合作的《安妮·霍尔》获得了奥斯卡最佳编剧奖而一跃成了知名编剧。

布里克曼和威斯伯格的住所是非官方的校园民谣中心，每一个来到这里的人都会不由自主地通报自己的姓名，交换彼此的联络方式，然而精神抖擞地弹奏乐器或者演唱民谣歌曲，或者打开冰箱来一杯饮料。鲍勃也曾经出现在这里，当时他穿着略显古怪的褐色的套装，打着领带，并在现场用钢琴为大家演奏了非常简单的布鲁斯音乐以表示对新朋友的感谢，尽管这似乎并没有给当时在场的人留下很深刻的印象。

“他显得很有教养，略微有些腼腆，身形细瘦，年纪尚轻，我不能确定他是否在那里过夜。当时他正赶往纽约寻求远大的发展。”布里克曼回忆说。

在麦迪逊逗留期间，鲍勃还因为参加皮特·西格的演唱会而认识了这个重量级的音乐伙伴。

当时的西格刚满四十岁，是美国民谣领域著名的激进歌曲创作人和歌手之一，曾经创作过像《如果我有一把榔头》等经典歌曲，而和伍迪·格斯一样，西格所创作的歌曲一直都与和美国的社会变革紧密相连。西格认为民谣音乐和绝大多数在收音机里播放的流行音乐的最大、最关键的区别就在于歌词的不同。另外，西格本人也是一位非常优秀的表演艺术家，他能够一边弹奏五弦琴，一边用他那如同师长一般谆谆而透彻的嗓音演唱民谣歌曲。

西格先后创建了第一支美国著名的城市民谣团体——“年鉴乐团”以及“织工”。这两支民谣团体所演唱的歌曲包括了西格的旅伴及密友伍迪·格斯所创作的歌曲。1951 年，“织工”乐队因为其所坚持的激进的左翼政治观点进入了麦卡锡黑名单中，因此不得不停止了演出活动，到了 1952 年，西格索性一整年都在休息。第三年的时候，一位学生写信邀请西格到学校进行演出，虽然没有丰厚的酬金，只是学生们通过募捐得到的一些款项，可以勉强支付西格的差旅费。西格最终接受了这一邀请，从此，开始忙碌于各个大学之间，而这种小型的校园音乐会后来对推动民谣复兴起到了很大程度上的帮助，很多热衷于音乐的年轻人也正是通过这一方式才真正走进了民谣歌曲。

“我想一生中也没有做过那么重要的事，大概从 1953 年开始，我便不在酒吧里，而是从一所学校到另一所学校，在校园和夏令营里进行表演。

我不仅演唱那些年代比较久远的民谣歌曲，还演唱莱德贝利和伍迪·格斯以及许多被历史所湮没封存的曲目，有相当多的动人歌曲是很多学生从来没有在收音机上听到过的。琼·贝兹就是在 1958 年举办的这种类型的音乐会上听到了我的演唱。我想当时是在威斯克星州大学音乐会上，鲍勃也在那里。他告诉我他刚好出席了那场音乐会。我记得当时美国退伍军人协会（1919 年美国获得国会特许后由从欧洲战场返回的“一战”士兵所建立的一个军方互助组织，其总部设立在印第安纳州的印第安纳波利斯，但同时在华盛顿特区也设有办公地点）在场外设置了警戒线，他们称我是危险的共产主义者。”西格说。

通过聆听西格在演唱会上演唱伍迪·格斯的歌曲，并且亲眼看到皮特·西格，听他讨论民谣，所有这一切都让鲍勃情不自禁地想要拜会格斯本人，虽然当时他是不可能再返回双子城了。

1961 年 1 月的中旬，鲍勃和偶遇的两个威斯克星大学的学生佛瑞德·昂德希尔和大卫·博杰一同再次踏上了前往纽约的旅行。

一路上，大卫·博杰不断地演唱伍迪·格斯的歌曲，这让鲍勃大为光火。

1 月 24 日，三个人终于进入了纽约郊区，朝着纽约城的方向不断前进。当鲍勃看到曼哈顿的轮廓出现在地平线上的时候，他的脑海中开始不断地浮现出了百老汇、纽约扬基队以及 20 世纪五六十年代美国最为著名的电视综艺节目《爱德·沙利文秀》等纽约当时最富有标志性的元素。纽约，这座将要改变他命运的城市，他背井离乡长途跋涉几千里才来到的地方，正如他后来在《谈谈纽约》中所描写的那样：

漫步在荒凉的西部 / 离开了我最爱的小镇 / 我的思绪翻转起伏 /

当我进入了纽约城 / 人如胡麻低入尘埃之中……背着我的旧吉他 / 匆忙赶上一班地铁 / 经过一番摇晃、颠簸、推挤 / 终于到达市区……

命运盯着鲍勃，他望着纽约，他梦想中的城市，他终于来了！

BOB DYLAN

The Times They Are a-Changin'

第 3 章

一个人要仰望多少次，才能见苍穹

How many times must a man look up before he can see the sky

1. 纽约这座城市

初到纽约之后的几个月，鲍勃一直待在格林尼治村。这是1961年的一个非常寒冷的冬天。

第十五大街向南的尽头是华盛顿广场，广场周围有很多租金低廉的公寓，因此在这里聚集了很多的艺术家、音乐人及作者。

20世纪40年代至50年代的时候，节奏欢快，旋律统一且注重即兴创作的比波普爵士乐成为流行，一大批“垮掉派”作家跟随这批音乐人来到这里，并且开始频繁在晚上出入麦克道格街和布里克街上的俱乐部和咖啡馆，而当“垮掉的一代”开始风靡时，很多观光客也常常跑到咖啡馆里，希望可以见到当时的知名作家。然而，到了1961年，约翰·肯尼迪就任总统，美国南部各州的种族问题日趋严重，绝大多数的民众都深信并恐惧冷战将会上升为第三次世界大战。在这一社会背景下，民谣音乐开始因其诚实、严肃的特点而成为潮流，一大批像鲍勃这样年轻而狂热的音乐人涌进了格林尼治，他们即便没有报酬也心甘情愿地在咖啡馆里演出。而事实上，在演出结束之后，这些年轻的音乐人最多也就是拿着面包篮向前来观光的客人们讨要一些小费罢了。但咖啡馆的老板们却利用狂热爱好民谣的观光客和年轻的音乐人赚了个盆满钵满，最常见的小伎俩就是一旦有大量顾客进门，老板们就会将店里的空调关闭，这样，在小小的空间里感到口干舌燥的顾客们就不得不花钱买一些像朗姆酒或价格高昂的软饮料，因为咖啡馆是不能提供酒类饮品的，如此一来，这些娱乐场所就总是能够保持良好的收益。

不过，法律上对于咖啡馆等各种舞台娱乐表演的复杂的许可证规定和限制也意味着老板们并不能为所欲为，甚至要经常性地接受警察的检查。因此，老板们会在警察要来检查的时候亮起红灯，红灯一亮，不被允许演奏的鼓手和歌手们就会立即跳下舞台逃走。这种刺激的表演和生活方式不断地吸引着各种各样的观光客成群结队地会聚到这里。

对于民谣，鲍勃曾经这样描述它之于自己的意义："未来是一堵实实在在的墙，不够光明，也不危险——都是骗人的话。未来不对任何事作保证，甚至不保证生活是不是一个大玩笑。要定义我对世界的感受方式，除了我唱的民谣歌词，我找不到任何可以与之相比或者接近它一半的事物了……机会也许会来到，让你去改变一些事物。那可能是一个开始。有时你只是想以自己的方式做事，想让你看看那神秘的窗帘后面是什么……你必须知道并了解一些事，然后超越语言。民谣是难以琢磨的，是生活的真相，而生活多多少少是个谎言，但这就是我们想要的样子。一首民谣有一千张脸，而如果你想要演奏它，就必须认识这一千张脸。一首民谣有不同的意义而且每一刻都会有不同。这取决于谁在演奏和谁在倾听……"

在格林尼治村，经由凯文·克诺恩介绍，鲍勃认识了已经先于他抵达纽约几个月的年轻的民谣歌手马克·斯波尔斯特拉。斯波尔斯特拉出生在加利福尼亚的一个教友派信徒的家庭，他和鲍勃一样，怀揣着成为音乐巨星的梦想来到了东部，并很快便开始和桑尼·特里和布朗尼·麦基合作，这是一个经验十分丰富的二重唱组合，而到了下午的时候，斯波尔斯特拉则会到被称为"篮屋"（因为人们习惯于在这类场所用面包篮讨要小费而获此称号）的“哇”咖啡馆和“平民”咖啡馆等娱乐场所进行演出。尽管看起来斯波尔斯特拉做过的事情也不是很多，但是相比鲍勃而言，他对于周围环境要更了解一些，凯文认为这会对鲍勃快速适应纽约有所裨益。

鲍勃和斯波尔斯特拉第一次碰面是在格林尼治村的一家咖啡馆里。当时这两个年轻人都饥肠辘辘，街头小贩炸的洋葱和意大利香肠的气味飘进了咖啡馆，但是他们谁也掏不出钱去买。

很快，鲍勃就和斯波尔斯特拉建立起了牢固的友谊。他们经常一同结伴外出寻找食物和工作，没错，对于当时的两个人而言，食物和工作是同等的大事，因为在到纽约的最初几个月里，他们两个人几乎不曾痛快地吃上一顿饭。

在舞台上，鲍勃和斯波尔斯特拉轮流唱歌，他们彼此支持。他们演唱的曲目大多都是伍迪·格斯的歌曲和一些布鲁斯音乐，其中，他们自认为他们所演奏的传统歌曲《骡夫布鲁斯》比任何人都要精彩。

“鲍勃喜欢演出，他非常有吸引力，有的时候甚至能让我不知不觉地跟着笑起来。”斯波尔斯特拉说。

在观光客的眼里，“哇”咖啡馆这些娱乐场所都是非常新鲜的，在这里，他们也确实能够实实在在地感受到刺激和兴奋，因此，越来越多的人开始跑进“哇”咖啡馆。然而，咖啡馆座无虚席的局面并没有让鲍勃和斯波尔斯特拉赚到太多的钱，除了偶尔可以从咖啡馆老板那里拿到的微薄的报酬以及观光客们给予的小费之外，他们只能依靠朋友的接济度日，鲍勃的父母亚伯和比蒂也曾经从家里给他寄过钱。不过，即便如此，鲍勃也从来没有想过要去寻找一份“正规”的工作，因为在此之前，“正规”工作留给他的唯一印象就是同样需要节衣缩食而且十分无趣，就像他曾经在法戈担任餐厅服务员时那样。

事实上，从踏入纽约这座城市开始，鲍勃每天的日程安排都十分混乱，整个人始终都处于一种忙忙碌碌的状态，每一件事情都发生得好似极其突然，想要梳理出一个精确的日程表是不可能的。在最初的几个月，鲍勃的整个身心都处在一种紧张不安的状态里，他像一只猴子一样到处乱窜，即使坐下来，也会不由自主地抽烟和不停地摇晃自己的双脚。

除了和斯波尔斯特拉的友谊之外，咖啡馆里的其他演出人员也对鲍勃这个可爱又英俊的年轻人态度十分友善。在“新世界”，歌手们有时会在演出的休息间隙或者晚间的演出即将结束的时候，向听众们引荐鲍勃，并且把舞台让给鲍勃进行独唱和演奏。

“我们只是认为他拥有巨大的才华，但听众们就不这么想了，因为鲍勃的演出看上去粗糙而生疏……但却充满了生气，总之，他十分有趣。”乐队成员哈皮·特拉姆说。

初到纽约的时候，鲍勃还是一个天真的且受到溺爱的来自中西部小城市的中产阶级家庭的男孩儿，而现在，他必须独自在纽约这个全美国竞争最为激烈、环境最为残酷的大城市里奋斗打拼。为了实现他成为音乐巨星的美梦，他必须充分运用自己身上的每一个优点、每一丝智慧和每一股雄心去努力和付出。这一时期的鲍勃还常常会耍一些在外人看来十分愚蠢和怪异的小伎俩去保护和掩饰自己内心的真实想法，以便顺利地完成自己真正要做的事情，特别是在和男性朋友的交往中，鲍勃通常都会用半开玩笑的方式去回避那些刨根究底的问题。此外，鲍勃还总是虚构自己的经历，因为他深切地明白自己只不过是一个来自明尼苏达州这样一个毫不起眼的小城，目前竭力维持着在纽约的生活而已，在那些背景光鲜的新朋友面前，他迫切地感到需要重塑自己的形象。他似乎并没有认识到这种改变自己履历的拙劣行为是否有悖道德，他满心期待着能够在纽约这个花花世界里大有作为。

因此，即便是怀着对于特拉姆等人的感激而向他们透露自己过往经历时，鲍勃所描述的仍然不是他在希宾或者狄克町的真实生活，而是他胡乱编造的一段有关他在新墨西哥盖洛普的冒险故事。他向他们声称，自己曾经在那里当过狂欢节的雇员并且作为一名布鲁斯歌手巡回表演过。

对此，特拉姆笑笑说："我们耐心地听完了整段荒诞的虚构故事……鲍勃只是街上的顽童，骑在货车上搭着顺风车满世界转悠。他将这些都填入充满浪漫色彩的神话中，而这段神话正是来自我们都有所耳闻的伍迪·格斯身上的。"

佛瑞德·尼尔是一个来自佛罗里达的长着细碎的淡黄色头发的小伙子，他有着一副男中音嗓子，并且还能自己创作歌曲，后来还因为创作了《午夜牛仔》的主题曲《每个人的语言》而一举成名。因为当时擅长口琴演奏的人不多，所以尼尔经常会雇用鲍勃和斯波尔斯特拉在台上协助其演出。

对于尼尔这个人，斯波尔斯特拉声称他在后台遇到他和鲍勃的时候，总是会用手指戳他们的臀部，这让斯波尔斯特拉大为恼火，他发誓要收拾尼尔，但鲍勃对此却只是一笑了之。

"鲍勃和每个人相处的时候都非常放得开，他能够容忍不同类型的人。"斯波尔斯特拉说。

实际上，在鲍勃到纽约度过的最开始的几个月里，他和斯波尔斯特拉因为几乎每天晚上都在格林尼治村的市区俱乐部或者酒吧内闲逛，所以曾经遇到过各种各样的人，而鲍勃的一生中也有很多像诗人艾伦·金斯堡这样的同性恋者朋友，但他从来没有对此显露出丝毫的不安和成见。和各式各样的人搭话和相处，这是鲍勃真实性格的写照。

2. 写给伍迪的歌

到纽约后不久，鲍勃打算去拜会他心目中的英雄——伍迪·格斯。

因为鲍勃曾经从明尼苏达州打过电话到格斯所在的疗养医院，所以他知道格斯并没有待在位于皇后区霍华德海滩八十五号大街的家中。鲍勃认为如果没有事先拜会格斯的家人，就不方便去拜会格斯本人。因此，他还是先敲响了格斯的第二任妻子马乔里的家门。

当格斯 11 岁的小女儿诺瑞尔不情愿地打开房门时，她几乎一眼就认出了门口站着的男孩儿。鲍勃有着黑色而卷曲的头发，其面孔很容易被人认出来是来自犹太家庭的孩子，并且，他的身上还穿着和格斯同款的军方出售的卡其布外套，脚上套着的也是一模一样的套筒靴子（格斯因为没有办法自己系鞋带而不得不穿这种款式的鞋子）。

“他看上去和我那患了亨廷顿舞蹈症的父亲一模一样，都是面色灰蒙蒙的家伙。”诺瑞尔说。

鲍勃告诉诺瑞尔他是来找伍迪·格斯的，而此时马乔里·格斯太太正在上班，只有年仅 16 岁的学生安妮塔在照看孩子们。急于回去观看《美国音乐台》的诺瑞尔对鲍勃的来访极不耐烦，她敷衍地说了一句“哦，他不在家”之后就关上了门。鲍勃再次不断地敲门，诺瑞尔只好打发安妮塔去开门。

诺瑞尔的大哥，13岁的阿洛最后决定让鲍勃先进来，而安妮塔则着急地打电话询问格斯太太应该如何处理此事。在她和格斯太太通话的时候，鲍勃开始教阿洛如何吹奏口琴，不过安妮塔坚持让鲍勃以后再来，她会保证一定向格斯太太进行转达，无奈的鲍勃只能愤然离开。

幸运的是，1964年1月29日，鲍勃终于成功地在西德塞·格里森的家里见到了伍迪·格斯。

西德塞·格里森住在新泽西的东奥兰治，她又名西德，来自蒙大拿州，是伍迪·格斯的朋友。因为她家离格斯疗养的医院比马乔里的家要近些，所以格里森夫妇每个周末都会将伍迪·格斯接到东奥兰治，并在家里举办聚会，以方便朋友和家人前来探望格斯。每当这个时候，西德塞·格里森都会摆出丰盛的西部风味的食物招待客人们，而格斯则对她做的食物赞不绝口。

事实上，此后鲍勃在纽约生活的半年多的时间里，几乎都是靠像西德塞·格里森这样善良的好心人的接济熬过来的。他向格里森夫妇谎称自己是一名孤儿，试图以此去打动他们，并称呼西德塞·格里森为妈妈，格里森夫妇很快便将鲍勃视为了家庭中的一员，对他十分关爱，甚至西德塞·格里森还会经常给鲍勃一些零花钱让他用于维系其在格林尼治的朋友圈。不过，鲍勃深知格里森夫妇对他的帮助不过是其热情好客的天性使然，这种情况不会维持太久，所以鲍勃在这里待了一段时间之后便离开了，他不愿自己等到盛情冷却后再被别人赶出去。当然，按鲍勃那内心坚定的品质来说，即使没有西德塞·格里森等人的帮助，他也一定可以在纽约这个城市里活下去并且活得精彩。

前来探望格斯的不仅有格斯的经纪人哈罗德·莱文塞尔、演员维尔·吉尔和皮特·西格，还有一大批和鲍勃一样年轻的崇拜者。早在十年前，“流浪者”杰克·埃利奥特就已经成了格斯最早也最为忠诚的助手之一，而艾瑞克·达林、菲尔·奥克斯、约翰·科恩和彼得·拉·法格等其他的年轻人也曾在不同的时期内追随过伍迪，因此，鲍勃绝非第一个密切关注伍迪·格斯的年轻人。

对于当时的情景，诺瑞尔曾经这样描述：“我笑呵呵地看着那些年轻人，他们围坐在我虚弱的父亲周围，唱着他的那些老歌，甚至和他抽着一样的骆驼牌香烟。父亲无法相信自己的歌曲传给了下一代，年轻人来的时候他显得非常高兴，就像一个身处在糖果店的小孩儿一样，咯咯地傻笑着，眼睛里闪动着光芒，这一切都是真情的流露，他在与鲍勃这样能够将他创作的每一首歌曲都唱出来的人相处时，就会感到非常愉快。”

能够和格斯会面，亲眼见到自己的导师对于鲍勃这个年轻的音乐人而言意义重大。在他给戴夫·惠特克和格里塔尔·惠特克夫妇的明信片里，鲍勃对于此次和偶像会面的激动之情溢于言表：

> 我与他相识，与他会面，亲眼看到了他，并且还唱歌给他听，我了解伍迪——他受到了诅咒。

并且，就在拜会过格斯之后的一个周日的晚上，鲍勃还完成了歌曲《写给伍迪的歌》的创作。

诺瑞尔说：“总会有一小群人喜爱父亲的作品，像皮特·西格和艾伦·洛马克斯，但鲍勃却是媒体发展成为大众传播媒介时期的第一位歌手。”她认为鲍勃的《写给伍迪的歌》里有一部分是源自公众对于格斯经久不衰的浓厚兴趣。

《写给伍迪的歌》是鲍勃献给他的偶像伍迪·格斯及桑尼·特里、西斯科·休斯顿和莱德贝利的答谢礼，同时也是鲍勃的第一首重要作品。

这首歌的旋律改编自伍迪·格斯的一首名叫《1913 大屠杀》的歌曲，而歌词的第四节的最后一行亦改编自伍迪·格斯的歌曲《广袤的牧场》中的那句"我们挟尘而来，我们随风而逝"。鲍勃尽情地模仿着自己所钦佩的艺术家，并试图掌握他们的特质和舞台技巧。他尽可能地从这些经验丰富的艺术家身上学习各种有用的东西，甚至借用他们所创作过的歌词和曲调，这在某些人看来或许是一种剽窃，但对于鲍勃而言，这不过是实现他伟大的演艺梦想的一个小小的技巧而已。

除了《写给伍迪的歌》，鲍勃还开始虔诚地模仿格斯的发音方式，他知道格斯的发音方式和他的旋律及歌词是同等重要的。

无论是唱歌还是说话，格斯使用的都是俄克拉荷马的方言，但是和皮特·西格在一起的时候，格斯常常为自己可以更加清晰地吐词而感到骄傲，因为在他们看来，演唱时的吐词也是影响演出是否精彩的重要元素之一。只是，当鲍勃认识格斯的时候，格斯早已因为罹患亨廷顿舞蹈症的缘故，在发音吐词的时候无法像以前一样清晰可辨，他的呼吸声重于吐词声，听上去十分含混不清，比如在唱到"我到处游荡"的时候，就会因为吐词漏气而唱成了"呼哧——我——呼哧——到处游荡"。

尽管格斯夫妇已经离婚，但是马乔里对前夫依然关怀备至。每当人们对伍迪·格斯的作品表现得十分热情时，马乔里都会显得非常高兴。而作为一个和善的年轻人，鲍勃身上那犹太人的特质和独有的魅力也很讨马乔里的喜欢。后来，马乔里因为创建了亨廷顿舞蹈症协会而成了该领域的专家。她认为鲍勃和其他来访的一些年轻人错误地模仿了格斯这种古怪的声音，他们并不知道格斯的这种亨廷顿舞蹈症的早期症状并非他故意的发音方式，但这种错误的模仿却成了鲍勃的起点，更在日后形成了鲍勃独特的个人风格。只是，直到鲍勃成为音乐巨星之后，马乔里还曾经亲自走到演唱会的后台告诫鲍勃应该吐词更加清晰一些，因为她根本听不懂歌词，而且她认为伍迪·格斯从来没有像鲍勃那样唱过歌，尽管她也很喜欢鲍勃。

但不管怎么说，和伍迪·格斯的短暂会面的确帮助鲍勃实现了他在来纽约之前就确定的重要目标。并且，和伍迪·格斯建立起来的友好关系也在鲍勃之后的人生中给予了他莫大的鼓舞和指导。在鲍勃的衣兜里，始终装着一张卡片，上面是伍迪·格斯亲笔写下的“我仍未死去”。鲍勃随身携带，将之视为幸运护身符。

3. 人群中穿行而过

在这一阶段，鲍勃所遇见的知名民谣艺术家除了伍迪·格斯之外，最重要的当属“流浪者”杰克·埃利奥特。

早在狄克町时，鲍勃就从乔恩·佩恩卡克家里拿走的唱片中听到了埃利奥特的声音。1960 年到 1961 年的冬天，埃利奥特从英国乘船回到纽约探望伍迪·格斯。在伍迪·格斯的病床前，鲍勃终于亲眼见到了埃利奥特。

埃利奥特后来说当时的鲍勃刚刚长出带些许粉红色的胡须，甚至都还没有开始刮胡子。

在乘车返回曼哈顿的途中，鲍勃激动地告诉埃利奥特，他听过他所有的唱片，并且，从那之后，鲍勃便开始像一只幼犬一般跟在埃利奥特的身边。对此，埃利奥特虽然感到有些厌烦，甚至试图摆脱鲍勃对自己的纠缠，但是他依然认为鲍勃是一个很迷人的青年，十分具有魅力。

在跟随埃利奥特期间，鲍勃也开始尝试着模仿埃利奥特的表演方式和风格，他像埃利奥特一样将吉他置于胸前，这引起了埃利奥特的朋友们的不满，但是埃利奥特本人却丝毫不在意。

“我也曾经经历过相同的阶段，我模仿伍迪的时间要比鲍勃模仿我的时间还要长。人们都认为我只是在假扮伍迪，其实我是在寻找一种演唱风格，但由于实力尚不足够，才会去模仿他。这样做对我而言很简单，我是天生的模仿者，因此当鲍勃模仿我的时候，我甚至都不会加以关注。我认为，他之所以这样做，是因为他也是伍迪的歌迷。与此同时，在那些恶意的批评者面前我还会为鲍勃加以辩护，这些批评者对鲍勃的行为感到愤怒，很多人都站在我这一边，可以想见，他们会说：'杰克，他抢了你的风头！你怎么能让他这样做呢？'你知道他们说的都是这样的废话。我认为鲍勃的行为没什么错，模仿就是真诚的恭维，因此我说，'这个男孩和外出的工作人员没有什么两样，他们正处在艰难时刻，在国内四处游荡，他只是试着让自己的歌声听起来更像伍迪和西斯科，他不过是在追随着他们的风格进行演唱罢了，而这同时也是我正在努力去做的'。"埃利奥特说。

在西四街的"杰西民谣城"里，鲍勃还认识了汤姆·帕克斯顿、戴夫·范·容克和爱尔兰民谣团体"克兰西兄弟"，其中，戴夫·范·容克堪称鲍勃的良师益友。

"杰西民谣城"是格林尼治村最重要的民谣音乐演出场所。在白天，它不过是一家普普通通的意大利餐馆，而到了晚上，在老板迈克·波克的主持之下，这里会摇身变为纽约最重要的民谣俱乐部。周一晚上，这里和其他俱乐部一样，通常会安排"开唱之夜"或者民谣演唱会（由伍迪·格斯创造并且加以普及的行业术语）演出，因此，每到周一晚上，鲍勃就在俱乐部里来回奔忙，希望可以获得演出的机会。尽管外表过于稚嫩的鲍勃让老板迈克·波克有所担心，但鲍勃最终还是取得了登上舞台的机会。

当鲍勃在舞台上弹唱着伍迪·格斯的经典名曲时，一表人才的汤姆·帕克斯顿和戴夫·范·容克则会坐在听众席上喝着啤酒，听得津津有味。

"几乎从第一天开始，鲍勃就是人们关注的焦点，他给我和大卫都留下了非常深刻的印象。"汤姆·帕克斯顿说。

汤姆·帕克斯顿因为是退伍后才来到了格林尼治村，所以最初人们一直习惯于从他的短发和身材上认定他是一个隐姓埋名的警察，而戴夫·范·容克是一个同样身材高大的年轻人，曾经是一名商业船队的水手。尽管当时容克只有25岁，但是他那茂密的胡须却让他看上去老成许多。事实上，在表演经验方面，他和汤姆·帕克斯顿的确比鲍勃要老练得多，而且容克在音乐、文学和哲学等方面的知识也非常渊博，完全可以充当鲍勃的老师。

戴夫·范·容克允许鲍勃在他家的沙发上过夜，有时鲍勃会连着住上两个晚上。戴夫·范·容克认为鲍勃是一个非常聪慧的“行乞者”，他不会允许自己的受欢迎程度有所降低。事实上，这位“行乞者”不仅从来没有因为自己这种四处游荡的生活而感到困窘，反之，他过得十分舒适自然。而且，如果说处在困难时刻的鲍勃是因为现实所迫才不得不选择这种借宿游走的生活方式的话，后来成为音乐巨星后的鲍勃仍习惯在朋友家的躺椅上睡上一两个晚上。

1961年最初的几个月里，“克兰西兄弟”在“杰西民谣城”举办过两次演出。演出时，帕迪、汤姆和利亚姆三兄弟的头上都戴着渔夫帽，身上穿的是绞花编织的毛线衫，这种打扮看起来好像他们是在怀念自己的故土爱尔兰的蒂博雷利，然而，他们所演唱的却是反映爱尔兰血腥历史的歌曲，像《罗迪·麦考林》等。当然，除了这些令人精神亢奋的火爆歌曲外，他们也会创作一些如《艾琳·阿隆》等柔弱又伤感的歌曲。

鲍勃对“克兰西兄弟”所演唱的那些爱尔兰传统歌曲十分痴迷。尽管这些歌曲来自不同的时空，但歌词中所歌颂的人物却总是让鲍勃联想起美国的民间英雄，如他认为《荒原上的布伦南》中所唱到的劫匪就和西部的不法之徒很相像，并且，这种匪徒形象所演绎出的浪漫后来还成了鲍勃创作的一个重要主题。“克兰西兄弟”所演唱的绝大部分都是反叛歌曲，他们进行表演时的那种激情深深地打动了鲍勃。

利亚姆是“克兰西兄弟”中较为年轻的歌手，他十分健谈，是一个很会讨女孩子喜欢的年轻人，并且还是一个酒鬼，朋友们常常喊他“威利”。这个爱尔兰年轻人喜欢在格林尼治村的酒吧寻欢作乐，而鲍勃则经常伴他左右。

鲍勃和利亚姆能够走到一起，不仅仅是因为利亚姆具有过人的艺术天赋，还因为他们具有相同的经历，他们一样都是离乡背井来到纽约这个陌生的大城市，希望可以在这里闯出属于自己的音乐天地。这种超越了出生地和文化背景的共同之处以及有时甚至敌对的梦想让鲍勃对利亚姆始终怀有同志般的感情。即便很多年之后，鲍勃和格林尼治村的许多老朋友都不再联络，可遇到利亚姆的时候，他都表现得十分激动。

对此，利亚姆也曾说：“我们都是暴风雪中的孤儿，我们是那种不知艺术精神含义的艺术家，因为在我们的出生地，艺术精神是被摈弃的。我来自爱尔兰的一座小城，迪伦则来自希宾，你知道，我们周围每个人都是从这样一个备受压抑的背景中逃离出来的，我们在各自的群体中都不能获得巨大的快乐。我们之间有着一个共同的纽带，那就是为了我们各自特殊的幻境而奋斗。”

在格林尼治村，鲍勃经常出入的另外一个重要的民谣音乐演出场所便是“煤气灯”俱乐部。这是一处幽闭狭小、声音十分嘈杂的地下娱乐场所，著名诗人同时也是独角滑稽秀演员的威维·格雷（又名休·罗姆尼）是这里的娱乐总监。他曾经参加过“开心玩笑者”（由美国的祖佳肯·凯赛创办的一个以吸食迷幻类药物来获得文学、音乐和美术等领域创作灵感为核心的团体）这一团体。

1961 年春天，鲍勃第一次在“煤气灯”俱乐部见到了格雷，之后他们还共处了一段时间。格雷将他认识的格林尼治村的那些聪明人一一介绍给了鲍勃，像诗人艾伦・金斯堡、喜剧演员罗德・巴克尔和莱尼・布鲁斯以及爵士乐钢琴演奏家塞隆尼斯等。

和格雷的相处对鲍勃而言是十分重要的。鲍勃在 1963 年所录制的歌曲《鲍勃・迪伦的梦想》中就真挚地描述了他当时和格雷围坐在烧木柴的火炉旁的场景及两人的友谊，鲍勃甚至在歌词中这样写道：“如果能再和格雷坐在一起，我宁愿付一万美元。”

除了威维・格雷以外，“煤气灯”俱乐部的主持人诺埃尔・斯托克也十分赏识鲍勃。“这个年轻人在民谣音乐领域浸染多年，了解美国民谣格局的发展历程，同时还会运用民谣来反映当时的社会状况，这使我大吃一惊。”斯托克说。

这段时间的鲍勃一直住在伊夫・麦克肯兹和麦克・麦克肯兹夫妇家中。当时伍迪・格斯身患癌症的密友西斯科・西斯顿因为即将离世而在“杰西民谣城”举办了一系列的告别演出，演出的第一天晚上还举办了一场非常感人的晚会，就是在这场晚会上，马乔里将鲍勃介绍给了麦克肯兹夫妇，他们以为鲍勃是一个来自新墨西哥的歌手。就这样，麦克肯兹一家成了鲍勃的好友，他在麦克肯兹家中住下，继续扩大着自己的朋友圈，并一直待到了 1961 年的夏季。

4. 一个与众不同的民谣歌手

随着演出经验的积累，鲍勃创作出越来越多的歌曲，如滑稽歌曲《熊山野餐屠杀布鲁斯》，这是鲍勃根据斯托克的建议尝试创作的，灵感来源于斯托克在《纽约先驱论坛报》上读到的一则故事：一户人家自哈德森河驾船前往熊山国家公园旅游，而当他们所驾驶的船被卖掉之后，旅行也演变成了争吵……

除此之外，《说说纽约》也是鲍勃所创作的另外一首说唱布鲁斯歌曲，歌中对他刚到纽约的生活经历进行了幽默的总结，而《在美丽的人们心中》则是鲍勃创作的一首讽刺中产阶级的歌曲。和《写给伍迪的歌》一样，鲍勃所创作的这几首歌曲中都充满了幽默、讽刺、轻快的元素。他还曾经在回家的路上和汤姆·帕克斯顿一起通过即兴模仿“年鉴乐团”的《饶舌联盟》创作了歌曲《中心公园泽鳄布鲁斯》。

这段时期，不仅鲍勃自己创作的优质歌曲的数量与日俱增，他还坚持从其他的艺术家那里学习和掌握各种歌曲，并且能够将这些歌曲和他自己所创作的说唱布鲁斯歌曲一起组成新的演唱曲目，最典型的就是鲍勃将他从马萨诸塞州剑桥歌手埃里克·冯·施密特那里学来的歌曲《宝贝，让我跟你走》巧妙而细腻地唱了出来，进而转化为了具有鲍勃独特风格的歌曲。

1961 年 3 月，利亚姆等好友不停地为鲍勃向“杰西民谣城”的老板迈克说好话，鲍勃终于得到了报酬更加丰厚的工作——被指派和著名的布鲁斯艺术家约翰·李·胡克同台演出。

其实约翰·李·胡克对于和鲍勃的结识也是非常高兴的，他说：“鲍勃很喜欢我的风格，因此愿意和我同台演出，我们自始至终都在一起。”

不过，在被允许和胡克共同表演之前，鲍勃必须加入美国音乐家协会。到了 4 月初，迈克带着鲍勃去面见当地的音乐家协会代表。

因为当时鲍勃还不满 20 岁，所以协会代表希望鲍勃能够和母亲一同前来履行有关的手续，但鲍勃却直接告诉协会代表他既没有母亲，也没有父亲，无奈之下，迈克只能对怀疑鲍勃是私生子的协会代表声称他不过是离家出走罢了，并且担任了鲍勃的监护人。

1961 年 4 月 11 日，鲍勃终于站到了“杰西民谣城”的舞台上。他穿着并不合身的外套，坐在凳子上吹着口琴，用吉他弹奏出大段的乐曲。在演唱《写给伍迪的歌》等歌曲的时候，鲍勃表现得相当严肃。虽然他的一部分听众依然没有对他的演出留有太深刻的印象，因为其演出风格明显都是从格斯身上借鉴来的，但是这个男孩儿身上的气质仍然不凡。

“歌唱就是他的全部，就是他即将从事的职业，任何人都无法阻止他。”奥斯卡·布兰德说。

当时胡克和鲍勃每次演出的报酬是九十美元，这并不是一笔可观的收入，但是胡克称鲍勃对此毫不在意，他并不是为了钱才和胡克一起演出，他这样做纯粹是出于自己的爱好。演出结束之后，鲍勃便会拿着葡萄酒，拎着他的吉他到胡克所在的第五大道百老汇中心饭店的客房里去。鲍勃和胡克在一起喝酒、开玩笑，有时直到清晨两个人都没有任何睡意，他们成了最亲密的搭档。

5月的时候，鲍勃和马克·斯波尔斯特拉一起到康涅狄格州勃兰德举办的“印第安收割节民谣音乐节”进行演出，通过这次音乐节，鲍勃还认识了一个重要的朋友——艺校学生博比·纽沃斯。

这次音乐节之后，鲍勃计划好好旅行一次。他先是返回了明尼苏达州，向在狄克町的朋友们讲述了他在纽约的疯狂经历，同时他向邦妮·比彻表示希望能够和她永远在一起，但是，在他离开这里前往纽约之后，邦妮已经和另外一个男孩儿在一起了。或许，也正是这一打击让鲍勃鼓起了勇气再次返回纽约，他本来打算春季就离开纽约并且不再回去的。

根据邦妮·比彻的说法，虽然这件事的确伤害到了鲍勃，但是两个人多年后依然保持着亲密的朋友关系，但是邦妮的选择显然将鲍勃返回家乡后的快乐心情耗尽了，他放弃了去旅行的想法，直接乘车返回了纽约。

回到纽约后的整个夏季，鲍勃都一头扎在拓展自己在纽约俱乐部圈子里的事业中，到了6月，他俨然已经是一个合格的演艺圈老手了，他可以和戴夫·范·容克共同享用为期一周的“煤气灯”俱乐部的住房了。

不仅如此，鲍勃还认识了他人生中第三位重要的女友——年轻漂亮的女高中生苏希·罗图洛。

苏希的父母是意大利裔的美国蓝领工人，苏希是一个具有艺术气质的姑娘，同时也是家里的幼女。她阅读了很多拜伦和兰波的作品，并且对布莱希特的戏剧也很有研究。每到夏季的周末假期，苏希都会跑到华盛顿广场公园喷泉去聆听音乐家演奏布鲁斯音乐、民谣和山地音乐，同时，她也开始参加“杰西民谣城”和其他俱乐部举办的民谣合唱会，这才认识了鲍勃和斯波尔斯特拉。当时的苏希还只有17岁，她有着一头褐色的头发，体形十分娇小。她对鲍勃十分崇拜，亲密地叫他“猪”或者“拉兹”（这是根据鲍勃的教名而取的绰号）。

苏希和母亲一起住在第一谢尔丹广场的一所住宅里面，而被人称为“民谣之母”的麦基·伊萨阿克森也住在这里，所以鲍勃偶尔也会在伊萨阿克森家里的长沙发上过夜。

不久，鲍勃遇到了喜剧演员比尔·克斯比的经纪人罗伊·斯尔沃。他告诉鲍勃，只要鲍勃对他言听计从，他愿意担任鲍勃的经纪人。起初，鲍勃并没有将这件事情看得很重要，他只是将斯尔沃看作一个能够使他获得更多的演出预约的帮手而已，鲍勃和斯尔沃签订了一份为期五年的“管理协议”，约定斯尔沃可以从中收取百分之二十的报酬，但这似乎也只是一份协议而已，并非一项长期的发展规划。

1961年9月，鲍勃担任了一场民谣演出的开场嘉宾。之后，著名音乐评论家罗伯特·谢尔顿对此在《纽约时报》上发表了一篇乐评。在这篇乐评里，罗伯特·谢尔顿评价鲍勃为“一个与众不同的民谣歌手”。这篇乐评发表出来以后，鲍勃在纽约的名气开始攀升，并得到了越来越多的上台演出的机会。这个富有才华的音乐人距离他的音乐梦想似乎更近了一步。

BOB DYLAN

The Times They Are a-Changin'

第 4 章

随心所欲的鲍勃·迪伦

The freewheelin' Bob Dylan

1. 向城市发起挑战

在来到纽约的第十个月，鲍勃不再仅仅满足于一周几场的民谣演出，他在音乐上的信心以及野心开始建立起来，鲍勃此时非常急切地想要体验录制唱片的感觉，他知道这是实现他音乐抱负的第一步。各个俱乐部有很多星探，然而他们并没有主动找鲍勃交涉。鲍勃可不是坐等机会到来的人，他会主动创造机会，他瞄准了第一个目标：伊西·杨。当时伊西·杨是民俗的中心，也是一位民谣爱好者。当鲍勃找到他时，起初他并没有觉得鲍勃有什么与众不同，他没有狂野的外表和震慑全场的气质。鲍勃在之后的日子里天天去民俗中心，一有机会就给杨弹唱他的作品，直到得到了杨的认可。杨算是鲍勃的第一位伯乐，他领着鲍勃穿行于各个唱片公司，企图为鲍勃录制第一张唱片。然而事情进展得并不顺利，大部分唱片公司并没有对鲍勃表现出足够的兴趣。尽管与琼·贝兹签约的先锋唱片公司开始留意这位外表邋遢的年轻人并表现出足够的兴趣，但最终还是没有下定决心签下他。多年以后，伊西·杨问先锋唱片当时的经理梅娜·所罗门当初为何不与鲍勃签约，所罗门说："伊西，先锋唱片不为怪胎冒险，琼·贝兹不是，其他人都不是，只有鲍勃是。"

到处碰壁的经历让两人情绪低落，正在鲍勃为自己出唱片的事苦恼时，就在那篇纽约时报报道《一个与众不同的民谣歌手》的第二天，约翰·哈蒙德促成了鲍勃与哥伦比亚唱片公司签订合约。

约翰·哈蒙德是上流社会的成功人士，他出身于银行世家，拥有耶鲁大学与朱丽叶音乐学院双学位。哈蒙德先后作为音乐记者、唱片公司经理捧红了许多歌手。在哈蒙德担任制作人期间，制作了大量的优秀唱片。如今年迈的哈蒙德精力依然旺盛，负责为哥伦比亚唱片公司寻找民谣歌手。哈蒙德首先找到的是卡洛琳·赫斯特。卡洛琳是鲍勃的好友，两人相识于几个月前的杰德民谣城，当时卡洛琳演唱了一首《寂寞的眼泪》深深打动了鲍勃。卡洛琳散发着迷人的异性魅力使得鲍勃十分乐意担当她的乐手并进行了几场演出。当卡洛琳向哈蒙德极力推荐鲍勃的时候，哈蒙德的儿子小约翰也对鲍勃不吝赞美之词。这使得老哈蒙德开始准备给年轻的鲍勃一次难得的机会。

1961 年 10 月 25 日，一场秋雨席卷纽约市，梧桐叶落。一个年轻人行色匆匆，走向第六大街的那座被称作“黑石”的著名大楼。这是哥伦比亚唱片公司的总部所在，整个签约过程非常快，鲍勃没有一条一条地为附属条款争论。此时对鲍勃来说，能拿到这份合约已属不易。最终他们签订了为期五年的合约，鲍勃能拿到唱片销售中 4% 的收益。尽管合约条款对鲍勃并不十分有利，但这对他的事业也有了决定性的推动，鲍勃获得了一种落地生根的踏实感，他的一只脚已经踏进了纽约。

2. 随风而逝

年轻的艾伯特·格林斯曼是来自芝加哥的犹太商人，曾在罗斯福大学学习经济学。格林斯曼在30岁时辞去在芝加哥的公职，只身来到纽约闯荡。起初他为各个俱乐部提供热狗和饮品，这使他慢慢接触到民谣以及各种演出的音乐行业。他发现当俱乐部里有精彩演出时，他的生意会非常好。1957年，这位精明的犹太商人开始经营自己的俱乐部——“角门”俱乐部，这被认为是当时最好的民谣俱乐部，有民谣皇后之称的“琼·贝兹”就成名于此。过于精明的商业运作模式使得前来演出的歌手对格林斯曼印象不佳。格林斯曼也开始尝试新的商业模式——为歌手担当经纪人。在被琼·贝兹拒绝之后，他找到了奥德特，从此开始做起了经纪人的生意。

当然，格林斯曼的野心不止于此。1959年，格林斯曼一手策划了第一届新港民谣音乐节，新港音乐节轰动一时，成了年轻人聚集的新潮流，也使得格林斯曼成为民谣界的名人。

1961年，格林斯曼成了格林尼治村的常客，经常在“煤气灯”俱乐部或者咖啡馆一个角落里观察着演出的歌手，鲍勃与众不同的气质吸引了他。这位年轻的民谣歌手刚刚与哥伦比亚公司签约，前途无量。精明的商人都不会冒险，格林斯曼先为鲍勃提供进一步发展的机会，近距离观察他的潜质。在格林斯曼的努力帮助之下，鲍勃得以举办他的第一场个人演唱会，地点就在卡内基牧师会礼堂，组织者是民谣爱好者伊西·杨。11 月 4 日，鲍勃的第一场个人演唱会并没有达到预期的效果，但这之后鲍勃成为媒体的宠儿，他开始出现在纽约的各个电台，鲍勃与众不同的气质让媒体既头疼又兴奋，这让鲍勃的音乐得以广泛传播。

在各种采访中，鲍勃开始编造自己的过去，听上去谎话连篇，但人们就像着了魔一般，这为鲍勃增添了神秘色彩。

“他在憧憬自己的过去，并对此进行创造，同时由自己进行扮演他诗中的角色，这使他获得了成功。”伊西·杨回忆道。

鲍勃经常跟媒体谈起他的一段童年往事：他在孩童时期就跟一些“大人物”一起翻火车，其中包括威廉姆斯，这与他其他荒诞故事听上去如出一辙。可有意思的是当威廉姆斯来到格林尼治村时却笑着承认了这段经历，众人猜测这可能是鲍勃答应给威廉姆斯的新唱片吹口琴作为条件换来的。然而鲍勃在《民谣歌曲音乐节》栏目接受采访时被证实这段历史是彻头彻尾的谎言，鲍勃又说他尽管出生于明尼苏达州，但是在新墨西哥州长大，在那他学会了很多印第安歌曲，参加了无数狂欢节，14 岁时就在游乐场里演奏吉他与钢琴，亚维拉·格林教他弹唱蓝调布鲁斯音乐，又在德州认识盲人歌手曼斯，听过他演奏很多作品，并和他热衷摇滚乐的孙子成为好友……

总之，鲍勃想要摆脱他的过去，他想要人们更关注他当下做的事情，正因为如此鲍勃才会放弃他原来的名字——罗伯特·艾伦·齐泽莫曼，甚至连苏西都是偶然看到了鲍勃的征兵令才得知他原来的名字。之所以改名换姓可能是因为他认为犹太人名字会阻挡他事业的发展，总之，鲍勃要与过去的一切说再见。

在这之后，鲍勃就开始录制第一张唱片——《鲍勃·迪伦》。这张唱片是由约翰·哈蒙德主持完成的，当时哈蒙德是哥伦比亚公司的金牌制作人。这张唱片尽管只有两首鲍勃自己写的歌——《给伍迪的歌》《纽约之声》，但现在听来，这张唱片非常具有个性。其他歌曲比如《准备去死》明显带有布鲁斯味道，在鲍勃沙哑急促的嗓音中变得十分强烈。《你并不好》翻唱自杰西布勒，并很好地演绎出异样的讽刺意味。两首原创歌曲都证明了鲍勃的创作天赋。尤其是那首《给伍迪的歌》，向伍迪·格斯致敬，让人看到了新一代的伍迪·格斯。

尽管唱片在1961年11月就录制完毕，但到1962年3月才公开发行。格林斯曼在听到样片后就下定决心要让鲍勃成为他的未来之星。1961年年底，鲍勃回到双子城与之前的朋友叙旧。他们都惊讶于鲍勃脱胎换骨一样，不到一年时间使这个年轻人判若两人。

新年过后，鲍勃征服纽约的信心与日俱增。生活上，鲍勃终于与苏西住到了一起——他们一起搬到了西四大街161号的工作室里。苏西是反对使用核武器组织成员，她同时也为民权运动奔走。多年之后，苏西回忆起这段动荡的时代，感慨万千："那时候我在种族平等促进会工作，那真是一个令人难以置信的年代，三天两头就有电话打过来说谁谁谁又被打成了烂泥，谁谁谁又被送进了医院。那是一个满目疮痍的时代，让人感觉到整个世界陷入疯狂之中。我确定鲍勃也有同感，那时候你根本无法只停留在你自己关心的小世界，而对外面发生的一切视而不见。"

女友的支持让鲍勃倍感欣慰，苏西经常带着鲍勃参加一些公众活动，这给鲍勃的歌曲带来了政治元素，也成为鲍勃初期创作灵感的来源之一。比如《艾米特·希尔之死》就是以美国男子被杀的真实事件为基础创作而成的。鲍勃开始对社会的不公正大声疾呼，这首歌的创作过程记录在伊西·杨在民俗中心的备忘录里，上面提到《艾米特·希尔之死》表达了鲍勃对两个凶手均被判无罪时的愤怒。《死于脚印之上》这首歌唱出了年轻人的心声——对空袭演习的抵制。这首歌是鲍勃这段时期难得的佳作，这首歌被看作对冷战文化的一种反抗。这几首原创歌曲又使鲍勃得到“女公爵”唱片公司的青睐。“女公爵”唱片公司获得了鲍勃歌曲作品的推荐权，并支付了鲍勃1000美元的预付金。鲍勃因为这桩交易而倍感欣慰。

1962年3月，《鲍勃·迪伦》正式发行之后获得了媒体的一致好评，但是销量却只有可怜的5000张。哈蒙德一时间成为笑话，媒体认为这是“哈蒙德的滑铁卢”。尽管如此，哈蒙德对这张唱片还是比较满意的，他决定给鲍勃更多的机会。就在唱片刚刚发行不久，他就召集鲍勃录制《艾米特·希尔之死》的单曲。

就在鲍勃的歌曲创作越来越成熟时，艾伯特·格林斯曼开始对鲍勃进行游说，许诺鲍勃，他将能提供给鲍勃更大的发展平台。这位商人对鲍勃的信心使他十分感动，他们的正式契约关系在1962年8月30日开始，直到1981年鲍勃把格林斯曼告上法庭，两人的合作关系持续了将近二十年。与格林斯曼的合作是鲍勃音乐生涯的重要转折点，格林斯曼知道如何给他旗下的艺人创造机会，尽管鲍勃的第一张唱片卖得并不好，但他有办法让鲍勃成为明星。格林斯曼在音乐市场中有着无比冷静的头脑与敏锐的商业嗅觉，这与鲍勃的天赋相结合，他们一起改变了这个时代。

苏西当时见证了两人商务合作的开始，当被问到鲍勃关于他这位经纪人的态度时，苏西说：“我不知道是否把鲍勃定义为投机取巧，我只知道他完全了解自己想要什么，然后全力以赴，在这一点上，他非常精明，他能看出谁能给他的音乐事业带来更多的机会，他能一眼分辨出谁最有来头，也许很多音乐人都有这种感觉，但是鲍勃更精于此道。”

格林斯曼的商业运作能力与鲍勃的创作天分第一次配合就产生了巨大的“化学反应”。《随风而逝》是鲍勃一生中最重要的作品之一。这首歌被作为当时民权运动的圣歌被无数人传唱。

> 一个男人要走多少路/才能称得上男子汉？/一只白鸽要飞越多少片海/才能安歇在沙滩上？/炮弹要飞多少次/才能将其永远禁止？/朋友，答案在风中飘荡/答案在风中飘荡/一座山峰要屹立多久/才能回归到大海？/那些人还要生存多少年/才能最终获得自由？/一个人可以回首多少次/然后假装他没有看到……

鲍勃本人在多年之后说创作这首歌的时候并不知道它会如此受欢迎，这首歌只是准确地唱出了当时人们的共同感觉。这首歌创作的时代背景是越战时期的美国社会，但是其意境可以说是放诸四海而皆准，同时始终深受世界各地人们的喜爱。当东欧与中东各地战火纷飞、当人民自由权利受到挑战的时候，总是令人不禁想起这首歌曲。《随风而逝》最值得重视的一点就在于它跳出了就事论事的框架，提出了一个不只是美国反战反正统文化运动与民权运动可以提出的问题，而是所有国家、所有具有独立思考精神的人都可以提出的问题，一个更加具有普世性的问题。迪伦虽然没有在歌词中给出我们解决问题的具体办法，但他提出的问题确实已进入哲学的范畴。

然而，鲍勃自己的演唱并没有把这首歌送到千家万户。格林斯曼让他一手打造的组合“彼得、保罗和玛丽”对这首歌进行演唱，并成功地使这首歌排到了音乐榜第一位。一时间，各个歌手都在对这首歌进行翻唱。格林斯曼的成功运作，充分发掘了这首歌的商业价值。

3. 暴雨将至

随着鲍勃的声名大噪，苏西却越来越痛苦，因为鲍勃变得更加敏感而易怒。苏西每天都在忐忑中度过，她决定逃离这种状态。1962 年 6 月 8 日，她不顾鲍勃的反对，毅然踏上前往意大利的留学之路。

苏西的离去使得鲍勃痛苦不堪，不过对苏西的思念却成就了两首著名的歌曲：《别再想了，就这样吧》《明天太遥远》。这也是鲍勃流传最广的情歌。苏西到了意大利之后，被当地的风土人情所吸引，无暇顾及鲍勃。《别再想了，就这样吧》就表达出鲍勃对苏西这种态度的怨恨与无奈。

> 我曾经爱过一个女人 / 他们说她还只是个孩子 / 我把心交给了她 / 她却想要我的灵魂 / 唉！然而别再想了 / 就这样吧……

歌曲中反复吟唱“别再想了，就这样吧”，以一种放弃的姿态，混合了痛苦与悔恨。这种矛盾的心情被鲍勃极其准确地演绎出来，映射到听众心里。每个人都有感情失落的时候，这时一句“别再想了，就这样吧”也许就是最好的安慰。“鲍勃正在施展自己的才能，他已经不再仅仅是格斯的模仿者，或是随便一个时事歌曲创作者，他在成为伟大的创作人。”布鲁斯·兰亨听到鲍勃在“煤气灯”俱乐部演奏这首歌时便发出了这样的感叹。

苏西离开美国的这段时间，加勒比海地区发生了一场震惊世界的古巴导弹危机。1962年10月22日晚上7点，肯尼迪总统向美国和全世界发表广播讲话，通告了苏联在古巴部署核导弹的事实，宣布古巴导弹危机，武装封锁古巴，要求苏联在联合国的监督下撤走已经部署在古巴的进攻性武器。

根据鲍勃的好友斯波尔斯特拉的回忆，就在美国发现古巴导弹的那个晚上，他来到“煤气灯”俱乐部，有少数几个人正在听鲍勃唱歌，大多数人都神情严肃，似乎都在思考如果导弹某日真的从天而降，他们如今的所作所为到底有何意义，这时鲍勃邀请他唱了一首传统民谣，欢快的节奏让人们把烦恼暂时丢在一边。

在这种背景下，《暴雨将至》应运而生。作品之中充满了形形色色的意象和奇异的比喻，使听众真切地感到“二战”后超级大国穷兵黩武的非理性政策几乎将世界推至核战争的边缘。整首歌带有强烈预言性质，连续的意象排列气势宏大，感情奔涌。正如鲍勃本人所说，它的“每行诗都可以成为一首独立诗篇的开始”，而每组歌词都洋溢着一种生命的紧迫感和恐惧情节。如第二节所写：

> 噢！你见识过什么呢/我的蓝眼小子/你见识过什么呢/我亲爱的年轻朋友/我曾亲见一个新生婴儿被野狼团团包围/见过一条铺满钻石但无人撷取的公路/见过一枝树杈上鲜血淋漓滴沥直下/我也见过满屋的男人/他们手上的斧头正在淌血/见过一架白色长梯被水覆盖湿滑一片/见过无数议论纷纷的人/但舌头全都残损难言/也见过年轻顽童手上举着枪炮和锋利刺刀/然后一场暴雨啊/暴雨啊！暴雨啊！暴雨啊/一场暴雨铺天盖地将至

鲍勃采用问答的形式，以一个孩子的视角向听众描述了一个噩梦般的世界，里面的每一个场景都带有一丝诡异的忧伤。在歌词结构上，鲍勃除了在开头和结尾重复一定的格式外，每段里的句子数目都不相同，而且上下句之间似乎没有什么必然联系，这种松散的结构恰恰暗合歌曲中所描述的鬼怪世界。在文字上，鲍勃已经完全脱离了民歌的传统，而是大量采用了现代诗歌的写作手法。《暴雨将至》处处可见法国象征主义诗人兰波的影子，从这首作品开始，作为“预言诗人”的鲍勃 · 迪伦便开始向世人展示他那极具启示录般的幻想。在歌词的最后部分，迪伦准备倾诉并思考着如何“反思这一切的黑暗，使其暴露于光天化日之下”。也正是他这种哲学探索精神和纷繁复杂的意象使得这首歌在同时代所有作品中脱颖而出。以《暴雨将至》为开端，迪伦首次成功地将诗歌的创作与民谣融合起来，这一新鲜的尝试不仅为民谣创作者所接受，也赢得了大批的年轻人的心。

想要听懂这首歌的真正含义，光从字面上理解已远远不够。有人认为此歌的文学价值要大于音乐价值，与这首歌词类似的现代派诗歌其实早就在美国文学圈子里存在了，但当时它们都还没能被圈子以外的广大民众所接受，鲍勃则为这首诗谱了曲，把它用美国老百姓喜闻乐见的民谣方式演绎了出来，使得它被更多的人接受，使得诗中所要表达的想法被更多的人所了解。从这一点来说，迪伦是第一个吃螃蟹的人，他的伟大之处正在于此。如果说《答案在风中飘》第一次把民歌和政治结合了起来的话，那么《暴雨将至》则第一次把民歌和现代诗歌结合了起来，从此流行歌曲的面貌被彻底改变了。

《暴雨将至》引起了轰动，皮特 · 西格认为这是鲍勃最好的作品，会被一代又一代人传唱。可以说，《暴雨将至》是鲍勃的封神之作，当著名记者汤姆·帕卡斯采访时问他这些歌都是如何写出来的时，鲍勃说："那些歌曲就在那儿，我只是把它们记录下来而已。那些歌就那样静静地等着人们去发现，如果不是我做这件事，总有人会做。"

4. 随心所欲的鲍勃 · 迪伦

《随风而逝》以及《暴雨将至》等歌曲同样在大洋彼岸的英国盛行，让这个遥远的国家也知道了鲍勃 · 迪伦这个名字。英国电视台制片人菲利普 · 萨维尔曾在格林尼治村度过短暂的时光，鲍勃的气质给他留下了深刻的印象。当他想要做一档名为《城堡街疯人院》的节目时，需要一个扮演无政府主义者的学生演员，他认为鲍勃的气质非常适合这个角色。BBC 答应报销路费和给予节目所得利润 25% 的提成，格林斯曼欣然答应，如果鲍勃能在演艺界混出另一片天地，那当然再好不过。事实证明，鲍勃并不适合演戏，当他放下吉他的时候，他表现得极为不自信，同时他认为要死记硬背那些台词味同嚼蜡。这次表演他几乎都是在唱。

不过，借此机会鲍勃大开眼界。鲍勃非常喜欢伦敦，这为他以后在英国发展打下了很好的基础。在表演间隙，鲍勃还去了罗马游玩，鲍勃的气质吸引了众多意大利女孩儿，这使得鲍勃心情愉悦。再次回到英国之后，鲍勃向英国歌手马丁 · 卡西学习了几首英国民谣，比如《斯卡布罗集市》等，这也是他的歌曲《来自北方的女孩》的灵感来源。

从伦敦回来之后，格林斯曼就开始为鲍勃准备他的个人演唱会。最终，演唱会定于 1963 年 4 月 12 日在纽约市政厅举行。与第一次只有 50 名观众相比，这次演唱会取得了巨大成功。尤其是在演唱会将要结束时，鲍勃放下了他的吉他，朗诵了他的诗作《追念伍迪·格斯》。鲍勃试图用最真诚的声音对他心目中的英雄表示悼念。演讲结束后，观众们的掌声经久不绝。或许从这一刻，鲍勃走出了伍迪·格斯光环下的阴影，超越了伍迪·格斯，向巨星之路进发。

此时的鲍勃可谓事业爱情双丰收，他与苏西·罗托洛的故事还远远没有结束。苏西在1963年1月回到纽约后，两人迅速和好了。鲍勃像是又找到了温暖的臂膀，像个孩子似的依偎着她走在纽约的大街上，那天的天气不算太好，所以两个人相互靠着身体来抵御寒风。这是格林尼治村的一个普通路口，在琼斯大街与西四大街的交叉口处，这里距离迪伦与苏西当时的公寓楼只有几步之遥。来自哥伦比亚唱片公司的摄影师堂·赫斯顿疾步走在了二人之前，拍下了这张传世经典。那是1963年的2月，当时苏西刚从意大利回到纽约，她回忆起当时的情景："一切都是非常自然的，我们并没有想到当时有人在我们的面前按下快门。"这个画面也被定格在鲍勃下一张唱片的封面上。

《随心所欲的鲍勃·迪伦》，这张唱片中的《随风而逝》《暴雨将至》《别再想了，就这样吧》《上帝与我们同在》可以说是鲍勃以后演唱会中的必唱曲目。

然而与这张封面中鲍勃与心爱女友相拥的表象不同的是，关于鲍勃的各种绯闻不断，这使得苏西心力交瘁，尤其是在鲍勃的歌迷会上指责她离开鲍勃是无情无义的表现。时隔多年，苏西抱怨道："如果不是出现在封面上，大概就没人知道这些歌曲背后的故事，可是，如今显而易见，他写的每一首歌都是关于我的。"

唱片录制初期，格林斯曼已经受够了约翰·哈蒙德对他的艺人的干涉，同时不满哥伦比亚公司对鲍勃的没有成效的营销。最后使得哈蒙德引咎退出，而哥伦比亚公司之后派来的制作人托马斯 · 威尔逊也成了配角，鲍勃有绝对的权利按照自己的意愿录制唱片。

在唱片录制基本完成之后，鲍勃准备参加 5 月 12 日录制的《艾德 · 沙利文秀》，节目组试图让鲍勃改变演唱曲目。电视台方面认为鲍勃将要演出的《妄想症患者约翰 · 波奇布鲁斯》会给他们带来麻烦，因为其中的讽刺意味不符合美国当时的主流文化。鲍勃认为他的歌没有任何问题，更不会迁就媒体放弃原来的想法。鲍勃认为："《妄想症患者约翰 · 波奇布鲁斯》和其他歌曲一样也是我的作品，歌曲并无任何问题。"

然而经此风波，哥伦比亚公司也决定最好拿掉包括《妄想症患者约翰 · 波奇布鲁斯》在内的四首敏感歌曲，他们虽然在这张唱片中投入大量精力，但并不想因此而吃官司。鲍勃的愤怒没能改变现状，况且以鲍勃现在的创作力，找两首新歌代替非常容易——《来自北方的女孩》和《战争主宰》被证明也是十分出众的歌曲。

其中《战争主宰》是一首超越时代的歌曲，创作背景是在冷战时期，描述的是美苏在越南战争中的所作所为。歌曲中充斥着对战争的厌恶，甚至诅咒那些崇尚战争的人都进入坟墓。

> 在一个苍白的午后时光 / 我看着你们的身体逐渐下沉 / 直到你们落向墓床 / 我要往你们的坟墓里多瞥几眼 / 直到我确定你们真正地死个透彻

而《来自北方的女孩》这首歌曲则通篇都是鲍勃对曾经在明尼苏达州生活的回忆。歌中所描写的女孩儿并没有具体指某一个人，而是鲍勃心中理想的过去。这与鲍勃成名之后对自己的历史经常进行"再创作"不谋而合。任何试图从这首歌中寻找鲍勃的真实生活解读都是捕风捉影。

《随心所欲的鲍勃·迪伦》最终版周销量达到了一万份拷贝。同时，大量歌手开始翻唱其中的歌曲。“彼得、保罗和玛丽”组合翻唱的《别再想了，就这样吧》再次登上音乐榜前几位。整个唱片的编排与制作堪称精良，放在如今也丝毫不过时。还有多少20世纪60年代的唱片被保存至今？《随心所欲的鲍勃·迪伦》是真正经受住时间考验的杰作。之后，带着自己的众多作品，鲍勃跟琼·贝兹踏上了巡演的路程。

BOB DYLAN

The Times They Are a–Changin'

第 5 章

时光寂静流逝，永不复返

Time passes slowly and fades away

1. 琼·贝兹

20世纪四五十年代的美国，随着经济复苏，大量有色人种从南方的农场涌向城市，种族关系日趋紧张。琼·贝兹就出生在1941年的纽约，比鲍勃大六个月。和这里其他的白人姑娘不同，琼有个墨西哥裔的父亲，使得琼的肤色微黑。她身上散发着异国情调，既像吉卜赛女郎，又像一位波希米亚公主。琼·贝兹是一个明眸皓齿的姑娘，长长的黑发梳成中分，十几岁时就出落得惊人地美丽。然而幼时的黑皮肤使她处处受到排挤。环境造就了琼叛逆的性格，而叛逆的性格让琼对社会种种不公极其敏感，琼一生都在与社会问题做斗争，种族主义、女权运动、侵略战争、环境问题……琼本质上是一位出色的社会活动家，而上帝给了她空灵的嗓音作为武器。于是，琼还是无法阻挡地出了名，美国著名的唱片公司纷纷争夺她的作品版权。但琼出人意料地选择了一家很小的唱片公司——先锋唱片公司，因为他们制作唱片的水准很高。

在电影《阿甘正传》里，阿甘的女友珍妮，代表着“垮掉的一代”，两人在大学期间谈起梦想，珍妮说她的梦想就是能像琼·贝兹一样，在空旷的舞台上，伴随着自己的吉他和歌声，只有她一个人。值得一提的是，珍妮后来在酒馆里唱的歌，就是鲍勃的著名作品《答案在风中飘》。珍妮在电影里的歌声，就来自琼·贝兹天使般的嗓音。

1961年，鲍勃和琼第一次在“杰得民谣城”相遇。当时琼已经声名远扬，被誉为“民谣皇后”，鲍勃此时则名不见经传。当时鲍勃正在台上演出，琼在台下安静地注视着这个将与她纠结一生的男孩儿。多年以后，琼在她的回忆录《用一种声音歌唱》中这样描述那个夜晚她对鲍勃的初次印象：

> 鲍勃像是从大山里来的一样，风尘仆仆地赶到城市中，卷曲的头发绵延至耳侧，双脚踩着节拍，瘦小的身躯背着吉他。身上裹着瘦小的皮夹克，磨得发亮。他的面颊柔软，略有些婴儿肥，这让他看起来十分亲和。他的嘴让人着迷：柔软、孩子气、神经质。他唱着他自己的歌曲，除了歌词本身的寓意之外，他的表演表现出一种玩世不恭的邋遢。

在此之前，很多琼的朋友跟她提起过鲍勃，说他天赋异禀，将会是伍迪·格斯的继承者，当时琼将信将疑。那次之后，琼知道她的朋友对他的评价都不准确，他们都低估了这个年轻人，他将不仅仅是伍迪·格斯的继承者，他会超越他的偶像，别人最多只发现了鲍勃身上发出来的金光，而琼在鲍勃身上发现了一座金矿。鲍勃的这种孩子气与天赋糅合在一起，形成了他独特的个性，这激发了琼的母性本能，在接下来的几年里，琼不遗余力地去保护、照顾鲍勃，他们一起创作、演唱，琼跟鲍勃一起挖掘他身上的无限能量。

然而由于琼的妹妹米米与鲍勃当时的恋人苏西的介入，这次简单的会面两人并没有迅速走到一起。直到1963年5月，鲍勃和琼都参加了加利福尼亚州举行的蒙特雷民谣音乐节，琼声名远扬，人们从加州各地赶来一睹这个年轻女孩儿的风采——琼21岁就登上《时代》杂志封面。琼作为压轴出场，她当然不会放过这次推荐鲍勃的机会，她邀请鲍勃一起上台演唱了歌曲《上帝与我们同在》。这次合作开启了60年代美国音乐界最为人津津乐道的一段佳话。

演出完毕，鲍勃发现琼事实上是一个热情、空灵的青春少女。琼与鲍勃彼此都需要更多的交流空间，于是琼邀请鲍勃一同前往她的住所——位于气候温和的卡梅尔山谷。卡梅尔是一处世外桃源般的地方，许多风格独特的艺术家和作家住在这个依山面海充满波希米亚风情的小城市中，奇特的建筑物和景色美得如童话一般。原始的风情带给人朴实、祥和与温馨的感觉。鲍勃和琼经常沿卡梅尔小镇的主街——海洋大道向西走到尽头，在卡梅尔海滩抱着吉他自由歌唱。太平洋上吹来了五月的微风，这时候正是候鸟迁徙的季节，多情的人会在这里埋下种子。这样的情愫在歌曲《当船入港时》可见一斑：

> 噢听，鱼群正在哈哈发笑/因为它们走出困境/海鸥也为此咯咯发笑/沙滩上堆放的石头/仍然傲然挺立不动/此时船开进港口

5月底，鲍勃一生中最重要的唱片《随心所欲的鲍勃·迪伦》公开发行，他必须返回纽约。美好的日子总是短暂的，唯有回忆让时光不朽。琼多年以后谈到这段经历，脸上充满幸福："他出来和我一起住在卡梅尔山谷的美丽房子，鲍勃喜欢在那里写歌，他总是一个人面对窗外静静站着，然后用打字机写下那些文字，他经常问我：'你觉得这个如何？'有时候我完全不了解渗透在那些文字里面的意义，但是我非常喜欢，我会说：'好吧，让我仔细看看。'然后我会把我对歌词的解读告诉他，他会说：'好吧，这真

他妈的不错，你看着好了，几年之后，会有一群专家告诉你，这些东西是什么意思，尽管我都不知道是什么意思，我等着他们帮我解答。'"

1963年7月26日至28日是周末，在罗德岛举行的第三届新港音乐节上，鲍勃和琼分别两个月后再次相遇。就是在这两个月里，随着《随心所欲的鲍勃·迪伦》的巨大成功，鲍勃·迪伦成为这次音乐节最闪耀的新星。当“皮特、保罗和玛丽”组合演唱完鲍勃的歌曲《随风而逝》后，隆重推荐了这位新星：“这首歌曲是由今天美国最为重要的民谣艺术家创作完成！”然后鲍勃登上舞台，接受最热烈的欢迎。用他独一无二的嗓音演唱了他独一无二的歌曲，进而征服了整个美国。

音乐节闭幕夜，琼作为压轴出场，一袭白裙，演唱了许多鲍勃的歌，其中就包括那首著名的情歌《别再想了，就这样吧》，唱完之后，琼对台下的观众说，这首歌描写了一段持续了很久的恋情。有趣的是，其实这首歌中的女主人公苏西就在当时、就在现场，苏西默默听完这首歌，潸然泪下，悄然离去……最后琼返场时，拉着鲍勃的手走上舞台，台下欢声雷动，这对民谣界的金童玉女同场登台是接下来几年中最为人期待的场景。琼亲自把吉他挂在鲍勃肩上，像个姐姐一样，对鲍勃点了点头，然后对观众说：“我们就想一起唱首歌，仅此而已。”两人一起唱了那首《上帝与我们同在》。

最后，由鲍勃带领参与本次新港音乐节的所有歌手演唱了《随风而逝》作为闭幕曲。演唱完毕后，鲍勃、琼与各位歌手鞠躬谢幕离场。之后音乐节主持人评价：“不得不说，鲍勃·迪伦的手触到了时代的脉搏。”全场经久不息的掌声为鲍勃在纽约这两年半的风雨飘摇画上了完美的句号。第一届新港音乐节捧红的民谣皇后，在第三届新港音乐节不遗余力地推荐，使得鲍勃的声望达到了新的高度。当时参加音乐节的汤姆·帕克斯顿回忆道：“这次音乐节对于鲍勃而言是一次爆发，人们的声浪不断加强，就像是鲍勃和琼的加冕典礼，他们就是音乐节上的皇帝与皇后。”

鲍勃与琼越来越公开的恋情，让苏西在这种关系中陷入完全被动，悲痛欲绝。就在音乐节黯然离去之后，苏西被人发现故意泄漏煤气，以求一死。最后苏西留在曼哈顿东区与姐姐一起居住，并没有再回到她与鲍勃曾经温存过的家。鲍勃听闻后十分愧疚，然而鲍勃把他的一生都献给了音乐，其他的一切，恋人也罢，朋友也罢，政治运动也罢，都是音乐的“第三者”。因此，面对苏西的离去，尽管他情绪低落，十分苦恼，但还是答应了琼的邀请，与琼一起展开一次夏季巡演，鲍勃知道机不可失，他的音乐必须让更多人听到。

1963 年 8 月 3 日，鲍勃与琼的巡回演出如期进行，他们由新泽西启程，月底到达马萨诸塞州的雷诺。一路上，鲍勃与琼一起讨论，一起演唱，一起创作。在雷诺演出时，琼先出场，唱到《随风而逝》的时候，琼说：“你们想见见这首歌的作者吗？”听众理所当然想一睹鲍勃的风采，然后鲍勃在欢呼声中上台。台上两人合作天衣无缝。值得一提的是，尽管琼被人视为明星，但这次巡演的出场费，鲍勃比琼的还要高。这都是由于鲍勃的经纪人艾伯特·格林斯曼的运作，而琼是对钱并不在意的人，更何况她当时一心想激发鲍勃的天赋。之后，不管是在纽约森丘网球场，还是在西滨城音乐厅，琼一次又一次地将鲍勃介绍给人们：“一个来自纽约城的男孩儿，他的名字是鲍勃·迪伦，碰巧今晚鲍勃正好和我一同来到这里，你们想听他唱歌吗……”

琼后来回忆说：“那时候我的主要任务就是照顾好鲍勃的情绪，使他的状态保持良好，这时候听众能感觉到他的能量。有时候甚至他背对听众唱完整首歌，听众都能开心地欢呼。”

这次巡演在商业上取得了巨大成功，除赚取了大量出场费外，还使得鲍勃声名鹊起。《随心所欲的鲍勃·迪伦》也获得了商业上的巨大成功。这使得鲍勃的经纪人艾伯特·格林斯曼一夜暴富。格林斯曼开始过起了奢华的生活，在卡兹奇山谷购买了一座豪宅，同时还购买了一辆劳斯莱斯银色黎明轿车。

卡兹奇山潺潺的小溪和宁静的湖泊吸引了鲍勃。山间空气清新，与世隔绝，十分幽静。巡演完之后，鲍勃和琼就来这里暂住。

在格林斯曼的豪宅中，鲍勃和琼度过了一段世外桃源般的生活。这里有清晨的鸟鸣，有山间露水，还有格林斯曼购置的电影放映机。鲍勃有时候会半夜起来，在他的打字机上轻轻敲打，点支烟，文字就从指缝的时光中缓缓流出。有时候鲍勃和琼骑着那辆胜利摩托车在田园里穿行，一片接着一片未开垦的土地，郁郁葱葱的植被和树林，渐渐变红的枫叶绵延天际。有时候他们会走到伍德斯托克，找一家酒吧或者咖啡馆，坐在壁炉前，时而唱歌时而画画，累了就在靠窗的沙发上休息。鲍勃又迷上了下棋，这使他与深谙此道的咖啡馆老板帕尔图十分投缘。当有人到格林斯曼家做客时，鲍勃和琼为躲个清静，就会在帕尔图的咖啡馆里住下。有时候鲍勃会在咖啡馆二楼的房间里盯着照片或者窗外看一天，然后傍晚时带着新的作品兴奋地问帕尔图是不是想听听他的新作品。后来，鲍勃和琼还为他们添置了一架二手的直立式钢琴。琼有时候会与老板娘玛丽·卢说起鲍勃跟帕尔图夫妇的孩子们一起玩耍的情景，有一次鲍勃嘲笑他们的孩子杰拉德而被杰拉德将鸡蛋拍在他脸上，鲍勃抹了一把脸，嘴角的笑容荡漾出与众不同的天真。

这个阶段鲍勃进入了创作巅峰，创作出来的歌曲远远多于录制的歌曲，“那些歌曲自然而然地就写出来了，丝毫不费力。”鲍勃在多年后回忆起这段时间的创作，总觉得不可思议，“其他的任何时候创作歌曲都比这段时间艰难得多。”

帕尔图回忆起鲍勃在他的咖啡馆创作的情景总是感叹不已：“鲍勃是以一种与众不同的方式创作歌曲的。他把照片、明信片摆在地板上，然后盯着他们看，看累了就围着他们绕圈，直到获得灵感。就像抽象派画家构思画面一样。”

而后鲍勃和琼一起参加了1963年8月的华盛顿大游行活动，之后两人短暂逗留在纽约。琼试图给这位邋遢的天才男孩儿购置一身漂亮行头——一件淡紫色夹克衫，内衬一件细亚麻布白色衬衣。这使鲍勃感觉好多了，别忘了，此时的鲍勃还没有走出失去苏西的痛苦之中。（鲍勃和苏西藕断丝连的关系维持到了1964年的4月，在得知苏西打掉了他们的孩子之后，两人彻底分手。）后来鲍勃和琼又回到了卡兹奇山，琼又购置了一架钢琴，鲍勃非常喜欢。鲍勃在商业上的巨大成功并没有改变他在琼心中的形象，琼还像对待当初的那个明尼苏达州漂泊而来的穷小子一样。她展开臂膀，在鲍勃需要的时候供他栖息。鲍勃早上起来冲了一杯黑咖啡，放在琼为他买的钢琴旁。一上午的时间，红叶就会落满窗台，鲍勃有时弹琴，有时打字，午饭时又喝了一点红酒，一天就在创作中度过。就这样，鲍勃在卡兹奇山谷创作了很多作品，这些充满兰波气息的诗篇被收录在鲍勃自己出版的诗集《狼蛛》中。

1963年10月，琼为了巡演要先离开，鲍勃也回到了纽约准备他的个人演唱会。两人最甜蜜的时光像卡兹奇山谷里的红叶一样终会落下，鲍勃在最需要琼的时候，琼作为恋人出现在他的世界，照顾他引领他度过了这段美好时光。纵观鲍勃一生，这段时间取得了商业上的巨大成功，很难说这没有琼的功劳。在之后的漫漫人生里，不知道鲍勃有多少次会想起卡兹奇山谷里静静等着他的那架雅马哈钢琴。

1964年，鲍勃“在路上”巡回演出时在伯克利曾邀请琼作为嘉宾出场演出，之后与琼短暂相聚在卡梅尔。后来，两人渐行渐远，鲍勃在音乐的世界里没有停歇。鲍勃受“甲壳虫”乐队的影响，开始尝试把摇滚乐和民谣相结合。而琼则一直抱着木吉他唱民歌，尽管她的吉他弹得越来越流畅，但唱的始终都是那么几首老歌。1965年，琼与鲍勃一起来到英国，在伦敦鲍勃举行他的个人演唱会，然而当时鲍勃并没有邀请琼上台与他一同唱歌作为回报。这使得鲍勃与琼的恋情日渐冷淡。而此时，鲍勃正迷恋着他后来的妻子——模特出身的萨拉·迪伦。最终，琼在伦敦旅馆的房间里，发现了鲍勃身后的这个女人，随即转身离去。

这个把毕生都献给音乐的男人时而多情，时而绝情。这也注定鲍勃难以相处，他会抓住一切可以为他实现理想的机会，但当一切成为他音乐上的负担时，他会让它们随风而逝。

多年之后，鲍勃为此找了一个牵强的解释：“我不能一边恋爱，一边创作。我必须抽离出来。”

鲍勃与琼的恋情以鲍勃和苏西的结束开始，以鲍勃和萨拉的开始结束。但鲍勃和琼彼此都不讳言这段爱情，也会在各种场合赞扬对方。琼还在唱着鲍勃的歌，发行了整张专辑叫作《贝兹唱迪伦》。琼继续为人权，反对种族歧视、战争和贫穷而战，她甚至在越战中跑去河内体验生活，在圣诞夜为死囚守夜。这种激进的态度，最终让她选择了社会活动家大卫·哈里斯。

到了20世纪70年代，鲍勃经历了艰难的戒毒，1973年以后才慢慢重返舞台。琼和鲍勃分离了十年，他们可以彼此在新闻里看到对方，但始终没有私下联系。在1975年一个月圆之夜，琼正在准备她的新专辑，鲍勃的一个电话让琼的泪水再也抑制不住了。那一夜，琼写了她最著名的歌曲《钻石与锈迹》。这首歌像诗一样美，娓娓诉说着他们的爱情，琼的歌声像云雀一般空灵。

天哪，我算是完了/你的灵魂重现 /不过，这也没什么了不得/只因今夜月圆/而你碰巧来电

我在这儿坐下/手捧着电话 /听着曾经熟悉的你的声音/好几光年的距离/拉着我的心直到坠入深渊

我还记得你曾经的眼睛/比知更鸟的卵还要澄澈/“那此时你在哪里呀？”/“你说是中西部的小电话亭”

那是十年前了吧/我买给你一些袖扣/你也给我一些什么东西/我们都知道回忆带来什么/它们带来了钻石与锈迹

你闯入了我的世界/就像一个传奇与众非凡/你这天生的浪子/终于迷失/掉入我的怀中

你在我怀里留恋/只因短暂的迷航/现在我是你的/站在贝壳从海上升起的仙女/让你平安/一如往昔

此时我看到你在风中站立/雪花在你发际飞舞/此刻你站在华盛顿广场边 /破旧的旅馆里/向窗外微笑望去 /我们的呼吸穿越白云/在空气中交织在一起/对我来说 /我们可能已死在这里/死在一起

可你现在告诉我 / 你从不沉迷往昔 / 那请你另找个词 / 你那么善于玩弄字句 / 把一切变得模糊暧昧 / 因为现在我需要模糊掉往事 / 他们全部清晰真切地来袭 / 我曾如此真挚地爱你 / 如果你给我带来钻石和锈迹 / 我已然全部付清

后来在琼的一个演唱会上，唱了三首歌之后，像许多年前一样，她感慨道："一个来自纽约城的男人，他的名字是鲍勃·迪伦，碰巧今晚鲍勃正好和我一同来到这里，你们想听他唱歌吗？"

时隔十几年的时光，鲍勃又在欢呼声中登上了琼的舞台，他们合唱了《随风而逝》之后，鲍勃就悄然离去。留下琼一个人在台上唱这首《钻石与锈迹》。

2. 政治运动中的圣歌

鲍勃从开始出名就被认为是伍迪·格斯、皮特·西格的继承者，伍迪·格斯、皮特·西格都是著名的左派歌手，有非常明确的政治主张，他们都致力于促进社会公正、言论自由和环境保护，都是基于传统民间音乐，配上有关政治题材的歌词，旨在唤起民众的情感与觉悟。

皮特·西格跟迪伦是亦师亦友的关系，他后来评价迪伦说："千百年来，人们学会古老的歌曲，稍加改变，再赋予当下最流行的内容，使得歌曲可以在新时代传唱。这发生在每个领域，法学家修改古老的法典来适应现代的人民，大多数音乐家都是这样做的。而鲍勃是关键的推动人物之一，他写真实的事，真实的人，真实的时代。"

鲍勃也曾认为自己的歌并不属于民谣，也不属于摇滚，它们是时代的歌。20世纪60年代的美国，在各种战争频频爆发的事件中，在各地种族主义的冲突中，在各种民主与自由的权益运动中，迪伦敏锐地捕捉到了这一切，所以他的作品经常被当作反抗歌曲。鲍勃既没有生活在种族斗争激烈的南方地区，又没有形成对当时社会的基本政治观点，他仅仅凭借他极其敏锐的嗅觉，闻到了这个时代的气息。

鲍勃第一次参加公开政治活动是在1963年7月，他与皮特·西格、西奥多·皮凯一起参加了在密西西比州格瑞伍德举行的民谣音乐会，志在与密西西比的种族问题和 3K 党暗杀事件做斗争。当时集会地点选在了农田旁边一片空旷的农场里，密西西比夏日炎炎，酷热的气候使得原定在上午十点的集会被迫推迟到黄昏。过了热浪翻天的中午，人们闻风而来，拖拉机和卡车上装满了表情严肃的人们。日落西山，吉他声随风飘荡，大量非洲裔美国雇工，有的坐在卡车上，有的坐在农田边的土堆上，有的站在这些歌手面前。鲍勃一行人用吉他作为武器，传播着新时代的自由气息！鲍勃演唱了《只是游戏中的小卒》，在这首歌中鲍勃以上帝的角度剖析了民权运动领袖埃文斯的暗杀者只不过是游戏中的小卒，真正出问题的是背后下棋的人，是在背后玩弄政治手段的人，是整个社会把暗杀者逼上绝路。这首歌让所有人陷入了沉思。最后所有歌手合唱了《我们终将战胜》。事后，鲍勃说："站在那些辛苦斗争人民的立场上，并不意味着你就是政治分子。"这是鲍勃一贯的观点，他唱出时代需要的声音，但他始终抽离于政治斗争之外，政治斗争只是为他的音乐服务。鲍勃的音乐之所以会流传不朽，一部分原因正是由于他的音乐远高于政治。

1963 年 8 月 28 日是一个美国人难忘的日子，这一天发生的华盛顿大游行也许是以马丁·路德·金的经典演讲"我有一个梦想"而闻名于世的。但在现实中，这次大游行的成功主要归功于普通人的贡献。数十个基层组织参与策划并实施了这次大游行，来自各个州每一个角落的美国公民都投入其中。琼·贝兹作为马丁·路德·金的好友被邀请献唱。鲍勃当时与琼正处于热恋时期，两人共同赶到了首都华盛顿。

当天，25 万民众聚集在首都华盛顿市中心国家大草坪上，呼吁结束一切形式的歧视，让非洲裔美国人享有与白人一样的公民权利。这场大游行的口号是"为了工作与自由"，游行由许多民权、劳工以及宗教团体共同组织，这些团体各有不同的目标及诉求。马丁·路德·金在"我有一个梦想"

的演讲中最后说："当我们让自由之声响起……那时，上帝的所有孩子，黑人和白人，犹太人和非犹太人，新教徒和天主教徒，都将手携手同唱那首古老的黑人灵歌：终于自由了！终于自由了！感谢全能的上帝，我们终于自由了！"

正当马丁·路德·金演讲的时候，鲍勃和琼就在下面不远处。"当金演讲的时候我离他非常近！"鲍勃许多年之后回忆说，"到今天那些话还留在我灵魂深处。"演讲之后，金隆重介绍了这个来自纽约的年轻人。鲍勃与琼一起演唱了《当船入港时》等歌曲。鲍勃回忆那天在台上演出的情景："我从台上望下去，看到下面密密麻麻的人群，心里想：天哪，我可从没见过这么多人！"

鲍勃这次以社会抗争运动的领导者与代言人的身份出现在公众面前，在媒体看来，这是他政治生命最旺盛的时期。皮特·卡尔曼评价说："鲍勃就是一位政治歌手，他身边都是激进分子！"鲍勃也反驳过，说他这样做完全是因为有利于他音乐的传播。鲍勃之所以这么说，也并非捕风捉影。鲍勃的歌并没有简单地迎合当时的反战或种族情绪，他吸收到这些能量，然后升华成自己的作品。除了《卡罗尔的凄惨离世》等新闻式的歌曲外，就连《战争主宰》这种最具有政治性的歌，里面也很少直接涉及当时的社会事件，比如具体时间、姓名、过程，他总能以独特的角度去解析，看到蕴含在事件里更深一步的人性，也正因如此，所以鲍勃的歌有超越时代的生命力，那些事件被人们所遗忘，只留下鲍勃的歌，被人们传唱，经久不衰。正如鲍勃的"伯乐"利兹·杨对他的评价："他接纳所有人，所有的一切，然后以人们能够理解的方式影响着他们。所以即使他不认为自己是抗议歌手，也不能摆脱这一身份了。每个人都能看到周围正在发生的一切，但只有他能唱出来。"也许对于鲍勃来说，他只是搭上了政治时代的顺风车罢了。

不管怎样，这次运动给鲍勃带来了巨大的社会声誉。以至于1963年10月26日，鲍勃在纽约的个人演唱会的门票销售一空，这也使鲍勃成为媒体的焦点。演唱会上他唱的《暴雨将至》成为这时美国多事之秋的预言，“暴雨将至，意思是一些事情将要到来！”鲍勃在演唱会中说。就在不到一个月之后，年轻的约翰·肯尼迪总统在达拉斯遇刺身亡。

演唱会之后，在媒体对鲍勃铺天盖地的报道中，《新闻周刊》的一篇文章让鲍勃暴跳如雷。这篇文章对鲍勃的家庭背景深入挖掘，甚至采访了鲍勃的弟弟——大卫·齐默曼，这个十来岁的孩子明显说得过多，与鲍勃之前说的家庭背景完全不符。从此之后，鲍勃的家人再也没有接受过任何采访。幸好这些报道很快就被人们忘却，因为就在几天后，具体来说是11月22日，肯尼迪在副总统林登·约翰逊的陪同下到得克萨斯州的达拉斯市访问。中午十二时，肯尼迪乘坐一辆敞篷汽车游街拜会市民，行至美茵街时，埋伏的枪手向他开了枪，子弹命中头部，送往医院后很快不治而亡。数小时后，李·奥斯瓦尔德被警方抓获，初步认定为刺杀总统的嫌疑犯；但此人仅两天后亦被枪杀，使案情趋于复杂。林登·约翰逊宣誓就任总统后立刻下令组成以最高法院院长沃伦为首的调查组。一年后，调查组提交报告，即著名的《沃伦报告》，认为整个事件全是李·奥斯瓦尔德一人作案。美国民众普遍表示不相信这个结论。

鲍勃在电视上看了整个事件的报道，这让他情绪波动很大，鲍勃并没有因此创作出一首歌来表达，而是在12月13日受邀出席紧急国民自由联盟的一场募捐活动时，直接表达了他对于这一事件的态度。紧急国民自由联盟是由一群强力主张进步政治观念的理想主义者成立的，他们怀抱公平、正义的梦想。他们决定把当年的“汤姆·佩恩奖”颁发给年轻的鲍勃，用来褒奖鲍勃为争取社会正义作出的贡献。这是一个明显带有左派政治思想的奖项。整个颁奖晚会中鲍勃非常不自在，他自己并不认为自己是政治领袖或有明显的政治偏好，晚会上他甚至没有和任何人交谈，他成了局外人。鲍勃在致"获奖演说"之前，喝了许多的酒。他看着奖品上汤姆·佩恩的画像，说："我现在没有吉他，所以我不能唱只能说。我代表前往古巴的士兵，感谢颁发给我汤姆·佩恩奖。首先，他们都是年轻人，而过了这么多年，我也是年轻人，我为跟他们一样是年轻人感到骄傲。我只希望今晚与会人并不是在座各位，而是那些头发茂盛的年轻人……没头发的老人就该走出去，我环视台下那些统治我的人，给我制定规则的人，他们都头顶上没毛，对此我非常愤怒。我从来就不管黑人白人，我再也不分左派右派，只有上层和下层，以及底层的广大人民。我想奋力向上走，但我从来没想过用类似政治手段搞这种雕虫小技。"

艾伦·金斯堡与鲍勃一直亦师亦友，他对鲍勃的态度这样解读："紧急国民自由委员会把汤姆·佩恩奖颁发给迪伦的那个晚上，显然他大胆地站出来反抗，声称他不是政治诗人，不是任何势力的左翼仆人，而是独立的吟游诗人。当时在座诸位当然肯定都惊讶并且愤怒，因为他们发现迪伦不是训练有素的小木偶。"

在此，鲍勃明确表达了政治态度与立场，接着他说出了他对肯尼迪遇刺事件的态度："我开始感觉到那个枪杀肯尼迪总统的凶手李·奥斯瓦尔德，我可以感受到他当时的感受，我不知道他确切在想什么，但是我能在他身上感受到自我。"这番话引起了轩然大波，尽管一周后他在《纽约人》作了公开道歉与解释，说他只是简单地同情那位让暴力与愤怒冲昏了头脑的人，而并非对暗杀行动表示同情，但这并没有完全挽回他声誉的损失。人们发现那个没有吉他的鲍勃，并没有想象中的完美。鲍勃也为此感到苦恼，他可以完全感知到周遭的种种愤怒，不管是好人的还是坏人的愤怒，这让他有一种奇怪的负罪感。

但是鲍勃拿起吉他，他就变回了那个游刃有余的鲍勃·迪伦。1964年年初，鲍勃在他的新唱片《时代变了》清晰地表达了他的思想。专辑的第一首歌就是《时代变了》，在这首充满宗教启示录意味的歌曲里，鲍勃以一个智者，或者更确切地说是以一个领袖的口吻告诉人们：任何企图阻挡历史车轮的老古董们请靠边儿站，虽然我们现在还没成气候，但未来是属于我们这些年轻人的，我们终将胜利，因为时代变了。在这首歌里除了在提到参议员和国会议员等个别地方有一点美国特色外，整首歌没有提到任何特定的人物或者口号。它只是号召年轻人起来造老家伙们的反。因此，这首歌后来被译成多种文字在许多国家的年轻人中间传唱，成了世界上所有年轻人表达自己心声的共同圣歌。这首歌毫无疑问地表明了迪伦的立场：作为抗议民歌王国的首领，他要带领美国，乃至世界上所有的年轻人一起向旧思想和旧传统宣战。鲍勃自己也终于意识到：其实一个人的内心世界要远比现实社会更复杂、更含蓄、更真实。这张唱片中的其他歌曲《上帝与我们同在》《只是游戏中的小卒》《卡罗尔的悲惨逝世》……鲍勃都在各地演唱会中反复演唱，可以说这是鲍勃与琼的“孩子”，歌中充满了对社会情绪的解读与宣泄。这些呼吁民权运动的歌曲，让这张专辑瞬间成为时代最壮阔的政治宣言，而专辑封面鲍勃紧蹙双眉的愤怒神情，也成为那个时代最鲜明的面孔。

3. 在路上

小说《在路上》称为“垮掉的”那一代最清晰、最重要的表述。《在路上》出版后，凯鲁亚克一夜成名。美国售出了亿万条牛仔裤和百万台咖啡机，并且促使无数青年人踏上了漫游之路，鲍勃当然也深受其影响。

为了致敬《在路上》，鲍勃计划在 1964 年来一次穿越美国的巡演。首先他找到维克多·梅穆迪斯为他担任各种幕后工作——巡演经纪人、司机和保镖，也可能最重要的原因是找维克多陪他下棋。

维克多·梅穆迪斯是个仪表堂堂的黑发男人，身高六英尺。比鲍勃大六岁的维克多有超于年龄的成熟与稳重。他经常表情严肃，但内心十分温和。20 世纪 50 年代，维克多是“独角兽”俱乐部的创始人之一，伦尼·布鲁斯和马龙·白兰度等人都是那里的常客。他在洛杉矶做过歌手推广、经纪人，开过俱乐部，已经是民谣界的知名人物。1961 年，他来到纽约，结识了鲍勃，两人一见如故，很大的原因是两人都酷爱下棋，经常从黑夜一直下到黎明，并且谁都不服谁。鲍勃的事业起飞后，维克多与他的人生轨迹一再交会。维克多有时会离开一下，去实现自己的目标，但最后总会回到鲍勃身边。普林斯顿大学历史学家西恩·韦伦兹说维克多从一开始的参与就对迪伦极为重要。“他对迪伦来说意味着忠诚和亲人。”他说，“兄弟俩总免不了打打闹闹，所以鲍勃总是让他回来。”

1964年2月3日，鲍勃和维克多出发，维克多开着一辆蓝色福特旅行车，同行的还有民谣乐手保罗·克莱顿和记者彼得·卡尔曼。一行人开启前往加利福尼亚州的旅途，沿途他们除了举办了两场演唱会之外，还把全部身心投入广阔的大漠与美丽的峡谷。在美国绵延的公路上鲍勃就用便携打字机完成了歌曲《自由的钟声》。

在北卡罗来纳州众人拜访了诗人卡尔·桑德伯格，这位年过八旬的老人令鲍勃印象深刻，卡尔在诗歌方面的成就令人敬仰。随后，众人按照着《在路上》的路线，沿着佐治亚州的海岸线南行，又穿过路易斯安那州密密麻麻的松柏林，最终到达新奥尔良参加届时举办的四月斋前的狂欢节。在这里他们遇到了布鲁斯·兰亨，这位经常带着一个铃鼓闯荡江湖的艺人曾担任过鲍勃的吉他手。兰亨巨大的土耳其铃鼓令人印象深刻，兰亨总是在最热闹的场所演奏。他就是鲍勃那首著名的《铃鼓先生》的原型，结合狂欢节人们纵情欢乐的景象，《铃鼓先生》一直被人们认定是一首关于描写狂欢与毒品的歌曲。当然，旅行中，大麻可以说是当时的必备品，同行者保罗·克莱顿是一个"药罐子"。鲍勃也承认会吸食大麻，但他说并没有因此获取灵感，大麻对他而言并不重要，他可以在适当的时间远离大麻。然而事实是四人在旅途中都大量吸食大麻。诚然，除了旅行和毒品，这首歌还有更深的含义。向人们描绘了一个才思枯竭的艺术家在一个不眠之夜为自己艺术创造力的枯竭而忧虑，而此时他需要这位铃鼓先生的引导。鲍勃在这首歌中所说的铃鼓先生其实是他心中的艺术寄托，请求其为他指明前进的方向，把他带到一个超越世俗困扰的精神世界，带到一个越过时间限制的永恒世界。

狂欢节过后，众人驱车经过达拉斯到达科罗拉多州。在丹佛举行了一场并不顺利的演唱会便匆匆离开，此时鲍勃第一次听到"甲壳虫"乐队的歌曲《我想要握住你的手》。这支来自利物浦的乐队在英国掀起了狂潮，他们现在已来到美国，带来了他们的新摇滚乐。“甲壳虫”乐队的音乐深深吸引了鲍勃，鲍勃甚至整夜不能入眠，思考着如何把自己的音乐与之结合。落基山脉白雪皑皑，维克多缓缓开着车，而鲍勃似乎对这寒冷毫无感受，受到新音乐的启发，鲍勃内心充满能量。峰回路转，众人最终穿过内华达山脉进入了加利福尼亚州，直奔旧金山。旧金山是《在路上》的终点，也是“垮掉的一代”的圣地。旧金山是一座可以用“疯狂”来形容的城市。也只有这样疯狂的城市，才容纳得了那么多疯狂的人。毫无疑问，凯鲁亚克喜欢这种疯狂，他在《在路上》一书中写道：

> 因为我喜欢交往的只是这类愤世嫉俗的狂人，他们因为疯狂而生活，因为疯狂而口若悬河，能拯救他们自己的也只有疯狂。

旧金山激发凯鲁亚克写作了《旧金山蓝调》，激发艾伦·金斯堡创作出《嚎叫》。

事实上，鲍勃和金斯堡相识在前一年的冬天，那是在新泽西的普林斯顿，当时鲍勃正在那里演出，金斯堡当时就被台上这位年轻人所折服。“当我听到《暴雨将至》，我情不自禁，以至于饱含泪水。”金斯堡回忆说，“因为我觉得自由的火种已经传到了下一代，从开始的颓废和放荡不羁到光明与自我激励。如果学生无法超越老师，那么老师是失败的。从这个意义上说，我们都成功了。”金斯堡从不掩饰对鲍勃音乐天赋的倾慕，金斯堡认为如果没有音乐伴奏，鲍勃那些诗词想要赢得观众的欢呼可就没那么容易了。

一到旧金山鲍勃就拜访了金斯堡，并试图邀请他一起参与他们的旅途。金斯堡因为事业繁忙并没有答应，但这位曾经与凯鲁亚克一起“在路上”

的诗人对鲍勃评价非常高："鲍勃通过音乐在公众面前建立了一种方式，让自己变成了一个僧人，将他所有的智慧与意识都集中到他的呼吸之中，通过音乐表达出来。"

加利福尼亚州是琼・贝兹的居住地，鲍勃当然会邀请他的女友来旧金山。2月22日，两人在伯克利公众剧院共同演出，这场演出效果非凡，当地媒体大加赞扬。同时征服了当时正在旧金山从事新闻工作的拉尔夫・格里森——后来《滚石》杂志的创始人。拉尔夫对鲍勃不惜赞美之词："这个身材瘦小头发蓬乱的年轻人用带鼻音的嗓子演唱，丝毫没有减弱他的震撼力！……鲍勃的演唱是我们所处时代最响亮、警觉的声音之一。"

琼与鲍勃一行人在坐落于卡梅尔山谷的琼的家里小住了几天，期间卡尔曼由于与鲍勃相处不融洽而离开。而后来加入的是博比・纽沃斯——一个来自俄亥俄州的画家。据纽沃斯回忆，鲍勃打电话邀请纽沃斯一起旅行的时候，纽沃斯正在作画，鲍勃说："我会给你买件皮夹克，还会给你买需要的颜料。"纽沃斯就马上赶过来加入了队伍，并在未来的几年中一直跟随着鲍勃。

离开了卡梅尔之后，众人来到了洛杉矶。鲍勃受邀参加了好莱坞的一些活动，包括史蒂夫・艾伦的脱口秀节目。在节目中史蒂夫的夸赞让羞涩的鲍勃非常尴尬，鲍勃并不想对他的歌曲作过多的解释，他更想以唱的方式去交流。这使得脱口秀并不适合他，这也使得鲍勃在今后的许多年都避开脱口秀节目的邀请。

四天之后，整个旅途中最盛大的一次演出是在圣莫西卡公众礼堂举办。鲍勃在纽约时熟识的好友玛利亚・马尔道受邀参加了演出。成千上万的观众涌进圣莫西卡公众礼堂，把鲍勃一行人围得水泄不通。众人在后台等了很长时间，但人群丝毫没有退去。玛利亚・马尔道回忆道："维克多挤出一条路，我们紧随其后，费了好大劲儿才钻进旅行车里，人潮涌动，迅速包围了旅行车。车只能缓缓前行，更有两个女歌迷藏到演出设备的防水布下面。我们只能好说歹说把她们赶下车。所有人都想见见鲍勃。突然间，鲍勃变成了偶像，仅仅唱歌已经不能满足他的歌迷了。女歌迷都想和鲍勃约会。他们都想接近这位天才。”

鲍勃在好莱坞短暂居住之后便返回纽约。

4. 新的开始

鲍勃认为歌曲最理想的表现方式就是在世界各地现场演唱，因为在演唱时所有的意思可以在分分秒秒传达到观众心中。因此，在 1964 年 4 月，鲍勃就开始准备他的英格兰之旅。随后，鲍勃以及他的经纪人格林斯曼，偕同他的老朋友维克多·梅穆迪斯一起开启了欧洲之旅。

5 月 17 日，鲍勃在伦敦皇家节日音乐厅举办了个人演唱会，整个音乐厅座无虚席。前来探望鲍勃的校友巴克伦惊讶于鲍勃如此迅速的成长，巴克伦是美国空军现役军人，此时正在英国服役。“无法将眼前的这位巨星与学校时期的鲍勃相比，简直是截然不同的人。整场演唱会我旁边有个小伙儿是哭着听完的，他太激动了。”

伦敦的演出获得了巨大成功，许多社会名流都想要拜访这位纽约青年。然而这次鲍勃并没停留太久，他还有很多路要走——横穿整个欧洲。鲍勃一行人首先来到了法国——这是鲍勃的偶像诗人兰波生活的国度，法国浪漫主义的气息使得鲍勃流连忘返。在巴黎，鲍勃有幸结识了歌手妮可，两人彻夜交谈，鲍勃还即兴创作了一首《那不是我，宝贝》，被收录在他之后发行的唱片《鲍勃·迪伦的另一面》。之后妮可成为“地下丝绒”乐队的主唱。鲍勃最喜欢的还是法国人对诗歌和绘画的热爱，这里是艺术家的天堂。到了德国维克多驾车带鲍勃参观了著名的柏林墙，最后众人在希腊稍作休整后返回纽约，结束了这次欧洲之旅。

爱琴海的气息带给鲍勃无限灵感，鲍勃在返回纽约后，只用了六个小时的时间就完成了《鲍勃·迪伦的另一面》的录制。整个过程轻松愉快，鲍勃不对乐手做任何限制，完全自由发挥。轻松舒缓的氛围使得效率加倍，只是鲍勃凌晨的嗓音略显疲惫，但这完全符合《D 调歌谣》的要求，这首歌是描述鲍勃与苏西彻底分手时的情景，带有半自传体形式，歌中对苏西的姐姐卡拉充斥不满之词，试图给他们的感情问题找到一个替罪羔羊。其实，鲍勃表达的是对自己的不满，他的音乐事业要求他继续前行，而他的内心总希望找到温暖的港湾。整张唱片中，《自由的钟声》算是唯一的抗议歌曲，这首歌完成在加利福尼亚。另一首歌《最后的话》算是对鲍勃之前民谣音乐的告别，深情款款但毫不拖沓。整张唱片表现出一种与过去音乐形式的分离，也许这正是“鲍勃·迪伦的另一面”。

唱片发行后，相比上一张《时代变了》好评如潮，评论界对《鲍勃·迪伦的另一面》有各种不同的声音。很多之前鲍勃的忠实拥趸“粉转黑”，认为鲍勃已经远离了普通大众，整日与酒鬼为伍，脆弱的感情使他的歌曲缺乏力量。不管怎样，鲍勃毫无掩饰地展现了他的另一面，他并不会过多在意外界的评论，他会在音乐的冒险旅途中继续探索，其他人能不能跟得上，鲍勃只是一笑了之。

1964 年夏天，新港民谣音乐节如期举行。这次音乐节简直成了鲍勃的狂欢，相比一年前尾随琼·贝兹出现的青涩少年，此时的鲍勃星光熠熠。最让鲍勃兴奋的是这次音乐节他与约翰尼·卡什的相遇。出生于 1932 年的约翰尼·卡什是影响美国近代乡村、流行、摇滚与民谣界最重要的创作歌手之一，他以浑厚而深沉的男中音，简约有力的吉他弹奏，创造了属于他自己的独特风格。约翰尼·卡什是乡村音乐的集大成者，这位长者在这次音乐会上成为鲍勃的忘年交，他在舞台上唱了几首鲍勃的歌，这使得鲍勃受宠若惊，演出结束后约翰尼·卡什把演出的吉他送给了鲍勃，这种古老的传承仪式对鲍勃是一种莫大的荣耀。多年以后，鲍勃回忆道："约翰尼·卡什像是我信念中的宗教人物，他在新港跟我站在一起，这对于我来说产生了极大的震撼。"约翰尼·卡什在2003年7月去世，鲍勃前往祭奠这位心中的偶像并表达了敬意。在1955年，卡什的《一往无前》红遍美国，这张唱片听起来像是从地球深处传来的呐喊。它富有深意同时力量十足。《一往无前》的发行具有里程碑的意义，而且有着让人谦卑的威严。当时的我听到后知道，离真正好的音乐，还任重而道远。"鲍勃说。在这次音乐节上，鲍勃开心得像个孩子，他和琼以及卡什的女友卡特在旅店床上蹦蹦跳跳，仿佛回到了童年时光。

之后，鲍勃接见了一位重量级嘉宾。"甲壳虫"乐队在1964年夏季再次来到了美国。鲍勃·迪伦与约翰·列侬，这两个音乐天才早已通过彼此的作品神交已久，但缘悭一面。鲍勃听闻消息，直接赶到"甲壳虫"乐队下榻的旅馆。鲍勃·迪伦与约翰·列侬一见如故，之后他们从对方的音乐中相互借鉴。鲍勃将摇滚乐元素添加到自己的作品当中，而"甲壳虫"乐队也开始创作严肃性的歌词。鲍勃随后几天都与"甲壳虫"乐队待在一起，列侬与吉他手乔治·哈里森对这位新的朋友喜爱有加，无论在生活中还是音乐上都对鲍勃给出了很多建议。

1964年的万圣节前后，鲍勃在纽约的爱乐音乐厅举办了他最后一次"不插电"演唱会。此时，外界盛传鲍勃大量使用维他命药物，这引起民谣界对鲍勃的强烈不满。对此，鲍勃不为所动，开始着手录制他的下一张唱片——《席卷而归》。

从这张唱片开始，鲍勃开始正式向摇滚乐进军。时间证明，鲍勃这次转变和尝试在美国开启了一个新的音乐时代，鲍勃为美国的音乐人树立了典范，新的音乐之门需要被开启。美国作家戴维·道尔顿如此评价这次鲍勃向摇滚乐的靠拢："作为一个民谣歌手，鲍勃在青春期更接近摇滚乐式的体验其实是某种预示，他必定与摇滚乐相遇。在他体内被暂时放弃的某种能量，就埋藏在他民谣秘密之下，直到《席卷而归》中的爆发。至此，这种能量历经转变成了他新的语言。然而他早期的民谣创造却使他找到最为闪光的歌词，那些浸透着历史、社群、布鲁斯的俚语与地名组成的奇异意象，为他觉醒的摇滚灵魂赋予神秘气息。他将这两种天赋混合起来，是一个划时代的创造之举。"

《席卷而归》在1965年3月正式发行，尽管那些民谣支持者对鲍勃的这次"背叛"嗤之以鼻，但这张唱片还是不可阻挡地取得了巨大成功，一度在音乐销量榜上位列第六。一时间，鲍勃又成了话题人物。

与之前鲍勃基本一个人录制的情况不一样，新的音乐形式需要鲍勃与其他出色的音乐人一起完成录制工作，鲍勃必须有自己的乐队成员。他找到肯尼·兰金做他的吉他手，鲍勃与肯尼·兰金相识在巡演期间，当时肯尼·兰金曾给鲍勃演示布鲁斯弹奏，鲍勃看后一直让肯尼·兰金教他弹吉他，所以当鲍勃需要一个吉他手的时候，他第一个想到了肯尼·兰金。据肯尼·兰金回忆说，整个唱片没有进行修补和拼接，完完全全就是现场演奏版。

专辑的第一首歌是《隐秘乡愁布鲁斯》，与《麦琪的农场》《伊甸园之门》《没关系妈妈》被称为寓言式的抗议歌曲。《隐秘乡愁布鲁斯》是在致敬查克·贝利，吉他伴奏下的说唱别具魅力，鲍勃诗一般的歌词倾泻而出，畅快淋漓，像一首咆哮进行曲。《铃鼓先生》的这个版本则是鲍勃第一次借鉴"甲壳虫"乐队进行的尝试。《没关系妈妈》中，鲍勃以一种机会丧失，绝望主义的姿态对抗这个扭曲的世界，又似乎是对发生的一切悲天悯人的叹息。其中的一句歌词“全身裸露的美国总统”成为几年之后“水门事件”中尼克松总统的最佳写照。

BOB DYLAN

The Times They Are a–Changin'

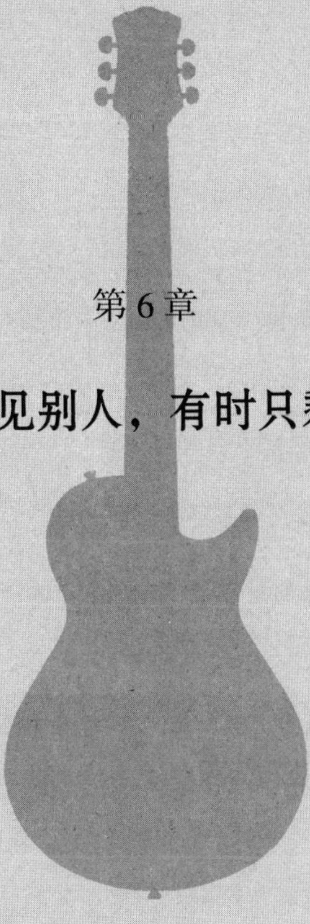

第 6 章

有时看见别人，有时只剩自己

There's someone there, other times it's only me

1. 生如滚石

1965年6月，当鲍勃从英国回来后，他的歌曲已经在美国范围内传开，所谓的“迪伦歌声”也成了美国20世纪60年代最奇特的现象之一。那时，不但是鲍勃自己出名，只要有歌手翻唱他的歌曲，即便是歌坛新秀也能获得不俗的成绩。

“海龟”乐队演唱的来自鲍勃的《那不是我，宝贝》和“伯德兹”乐队演唱的《我的真实所愿》都击败了同期的音乐竞争者，成功进入音乐榜单前五十，后者甚至取得了第八名的好成绩。更有意思的是，连模仿鲍勃·迪伦嗓音的歌手演唱一首与鲍勃·迪伦毫无关系的歌曲《毁灭前夕》也成功进入榜单，成为人们争相传唱的曲目。

事业上的巨大成功给了鲍勃极大的信心，1965年到1966年这两年里，鲍勃几乎将他所有的时间都放在了录音棚、巡演和采风的路上。

创作力旺盛的鲍勃回到纽约后又创作了《生如滚石》，出人意料地成了他所有歌曲中最出名的一首。关于这首歌，鲍勃的情感是愤怒的，甚至连这种愤怒都是无所包藏，直接倾泻而出的。这首歌在一个风雨交加的夜晚录制而成，这样的气候虽然令人厌恶，但不可否认它对鲍勃情绪的发泄却十分有帮助。歌曲以信号枪一般的鼓点作为开始，整个歌曲的六分钟里，那种极端强烈的情感都保持在亢奋的状态。

听回放效果的时候，鲍勃建议录音师汤姆·威尔逊加入电子钢琴的演奏，但威尔逊却不以为然。见威尔逊如此态度，他的怒火一下就被激发了。最终，鲍勃的意见还是被采纳了。于是在7月20日发行的这首《生如滚石》的单曲中，我们听到了电子钢琴的声音，歌曲的总长也比平时的单曲长出一倍。

歌曲发行后的第四天，鲍勃再次出席了当年的新港民谣音乐节，原本以稳健风格见长的音乐会因为鲍勃以独唱艺术家的身份演唱了那首《我的真实所愿》而彻底改变。

按计划，鲍勃将以传统的吉他弹唱方式演唱这首已经成名的曲目，但当他看到一同参加本次音乐节的保罗·巴特菲德电子布鲁斯乐队时，他突然萌生了与他们一同演唱的想法。

在场的好友艾伦·洛马克斯并不赞同鲍勃·迪伦的做法，因为虽然之前他的新专辑中已经将自己的音乐与摇滚结合得非常不错，但要将这种音乐形式呈现在一个传统音乐节上，在场的人会认为这是一次对传统的挑衅。

如今鲍勃的风头正盛，倘若因为一意孤行而惹来音乐节众多元老的不满，那么以后的日子将会变得十分艰难。鲍勃却不这么认为。

这一天，鲍勃带着保罗·巴特菲德电子布鲁斯乐队一同对歌曲进行了改编。次日，在众人的质疑声中，鲍勃与他们上台了。这是一个大胆的尝试，也是一次前所未有的调整，舞台下的听众大多是代表自由主义价值观的民谣歌手或音乐制作人，尽管他们或多或少地知道鲍勃在民谣上进行了一些突破性的尝试，但他们却想不到鲍勃会将这样的改变带到音乐节上来。

于是，当鲍勃一开场超越民谣风格的摇滚曲调传来时，台下的人们便坐不住了。有人吃惊，有人错愕，甚至有人开始在台下发出嘘声。

好友在台下看着鲍勃受到如此强烈的质疑，内心自然倍感煎熬，但台上的鲍勃不以为然，相反，他的表演因此进入了更加疯狂的境界。那些被台下观众认为是“啸叫”一样的声音，此时却是鲍勃最真实的内心体验，他想用最强烈的肢体语言和最暴烈的声响将情感传递出来，他无所顾忌，毫无保留。

此时的场面已经混乱，调音师站在原地不知所措，甚至有人叫嚣要将调音台的电线用斧头砍断。好在，这一切都没有发生，鲍勃和他的乐队也在一片混乱中唱完了《生如滚石》《马吉农场》和最早版本的《哭笑不得》。

正如最后一首歌曲的名字一样，当鲍勃等人从台上兴致盎然地下来时，台下被震撼到的观众简直难以自持，脸上的神色也是“哭笑不得”。没人想到鲍勃·迪伦的音乐能用这种方式呈现，甚至有人觉得自己受到了欺骗，毕竟当晚身价如此之高的巨星只演唱了这样的三首歌，而且还是含糊不清的风格，显然不能令他们满意。

大多数听众对音乐的态度还是包容的，但不排除部分执着的人对鲍勃的“行为艺术”极为不满。众多不满者中，奥斯卡·布兰德是言语最激烈的，因为在他看来鲍勃的行为与这一次民谣节的初衷是对立的，他甚至觉得电子吉他代表资本主义，在政治立场上让他极度不能容忍。

台下观众的情绪还在发酵，为了防止好友的名声受到损害，彼得·亚罗赶忙走上台去，拿着话筒与台下观众交流。他询问他们，是否还愿意听鲍勃·迪伦再唱一曲。台下的人本来还在埋怨中，听到亚罗的号召，他们一下就兴奋起来，并迅速附和起来。

见他们如此热情，亚罗立刻跑到后台，劝说鲍勃上台再演唱一曲。此时的鲍勃在刚刚亢奋的状态下还没缓过神儿来，坐在台阶上正喘着粗气，对亚罗说的话也没有什么反应。不多时，他的情绪得到了稳定，思绪也开始清晰起来。

作为为舞台而生的巨星，鲍勃自然不会拒绝，他便立刻背着一把原声吉他走到台上。听众们觉得自己的坚持得到了回馈，欢呼声瞬间泛滥开来。鲍勃示意众人安静，并询问他们是否有人会吹奏 E 调的口琴。台下一名热心观众高兴地举起了手，鲍勃邀请他上台，一场原汁原味的民谣演唱在《铃鼓先生》的旋律中拉开了帷幕。

尽管因为鲍勃的突发奇想，音乐节上的演唱多少有了些波折，但好在一切都还算顺利，那些唱衰鲍勃·迪伦新唱法的乐评人最终也被他的歌声所俘虏，用安静的方式结束了这场“惊心动魄”的骚动。

音乐会闭幕后，鲍勃又马不停蹄地赶回录音棚录制唱片《重游 61 号公路》。在这张唱片的制作过程中，汤姆·威尔逊并没有参与，更准确地说，他已经失去了鲍勃·迪伦的信任，之后的唱片录制工作他也没有再次出现过，取而代之的是和鲍勃·迪伦有五年共事经历的制作人约翰·斯顿。

提到约翰·斯顿，美国音乐界几乎无人不知，无人不晓。他曾经为埃利维斯·普雷斯利主演的电影创作过歌曲，也曾经为佩蒂·佩姬制作了让他重返事业巅峰的主打歌《安静，安静，斯威特·夏洛特》。尽管有人认为约翰·斯顿在鲍勃·迪伦面前那种“卑躬屈膝”的模样十分不好，但这样的传言并不影响两人的合作。

在约翰·斯顿眼里，鲍勃简直同超人一样神奇，因为他总能有令人佩服的灵感，歌词的写作也同诗歌一样迷人，所以，当他用“心生敬畏”表达他对鲍勃的态度时，周围的人们丝毫不觉得意外。

为了让身边的人能够集中精力工作，约翰·斯顿进入录音棚后，便将所有的钟表全部收走。在名人效应的驱动下，当鲍勃进入录音棚，几乎所有的人都提前到了，使工作顺利开展起来。

7 月到 8 月，《重游 61 号公路》经过了四次录制终于完成。这张专辑对鲍勃来说有着非同寻常的意义，因为这里面播放出来的歌声与以往他在人们印象中的嗓音截然不同，高亢甚至到了嘶哑程度的“吼叫”让整个专辑听上去十分刺激，特别是《一辆别克6》和《哭笑不得》两首歌，除了超现实主义的色彩之外，更流露出鲍勃看待社会的新观点。

众多音乐中，最令人难以理解的是他的《瘦人民谣》。这首歌虽然有钢琴旋律作铺垫，但听上去依然十分粗犷。这种风格并不是鲍勃在新专辑里唯一的尝试，到了唱片的第二面，《简女皇》和《大拇指汤姆布鲁斯》两首歌显得十分高雅轻柔，《荒凉街道》则听上去更让人觉得悲壮慷慨。

新专辑发布后，《公告牌》的榜单里，《生如滚石》排名第二，其他歌曲所取得的成绩也十分不俗。比如，新专辑看似普普通通的一首《定在第四节》曲目排在了榜单的第七位。

诚然，在《公告牌》榜单的排名上，鲍勃的成绩良好，却达不到在其他榜单上那样的优秀程度，20世纪60年代，鲍勃只有四首歌进入了《公告牌》的前十名，这样的结果在情理之中。

《公告牌》的听众大多数是美国社会较为传统保守的主流人群，对他们来说，鲍勃的歌曲过于偏激，那些极端的人生态度对他们来说十分刺耳，因此没有选择鲍勃的歌是可以理解的。但在其他榜单，鲍勃的成绩却差得令人咋舌。

每次，当自己的唱片销售一空，鲍勃就会兴奋一阵子。他为自己商业上的成功感到满意，也为自己能如此幸运而感到庆幸。尽管在某些杂志或者报纸上会偶尔出现否定的文字，如《引吭高歌》的评论文章里，鲍勃总是会受到来自保守音乐评论人士的批判，但鲍勃·迪伦的巡演还是开了一场又一场。

他告诉格林斯曼，自己想要组建一支摇滚乐队。格林斯曼觉得这个主意还不错，但尝试的力度不易过大，他还提出了在不同演出现场用不同的乐器展现音乐风格，有些演唱会可以用电子乐器展现摇滚的一面，有些演唱会则可以用原声吉他展现民谣的一面。

虽然在同一地点举办两场风格截然不同的演出让鲍勃·迪伦疲惫不堪，但面对众多的乐迷，这位视音乐如生命的男人只能坚持到底。

就这样，在保持原声吉他固有风格的同时，鲍勃邀请了一位鼓手和一位手风琴手，组成了属于自己的乐队。每天，他们会十分认真地聚在一起练习，并逐渐形成彼此间的默契。对于鲍勃来说，如何与音量如此大的乐队合作确实是一个不小的考验，这个为舞台而生的男人很快找到了适应的方法。

那时候，前往演唱会听鲍勃演出的听众常常会因为他的电子乐部分而对他感到些许失望，有时嘘声也不绝于耳，但鲍勃坚定着心中的方向，并以一种从容的态度强化自己的风格。

在罗比·罗伯森看来，鲍勃·迪伦如此专注于电子乐是缺乏理性的，因为原本在民谣领域里他已经声名大噪，现在反倒转到一个不讨好的领域作无谓的尝试，这样的行为的确让人无法理解。

2. 当人们高声喝彩

1965 年 8 月，鲍勃和他的乐队在天气异常寒冷的情况下，坚持在森丘网球场举办了一场演唱会，四万多名听众在瑟瑟寒风中用心地听着偶像的原声吉他演唱。一切都按部就班，现场的氛围也十分活跃，但当鲍勃·迪伦将风格切换到摇滚时，几乎所有人都崩溃了。

他们又发出嘘声，以此表示对鲍勃的不满。压轴的曲目是《生如滚石》，但这首荣登歌曲榜前列的歌曲并没有给当时的场面带来任何缓解。无奈，鲍勃向观众表示了歉意，希望听众能理解他风格的突变。但听众们显然并不买账。

随后，鲍勃又在洛杉矶好莱坞的露天剧场举办了一场类似的演出，鉴于前面的经验，鲍勃减少了摇滚的成分，而效果自然也同先前大相径庭。

在好莱坞日落旅店，鲍勃将他的歌曲播放给美国流行摇滚歌手，同时也是知名音乐创作人斯隆欣赏，这个摇滚界的元老却对鲍勃的歌曲毫无感觉，甚至在他播放完那首《瘦人民谣》后，斯隆竟一发而不可收地大笑起来。

鲍勃不理解他的行为，斯隆却认为理所当然。在他看来，鲍勃的歌曲完全可以与笑话对等，鲍勃一反常态地并未动怒，他十分严肃地告诉斯隆，自己的歌曲因为太过隐晦使得公司的主管人员无法准确判断歌曲描写的对象，最终导致的结果是人们将这首歌和他本人与共产主义联系在了一起。

那时，美国正在对共产主义分子进行肃清，这样的关联自然对鲍勃十分不利。幸好，警察还没有无聊到在一首歌曲上进行文字审查，而鲍勃也没有受到过多的牵连，洛杉矶的演唱会也得以顺利召开。鲍勃用他优美的歌声为众人呈现出一场完美的演出。在规定曲目演唱完成之后，鲍勃还被歌迷要求再次演唱了一首。

鲍勃还决定雇用“哈克斯”乐队的全体成员和他一同参加全美范围的系列演出，这个乐队的成员都是十分有个性的音乐人，他们熟悉贝斯、小提琴、钢琴、管风琴等多种乐器。

由于乐队的成员都在加拿大，所以巡回演出开始前，鲍勃派遣了他的“北极星”专用飞机到加拿大迎接他们，然后在得克萨斯州碰面。随后，这场盛大的演出便如期开始了。

1965年9月，鲍勃与“哈克斯”乐队的首次演出在得克萨斯州的奥斯汀展开，这次巡演应该是鲍勃·迪伦人生中最重要的经历之一，同时也是流行音乐中少数几个具有历史性意义的巡回演出。

这次巡演一直持续到了次年的夏季，演出范围也从原来计划的美国扩展到了环球演出。每一个夜晚他们都充满热情。个别观众在兴奋之余也会发出嘘声，毕竟鲍勃·迪伦所进行的音乐尝试并不是所有人都能理解的。

每次演出结束后，鲍勃都会去听那些现场的录音，以此确定本次演出的成功之处，或者寻找哪一环节出了问题。

作为一个早已负有盛名的巨星，鲍勃能保持这种虚怀若谷的精神是十分难得的。这一切归根结底，都是因为鲍勃挚爱着他的音乐。

“哈克斯”乐队的成员却对这种现象观点不一。在成员丹柯、哈德森及曼纽尔的眼里，这样的场面已经习以为常。用他们自己的话讲，以前在酒吧演出的时候，台下的观众如果对自己的演出十分不满，便会对他们丢各种危险的物件，但是如此巨大的一场演出，尽管嘘声四起却还能这么安全，效果显然并没有他们想象的那样糟糕。

但是在列弗・海姆的眼中，这些嘘声却让他感到了沮丧。作为一个习惯了被人高声喝彩的成功音乐人，海姆还不习惯别人这么对待自己，他觉得那些嘘声对他来说简直是地狱一般，心如刀割的同时希望赶紧结束这样一场噩梦般的演出。

这种情绪一直持续到巡演结束，鲍勃本人对嘘声并不在意，海姆却无法忍受。11 月，海姆带着对音乐的憧憬和对乐队的愧疚离开了“哈克斯”乐队，并结束了自己与鲍勃的合作，前往墨西哥湾的石油钻塔转行当了一名水手。鲍勃对海姆的离开表示理解，但也告诉他不要过于在乎那些质疑的声音。

海姆对鲍勃能这样与自己交流表示感谢，也对他在众人的质疑中继续坚持自己的风格十分佩服，但终究无法理解鲍勃的决心，自己最终也没能走出心理阴影。

鲍勃注定要成为乐队的领导者。他始终清楚自己要追求什么，也知道自己应该如何采取怎样的方式。

当然，少不了有人对鲍勃的固执提出质疑，毕竟在完全不顾听众感受的情况下一意孤行似乎有些过分。然而，即便人们对鲍勃的行为充满误解，但他这种勇于尝试的精神已然成为后人的行动坐标，因为并不是所有音乐人都将音乐看得比生命还重，也不是所有人都愿意抛弃自己的名声来进行前所未有甚至可能身败名裂的冒险。

在巡演的间隙，鲍勃竟出人意料地完成了自己的婚礼，而结婚的对象是他众多女友中的一个：萨拉・劳恩茨。这是一场简单得不能再简单的婚礼，邀请的客人除了经纪人艾伯特·格林斯曼，剩下的便是萨拉的女伴。而男方的好友，新闻媒体，甚至连鲍勃的父母和哥哥都没有参加婚礼。

具体的原因已经无法考证，尽管这样的婚礼低调得令人吃惊。婚姻本是人生的里程碑，但在鲍勃眼里好像并没有什么特别的。之后，很多人询问鲍勃是否已经成婚，他却总是十分隐晦地表示否定。

不过这些细枝末节都无甚所谓，尽管很多人对他的个人生活也充满了好奇，相比之下对于他下一张专辑充满期待的情绪却更加强烈。这一年冬天，鲍勃和“哈克斯”乐队一同进入录音棚，并开始了《能否破窗而出》这首新歌的录制。

客观来讲，这首新歌有令人熟悉的成分，因为其中的一段旋律所借鉴的是先前十分受欢迎的《定在第四节》这首歌。可“哈克斯”乐队的加入，使整首歌的风格出现了翻天覆地的改变，整首歌听上去十分让人亢奋。

在鲍勃兴高采烈地将这首歌推荐给好朋友菲尔·奥克斯时，奥克斯却并没有多少热情的反应。他还未能真正理解鲍勃在歌中表达的情绪，他的反应让兴致勃勃的鲍勃感到沮丧。鲍勃焦急之余对自己的朋友大吼大叫。奥克斯依然漠然地坐在一边，一句话也不说。

奥克斯的消极反应并没有阻止鲍勃继续尝试。紧接着，他又和“哈克斯”乐队录制了另外一张唱片，名叫《约翰娜的幻想》。可是精益求精的鲍勃对这张唱片并不满意，因为他认为整张专辑并没能体现出预期的效果。渐渐地，他告诉自己，要尝试和不同类型的音乐人合作。

约翰斯顿知道了鲍勃的这个想法，便劝说他前往田纳西州纳什维尔的哥伦比亚录音棚制作唱片，鲍勃却并没有给出明确的答复，只含糊地应付了两句，然后绝口不提。由此可见鲍勃仍然没有想清楚，到底要同谁合作。

演唱会的工作仍然非常艰巨，他的日程表上排满了演出的场次，新的一场全球巡演又要开始了。

为了让新的巡演提起年轻人的兴趣，鲍勃尝试在演出过程中加入很多新鲜的元素。同时，他还邀请了各行各业的权威人士，包括诗人、作家等一同出席。

12 月，鲍勃在伯克利大剧院又进行了一次演出，台下就座的，除了他热诚的歌迷外，还有《飞越疯人院》的作者肯·凯斯，“垮掉派”诗人、剧作家迈克尔·麦克罗尔以及禅宗诗人加里斯奈德等。这些名人带着自己的好朋友亲临现场，并以他们理解的角度将鲍勃的作品传播到全国各地。这种跨越文艺形式的巧妙融合，在流行音乐史上也是绝无仅有的。

另外，这场表演还有许多令人百思不得其解的安排，舞台上除了有鲍勃和“哈克斯”乐队，还多了两只泰迪熊，而这两只泰迪熊站在扩音器旁，谁也不知道它们的含义是什么，甚至有心怀不满的歌迷用鞋子投掷泰迪熊以示不满。前两排的作家和诗人显然对眼前的景象措手不及，他们交头接耳，却不知如何结束这样混乱的场面。

演唱会结束后，鲍勃出席了在伯克利举办的一场聚会，当大家很闲散地坐在地上时，鲍勃走了过来。几乎是同时，所有人都肃然起敬地站了起来。这是一种对客人的尊重，同时也反映出鲍勃当时的个人魅力。

好友金斯堡站在鲍勃的旁边向他介绍今天参加聚会的人，鲍勃精神抖擞地和他的歌迷们亲切握手交谈。当介绍到摄影师拉里·柯南时，柯南对鲍勃说自己非常喜爱台上的两只泰迪熊，而这种奉承并没有获得鲍勃的赞许。

好在，鲍勃还有些通人情，他答应了柯南在星期天出席另外一场在“城市之光”书店举办的诗人聚会。

周日上午，阳光和煦，哥伦布大街上的“城市之光”书店门外，一场热闹的聚会正在进行。虽然人数众多，但这其中大多数人仍然是诗人和作家。柯南站在门口认真地端着照相机，将拍摄的照片作为“垮掉派”诗人最后一场聚会的宣传海报。

鲍勃·迪伦和罗比·罗伯森一起到达了会场，连一向低调、很少出现在公众面前的鲍勃妻子萨拉也意外地出现了。现场，这对夫妻并没有表现出过多的亲昵，鲍勃在友人的召唤下一头钻进了书店的地下室，并和聚集在其中的人们攀谈起来。

作为歌手，鲍勃不想在这场以诗人为主的聚会中成为主角，于是，他很认真地听着别人的讲话，也没有任何过分的表演。客观来讲，鲍勃对“垮掉派”诗人并不反感，相反，他对他们的诗歌所表达的内容是持支持态度的。由于名气太大，鲍勃走到哪里都会有人呼喊他的名字，这声音一直传到了地下室。

十分钟后，这场聚会从“城市之光”书店的地下室挪到了“维苏威火山”酒吧，人们在这里除了交换各种意见外，却把更多的兴趣放到了鸡尾酒上。

鲍勃十分淡然地点了一杯茶，人们想不通他为何没有饮酒，或许他当天真的想清醒地听周围的人讲述各种意见和建议吧。不过，无法理解不代表人们不跟风，知道鲍勃喝茶后，几乎所有人都换成了茶，甚至连同样声名显赫的诗人们也无不例外。

这是一件很小的事情，但从这个细节却足以看出鲍勃身上的名人效应，以及人们对他的喜爱和尊崇。尽管这种现象多半是盲目随从效应使然，但无论如何，这都是他成就的一部分，毕竟没有多少人的一言一行能引发集体的效仿，也没有多少人能成为各行各业的人们心目中共同的榜样。

3. 达达主义之王

旧金山海湾晚会结束后，鲍勃又和自己的好友们一起到南加利福尼亚去了。这一趟，他们乘坐的是一辆大众的露营车，一路上他们走走停停，看似随意，其实所进行的却是最真实的采风。

对于鲍勃来说，当面进行的赞扬始终让他有些怀疑，他更信奉那些在他看不见的地方无意中对歌曲的评价。一路上，鲍勃打扮成普通人的模样，有意无意地混入人群中了解别人对自己唱片的想法。他还交给了同行伙伴金斯堡一些钱，让他到音像店购买自己的录音带，并努力和听众或是店主交谈，以此来了解别人对他作品的态度。

金斯堡照鲍勃的吩咐做，他自告奋勇地扮演了普通听众的角色，和那些音像店里闲逛的人聊天后，将收到的“情报”带回来给鲍勃。他告诉鲍勃·迪伦，虽然并不是所有人对他新的音乐风格都十分满意，但有部分人还是十分喜欢他的尝试。

听到这儿，鲍勃脸上浮现出难得的笑容。尽管这些人并不占主流，鲍勃却在其中看到了希望，也看到了自己坚持下去的理由。演唱会上，鲍勃承受的压力是巨大的，因为他不知道台下那些嘘声到底有多少是出自真心，又有多少是敷衍了事，通过这样一番探查，他发现情况还没有想象的那么糟糕，而他改变音乐风格和作音乐尝试的决心也因此更加坚定了。

紧接着的日子里，鲍勃已经演出不断，他甚至打算将自己的古怪想法变得更加离谱些。

疯狂的歌迷无处不在，他们会闯到鲍勃表演的后台，给他一个惊喜，有时为了与鲍勃见上一面，歌迷还会从垃圾桶里或是从废物箱里跳出来，即便浑身散发着令人作呕的味道也毫不在乎。

对于这些过激举动，鲍勃并不感到吃惊，他认为歌迷们的这种行为是可以谅解，甚至是可爱的。似乎是为了回馈歌迷们的疯狂举动，鲍勃也打算在自己的舞台上做出一些古怪的举动。先前那两头泰迪熊让很多人摸不到头脑，到最新一次彩排的时候，他甚至想从动物园找来一头大象，并打算在台上当着几万听众的面叫这头大象给他递过来一只 C 调的竖琴。

这种匪夷所思到极致的念头，或许只有鲍勃才会想到，不过好友们制止了他，毕竟过犹不及实在不是个好主意，这种拼命宣扬自己怪异思路的想法也不应该成为今后年轻人生活的主流。

1966 年，鲍勃以个人的名义成立了一家新的公司，名字叫“矮人”。这家音乐公司可以将鲍勃发表的新歌全部收入囊中，并由其进行全国范围内，甚至全球的发行。这个举动意味着离开哥伦比亚公司自立门户，早在 1 月巡演的时候，鲍勃·迪伦和艾伯特·格林斯曼便已经达成了这个协议，格林斯曼此举旨在让鲍勃的音乐获得更大空间。

不过，鲍勃所不知道的是，在他答应了与格林斯曼一同创建新公司的时候，他已经和格林斯曼成为合伙人，并且今后十年内，他每发行一首新歌，这位曾经的经纪人就会获得 50% 的收益。可惜，鲍勃在商业上并不精通，加上他对格林斯曼的完全信任，因此当这位“好伙伴”将写明条款的合同送到他面前时，他看都没看，就直接签上了名字，并最终送给格林斯曼一份巨大的经济收益。

多年后，当鲍勃与格林斯曼因为工作吵得不可开交并最终散伙时，鲍勃才仔细阅读了这份合同，不过一切早已成为事实，即便鲍勃再不情愿，他所获得利润的一半也理所当然地成了格林斯曼的囊中之物。

在鲍勃为自己的新公司奔波的时候，他的儿子拜伦·迪伦降生了。这是一个好消息，至少他让鲍勃看上去和普通人一样，过起了有家有室的生活。不过，他并不是个因为家庭幸福而在事业上失去上进意识的人，在孩子还未满月的时候，鲍勃在纽约四处走访，为自己新的创作寻找灵感。

在众多受访者中，鲍勃最喜欢的是画家安迪·沃赫尔，并在他的工作室进行了一场关于音乐和绘画的深刻交谈。在音乐领域，安迪·沃赫尔是鲍勃的歌迷，而在绘画方面，鲍勃则为安迪的设计所倾倒。作为回馈，鲍勃答应参与安迪一部地下电影的试镜，试镜后安迪赠送给鲍勃一幅名为《双面埃尔维斯》的肖像画。这是一幅绢画，与真人等大的人物形象看上去惟妙惟肖，令鲍勃十分喜爱。

作为画家，安迪·沃赫尔并不喜欢出让自己的作品，他却大方地送给鲍勃·迪伦这样一幅画作。回到家中，鲍勃将这幅画作仔细端详了一番，随后将它固定在旅行车的车顶上，以此作为自己前往伍德斯托克这一旅程中的伴侣。

1988年，当鲍勃的妻子萨拉·功恩茨将这幅绢画拿去拍卖时，72万美元的最终价格令她瞠目结舌。

1966年的巡演和以往一样在春季进行，这一次鲍勃选择的巡演方式是横穿北美。演出空隙，鲍勃开始了他又一张专辑《无数金发女郎》的制作。鲍勃很想用自己与“垮掉派”诗人的合影作为专辑封面，不过，因为这张唱片与鲍勃·迪伦合作的是“哈克斯”乐队，因此用合作者以外的照片作封面显然不太合适。

在新一轮的录制工作中，鲍勃突发奇想，要录制一张现场版的专辑。他希望所有的乐手都聚集在一个房间里，然后去掉录音棚的所有隔音设备，所有人如同站在舞台上一样，一边唱，一边跳，一边录。但所有人都对这样的冒险表示吃惊和怀疑。

不过，此时的鲍勃已经是公司最重要的人物，他的意见几乎没有人会当面反驳，而录制工作也自然顺着他的意思往下进行。好在一切都还算顺利，整个录制时间虽然零散，但最终只花了 40 个小时的时间，而参加录制工作的每个人都合理安排自己的时间也是工作能如此顺利开展的重要原因之一。

这张唱片录制完成之后，鲍勃又马不停蹄地开始了下一张唱片《眼神凄凉的低地女孩儿》的录制。和以往的唱片不同，这张新唱片开始录制前，鲍勃便带着构思好的新歌前往纳什维尔，为接下来的正式录制作准备。担任钢琴演奏的库普也在同一时间到达瑞马达旅店，并跟随着鲍勃一遍又一遍地反复演奏着这些新歌。

尽管这个新的录制地和以往相比让鲍勃和整个团队感到不适应，甚至有人怀疑鲍勃听从好友的建议换了这么一个新的录制地点简直是大错特错。不过鲍勃克服了所有困难，录制工作得以顺利开展。

下午两点，所有的演员和音乐录制者都到达了现场，只有鲍勃破天荒地还未出现。所有人都在等他，却想不通他为何会一反常态，直到四个小时后人们再次见到他时，他才告诉大家：自己因为对其中某些作品不满意才不得不重新修改，为此耽误了时间。

此时，参与录制的人员已经有些疲惫不堪了，但见鲍勃如此亢奋，其他人也就没有懈怠的理由了。

最先开始录制的是一首节奏缓慢，充满布鲁斯风格的音乐，歌词中，鲍勃加入了许多具象的描写让整首歌听上去十分亲切。原本，这首歌的长度和平常的歌曲没有什么区别，但鲍勃突然降调，将原来的曲调和另一段歌词融合在一起后，歌曲的长度竟然超过了十一分钟。

这在别人看来，显然是不可思议的，鲍勃却不以为然，因为他觉得和其他要素相比，保持音乐的意境和动听才是最重要的。后来，这张唱片因为部分歌曲太过冗长而被破天荒地录制成了双碟唱片，这也是流行音乐唱片上的首创。

尽管录制工作让所有人都感到疲惫不堪，但当这张唱片顺利投放到市场时又让所有人感到欣慰。

关于《眼神凄凉的低地女孩儿》的创作灵感来自何方，听众们众说纷纭。有人说它是来自琼·贝兹这个曾经的女友，有人说这首歌写的是他低调的几乎从未在人前出现的妻子，又有人说他只是简单的概括，所有的女孩儿都能带入其中……

有了之前《来自北方的女孩》这首歌曲的经历，鲍勃也就没有之前那么大的舆论压力了。对他来说，这首歌写的是谁无关紧要，他关心的只是人们是否喜欢这首歌，以及这首歌是否能唤起人们内心的共鸣。

在这张唱片中，还有另外一首歌在日后成为鲍勃的经典之一，这首歌便是带有一丝忧伤味道的《我想念你》。在歌曲开始的时候，一段优美的吉他演奏烘托出了歌曲的氛围，随后鲍勃独特的嗓音让整首歌顿时充满了追忆的魅力。

随后的《就像个女人》和《雪豹皮药盒帽》这两首歌则同样通过具象化的描写让人们看到了一幕幕如电影般的画面。

作为唱片录制时的灵魂人物，鲍勃几乎很少和乐手们交谈，甚至连曲调上的探讨都屈指可数，然而有一天，他突然向乐手们发出了询问，而且这个问题和工作没有丝毫的关系。他问乐手们，平时闲来无事的时候都在玩儿什么？乐手们有些措手不及，不知道该如何回答，沉默了半天才说平时几个人会出去喝啤酒放松自己。

说到这儿，所有人都以为对工作极度严厉的鲍勃会对他们大骂一顿，谁知鲍勃却说他希望能参与其中，因为他不太习惯和陌生人做这些事情，所以更愿意加入熟人中间讨个乐子。

就这样，他们一行人簇拥着鲍勃去了附近的一家爱尔兰酒吧喝酒消遣。服务生端上了鸡尾酒，朋友们打破了平日里的拘束，在酒精的催眠下开始畅谈起来。这种交流虽然次数很少，但因为鲍勃的参与使得一切显得具有了历史意义。

在新一轮的音乐创作中，鲍勃希望能够再进一步改变自己的风格，加入一些类似军乐队演奏的混响效果，他的朋友们虽然对此不是很理解，但还是尽力找来相应的长号手和小号手进行尝试。尽管一开始听上去那些声音有些滑稽，但鲍勃这种大胆尝试的精神感染着周围的人，没有一个人对此表示抗议。

有了之前的交流，录音棚同事之间的关系融洽了许多，一切准备工作完成后已经是午夜，但是大家却并没有疲惫的意思。音乐响起时，他们拍着彼此的肩膀，像好哥们儿一样开始了当天的工作。每个人都非常兴奋，录音到后期甚至有人坐到了地上，各种欢笑声不绝于耳，有人节奏明快地打着拍子，现场看上去有些混乱。

当他们录完歌曲并重新回放音乐的时候，却发现这样的效果竟然出奇地好。虽然每个人都反复地重复着“每个人都飘飘欲仙”这四句话，但背后的节奏和人们之间的交互却让整首歌听上去非常有生气。

当所有人都以为这句重复率最高的歌词将成为这首歌的歌名时，鲍勃·迪伦却给出了这首歌一个崭新的名字《无数金发女郎》。听上去，这个名字十分怪异，但就是这首听上去十分怪异的单曲却在发行后的一个月荣登音乐排行榜，并最终取得第二名的好成绩。

应该说《无数金发女郎》这张唱片是鲍勃·迪伦最优秀的作品合辑了，因为它既保持了原有的风格，又进行了大胆的创新，而且这种创新正在被越来越多的人所接受。甚至连英国文学评论家克里斯多夫·瑞克斯都认为这些歌曲中的词汇描写达到了不同凡响、暗喻真实的程度。

多种音乐相互融合的形式让鲍勃·迪伦的音乐开始有了各种各样的风格，在《显而易见的五位信徒》这首歌中，鲍勃·迪伦唱完最后一段歌词的时候发出了一声叹息，罗伯逊的吉他伴奏也戛然而止，麦伊考的口琴则在最后用悲鸣的方式将整个气氛烘托到了极致。这首歌的内容是积极健康的，而别具一格的渲染模式也让很多人潸然泪下。

4. 梦想与幻境的受挫

唱片发行一段时间后，《无数金发女郎》成功地上升到排行榜的第九位，这个成绩也改变了纳什维尔的音乐发展轨迹。越来越多的非乡村音乐人士聚集到此处，并尝试着用鲍勃的混合风格对音乐进行进一步调整。

与鲍勃共事的小伙子们，更是以鲍勃为榜样而对自己的音乐生涯充满了期待和幻想，他们希望能够像鲍勃一样成为有影响力的歌星，也希望能够尽早发行一张属于自己的专辑，以唱片销售的成功和作品的脍炙人口提升自己的音乐生命。

鲍勃早已看透了他们的“小心思”，当他与这些无名小卒共同完成了一张唱片的录制时，都会在唱片的封面上清晰地标注上每个人的名字，这既是对他们辛苦劳动的回馈，也是提携他们的重要方式。

毕竟，音乐公司总是喜欢那些有经验、有名气的人，那些曾经与国际巨星一同合作过的音乐人更是炙手可热的哄抢对象。对此，幕后工作者维恩·莫斯十分感激，并对鲍勃的这一行为提出了公开感谢。因为在鲍勃之前，从来没有一个歌星将同伴的名字放到专辑上，也从来没有人将幕后工作者的地位提升到这种地步。

尽管在那次酣畅淋漓的酒醉后，鲍勃开始和其他乐手保持距离，但是在合作者的心目中，鲍勃已然成为他们“冷漠”的好伙伴。

随着纳什维尔聚集的音乐人日益增多，音乐作品成了该地区商业发展最重要的部分，市政相关人员看到了这一点，便进行了大力的扶植，渐渐地纳什维尔超过了纽约和洛杉矶，成为美国名副其实的音乐之都。

尽管纳什维尔是一个名副其实的小城市，但这丝毫不妨碍所有喜爱音乐的人来这里追求梦想。一个人的音乐能够让一座城市繁荣起来，这样的现象让人匪夷所思，但鲍勃做到了，而且非常"轻而易举"地就做到了。

3 月的巡演，因为鲍勃和乐队的合作仍有些欠缺，也经常会有一些不愉快发生。有时，鲍勃想要获得比扩音装置更大的声效，因此在演唱时会更加靠近麦克风，但这样的做法却因为声音过大而很难与乐队的伴奏保持一致。作为乐队的一员，加思·哈德森是个完美主义者，他对鲍勃·迪伦过于表现自己的行为十分不满，而他与鲍勃之间的关系也因此开始有了几分剑拔弩张的味道。

丹佛演唱会结束后，鲍勃决定飞往洛杉矶旅行，因此给乐队安排了十天的假期，这段时间的不联系让鲍勃·迪伦和乐队成员之间变得更加陌生。十天后，当他们再一次碰面时，彼此之间的默契也已经消失殆尽，鲍勃和乐队的交流也只能通过罗比·罗伯森来传递了。

这一次的春季巡演，长久淡出公众视野的鲍勃·迪伦的妻子萨拉也一同随行。尽管时间不是很长，乐手们也很少见到她，但每一次她的出现都会引发全社会的大讨论。

关于婚姻，萨拉和鲍勃之间保持着他们自己的默契，对个人隐私方面他们更是苛刻。外出时，他们会保持一定的距离，接受采访时，他们也几乎对自己的婚姻避而不谈，即便是萨拉也从来不向记者透露任何有关婚姻生活和他们儿子的消息。

当然，有时候鲍勃对婚姻生活的刻意隐瞒也让萨拉觉得有些接受不了。

有一次，萨拉正在后台，鲍勃因为外面正有人要来而要求萨拉躲到衣帽间里去。作为妻子，这种藏匿的行为显然让她很难过，萨拉的表情有些迟疑，但考虑到丈夫的名望，她最终还是躲了进去。

1966 年 4 月，结束了在夏威夷岛的演出后，鲍勃和乐队一同飞往澳大利亚，这期间《雨天女郎 #12&35》这首歌曲在美国音乐榜上荣升至第二位，在加文榜单中也获得了提名，并被定义为难得一遇的“迷幻音乐”。然而，这样的评价却给鲍勃带来了不小的困扰，有些媒体宣传这是一首应该被列入“禁歌”名单的关于宣传违禁药品的歌曲。

鲍勃对此十分无奈，却没有办法阻止人们的想法，因此只要有机会接受媒体采访，他便会十分诚恳地向公众澄清歌词中所表达的意思。在接受《花花公子》杂志采访的时候，鲍勃告诉记者，自己并不建议任何人使用药物，歌曲中也没有任何要劝导别人使用违禁药物的意思。

尽管这样的声音在众多质疑中微乎其微，但无论如何还是产生了负面影响。到瑞典演出时，有不明真相的群众拦住鲍勃的去路，并高声辱骂，斥责他赞成滥用药物。鲍勃不知道这个言辞激烈的人从哪里来，却知道他如此强烈的情绪是因何而起。

好友建议他再开一场新闻发布会澄清一下，但鲍勃拒绝了。他觉得自己已经说得够多了，如果有人还不能理解，那就由它去吧，毕竟事实胜于雄辩。

“矮人”公司成立时的条款依然在鲍勃和格林斯曼之间履行着，细心的律师布劳恩虽然觉得有些蹊跷，但每当他要仔细审阅合同条款时，格林斯曼都会制止。此时的鲍勃对格林斯曼依旧没有任何怀疑，但当他后来真正与之决裂时，他才发现格林斯曼欺骗自己的行为从一开始就已经存在了。

用他自己的话讲，格林斯曼用卑劣的手段误导所有人认为“矮人”公司是他自己的，更千方百计地阻止律师对其进行说明。尽管鲍勃的信任被好友利用，但幸运的是，当鲍勃真正有时间考虑自己的商务事宜时，他立刻发现了自己与格林斯曼之间协议的倾向性，并随即开始收紧财权。

20世纪60年代，电视电影行业飞速发展。作为时代的前锋，鲍勃自然也不会放过这样一种难得的艺术形式。他觉得，可以将自己巡回演唱的场面和经历拍摄成一部彩色的纪录片，因为这样做在促进音乐传播的同时也能让更多人了解音乐人的日常生活。

先前与鲍勃合作过的佩妮·贝克在听到这个想法时，突然想到了之前与他合作过的《无需追忆》剧组。但鲍勃的意思是不想延续《无需追忆》描写舞台生活的内容，相反，他想把这个纪录片拍成描写他与同伴们日常生活的纪录片，即便这里面夹杂了许多与音乐无关的内容，他也觉得无关紧要，至少这样的情节看上去会更加真实，也更加吸引人。

果然，佩妮·贝克采纳了他的意见。巡回演出还在继续，佩妮·贝克跟随鲍勃一同出发。他用镜头记录下了鲍勃巡演期间的日常，也记录下了他和伙伴们因为音乐而争吵的过程，同时他更记录下了巡演过程中鲍勃听到好友死于车祸时的悲伤。

在伦敦期间，鲍勃和“甲壳虫”乐队再一次碰面。尽管在此之前他们也碰过面，但行色匆匆的他们总是未能深入地交谈。这一次，鲍勃的演出任务基本完成，“甲壳虫”乐队也刚从繁重的制作任务中抽出身来，因此他们会面的时间便宽松了许多。

在巴黎举办演唱会的时候，刚好赶上鲍勃的生日。很多人为这个超级巨星庆祝，他璀璨的25岁年华让所有人惊叹不已。在众多人的生命中，25岁是一个刚刚走进社会的年龄，但25岁的鲍勃已经在音乐道路上走出了自己的一片天地，并改变了世界流行音乐的发展轨迹。

盛名之下，鲍勃所付出的辛苦也是有目共睹的。每次演出结束或者彩排完，鲍勃·迪伦都是拖着筋疲力尽的身体回家的。原本天真的笑容渐渐被岁月的沧桑所取代，眼睛里熠熠生辉的光芒也因为长时间的操劳而有些暗淡，甚至连他说话和唱歌的嗓音都因为长久的用力而变得沙哑起来。

但是这些身体上的疲累却未能将鲍勃的工作热情浇灭，他像个越挫越勇的战士，在摸爬滚打中不断地提升着自己的实力，也不断地将新颖的歌曲推送给热爱他的歌迷和关注社会动态的大众。

短暂的夏季休整后，鲍勃前往 ABC 电视台将之前拍摄的《无需追忆》这部纪录片重新进行了剪辑。作为一个不惧挑战的年轻人，鲍勃在影视方面的尝试自然不令人意外，可惜在这方面他的天赋并没有起到多大作用，相反，电视台对他剪辑后的纪录片不是十分满意，最终这部纪录片因为没能取得良好的成绩而不得不宣告结束。

为了让更多的人了解鲍勃，麦克米伦公司打算出版一本名叫《狼蛛》的诗集，以此扩展鲍勃在图书市场的知名度。鲍勃在很多场合都表达了自己希望能够撰写一本书籍的愿望。当这本自由体诗歌集出版之后，几乎所有鲍勃的歌迷都为之欢呼，因为对他们来说，这本书的出版意味着他们和偶像有了更进一步接触的渠道。

这本书的内容受到了众多人的肯定。书中的比喻运用得恰到好处，很多内容也十分生动有趣，人们在阅读的时候仿佛看到了鲍勃舞台之外的另一面，而那些试图诽谤他的流言蜚语也因为这本书的真情描述而渐渐被澄清。

此时，鲍勃的声望已经到了无以复加的地步，他的事业蒸蒸日上，一切似乎都继续朝着更好的方向发展。然而，世事难料，一场突如其来的灾难将鲍勃的人生带进了前所未有的低谷。

1966 年 7 月，鲍勃和妻子离开格林斯曼的住所，却意外地遭受了交通事故。当时鲍勃是骑着摩托车离开的，至于离开后发生了什么却没有确切的说法。

事故发生在格林斯曼住所附近的斯特贝尔公路上，当时路上行人稀少，监控录像也不如今天这样发达，因此没有足够多的影像资料可以查看鲍勃当时受伤时的情景。

鲍勃的一位好友在接受记者采访时，曾经透露："鲍勃·迪伦的受伤是因为路面太过起伏导致的。"据说，鲍勃和他讲过自己开车出来后，路面的高低不平让他完全失去了平衡，而当他再想调整摩托车的姿势时，整个人已经无法控制地被甩了出去。

医生小心地查看着他的伤口，除了严重扭伤的脖颈外，他的身上几乎没有一点伤痕，这一点让他们疑惑不解。而且事故发生后，竟然没有一个人打电话叫救护车，也没有警察到现场勘查交通事故现场，甚至连急救都是送到五十英里以外的中心城区医院，附近只需十五公里就能到达的综合性医院却被所有人遗忘了。

全国各地的电视台已经迅速播放了鲍勃·迪伦发生车祸的新闻。《纽约时报》报道称鲍勃的伤势十分严重，因此下周六定于纽海文的演唱会将被迫取消。与这样的新闻相比，人们更关注的是鲍勃何时才能醒来。

妻子在一边哭喊，鲍勃依旧昏迷不醒。这是一次严重的事故，更是一次震惊美国歌坛的重大灾难。由于伤势过重，鲍勃失去了知觉，脖颈折断的他不知还能否活下来。医院门口，大量的歌迷聚集在一起期待奇迹的降临，好友们闻讯赶来，焦急地等待着医生的回应。

这一刻，时间是无比漫长的，没有人知道将来会发生什么，只有一点毋庸置疑，那就是：鲍勃·迪伦辉煌的音乐生涯因为这场突如其来的车祸戛然而止，他非凡生涯中的第一次高峰也因此被迫停下了脚步。

BOB DYLAN

The Times They Are a-Changin'

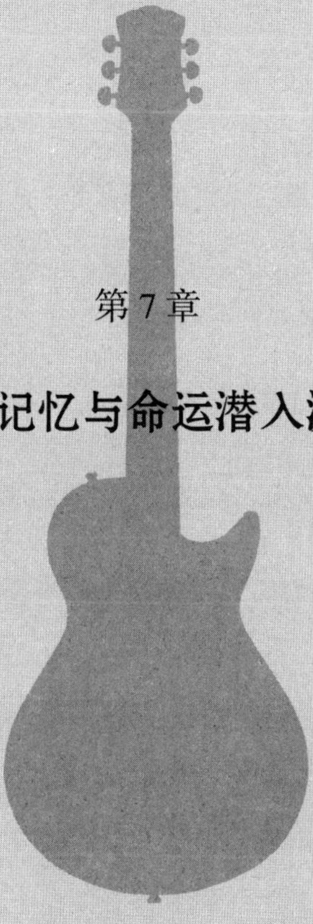

第 7 章

带着记忆与命运潜入波涛

With all memory and fate driven deep beneath the waves

1.“巨石竹花”

有些时候，当发生一些不愉快的事情时，我们未必一定要把它们视为厄运。事实是，那更有可能是冥冥之中的一记有力的击打，它仅仅是为了将早已偏离轨道的人生打回到正确的位置。有时候，疼痛只是为了让人更加清醒。就仿佛天降惊雷，大雨瓢泼，那并非为了撕裂天地，并非为了通过那神秘的力量让所有生灵为之臣服，那一切只是为了一次最纯净彻底的洗礼，只是为了在这被尘垢填满的世间诞生一片清净纯白的崭新空间。

所以，当鲍勃遭遇车祸，对他而言，也并非一定要算作不幸。这说起来颇有些不合情理，但就如鲍勃所说，在这场车祸发生之前，他的人生就已经残破不堪了，而这场车祸反而给他正不断走向灭亡的人生轨迹扳回了一局。事实是，车祸发生后，他已然失控的步调变得缓慢下来，这双无法被脱下的“红舞鞋”终于以一种不那么使人愉快的方式脱掉了。而他，终于可以重新审视人生的方向，重新投入到真正值得他去投入的事业之中。

对于鲍勃·迪伦在那场车祸，根据他自己所说，他的脊椎骨发生了几处断裂，而他的许多朋友也说过那时候曾经看到他每天带着项圈，并且需要进行十分烦琐且痛苦的漫长治疗过程。为了协助治疗，他甚至重新开始游泳。

他的伤如果恢复得不好，很有可能落下终身残疾。大概也只有这样的巨大打击才能让他真的清醒过来，才能让他明白自己已经走在了一条危险的轨道上。

也许正因如此，鲍勃将治疗伤病的这段时间当作了他人生的一次缓冲期。所以，他甚至没有回家，而是与泰勒医生待在中心城内。或许对于一个真正的诗人与伟大的歌手来说，温暖舒适的家永远都不是一个合适的栖息之所。

对许多人来说，一个完整的家庭，一套舒适的蜗居，是毕生的追求和为之奋斗的动力，但是对一小部分人来说，家庭也好，爱情也罢，这些反而成了人生前进的干扰。

他有一个心爱的人，那个人被他放在了心中几十年，而那个人对他永远都是不屑一顾，诗人却从未放弃那人，也从未为了争取那人而做出什么疯狂的行动，他所做的只有为了那个人不停地写，不停地创作，于是，他的笔下流淌出了无数首使人落泪，使人为之感伤的诗歌。也许得不到那个心中的人才是上天对他最大的眷顾，因为只要他还未得到，只要他还继续把那人放在心上，他就永远有写不完的诗，永远有取不尽的灵感。

这也许便是人世间的残酷所在。那些做出了伟大创作的人们，他们的人生往往都是不完满的，正是因为不完满，才能感动那些追求完满、追求幸福的人们。他们牺牲了自己获得幸福的权利，来给这个世界带来美丽和悲伤的故事，给人们的心灵以最深刻的击打，让人们在那些悲伤或者愤怒的情绪中得到最痛快的满足。

所以，当一个伟大的创作者打算潜心创作时，他总会远离那些能够使他感到完满的东西，远离那些温暖他的人与事，而选择孤独地欣赏这个世界的每一寸土地，欣赏时光流过时洒下的点点星光。

在鲍勃养伤期间，在他所居住的地方，并没有喧哗吵闹的媒体，没有无止境的闪光灯，没有问个不停的记者，甚至没有对他大呼小叫的追随者。他就如同在世界上消失了，隐藏在了一个不易被觉察的角落里，在这里，唯一认识他的除了医生，只有附近一个不到十岁的小姑娘。

人们都猜测鲍勃正在伍德斯托克的家中养伤，没有人想到这位伟大的歌手选择在另一个地方享受着安静和孤独。而陪伴他的，只是塞尔玛·泰勒这位与他算不上亲近，但却足够照顾他健康的医生。

不需要过多的嘘寒问暖，也不需要无端的猜测，对此时的他而言，安静是最好的良药。那时候，有些舆论的声音，认为鲍勃正在接受戒毒治疗，而泰勒医生否认了这一点。有些人认为医生的话不足为信，但事实上，当一个人处于那样的境地，当他的人生即将分崩离析，却被一场车祸意外阻止了继续走向毁灭的脚步，这时候，这个人实在不需要过多解释，因为他已经重新找回了生命的意义。

名人分两种：一种活在聚光灯之下，他们无时无刻不需要人们的关注，必须随时有人出现在他们的面前索要签名，或者时常有朋友前来拜访；另一种却截然相反，他们厌恶人们将目光投射在他们身上，厌恶被关注，甚至厌恶以友情为名义的频繁拜访。他们做出了了不起的成就，使人们对他们倍加在意，但这却成为他们的负担，使他们每日坐立不安。

于是，一个远离尘世的地方便成了他们的避难所。鲍勃正是因车祸而找到了这样一处避难所。在这里，他喧闹许久的心绪终于可以平静下来，他终于能够重新思考，能够让他的头脑恢复清醒。

所以，在 1966 年的夏天，当奥德塔再次见到鲍勃时，她发觉鲍勃的状态变得完全不同了。

那一天，她原本是为了拜访泰勒医生，希望医生为她开一剂药，却发现鲍勃就住在泰勒医生家中的客房内。那间客房是被医生夫妇精心布置过的。这场意外的相遇使得奥德塔获得了一次与鲍勃交谈的机会。也是在那次交谈中，奥德塔发觉鲍勃的状态已经完全恢复了，并不仅仅是从伤痛中恢复，更是从一段遍体鳞伤的人生中恢复如初。

鲍勃终于进入了节奏平缓的生活。他的身体虽然已经康复，但仍需要一段很长时间的修养。这是难得的机会，他决定充分利用。他抛下一切俗务，彻底静下心潜心创作。艾伦·金斯堡为他带了一大包书，这是非常善解人意的，没有什么比书籍更适合一个希望获得平静的创作者了。

在修养期间，鲍勃还把一些时间花在了纪录片《销毁文件》的剪辑上，同时他还打算多拍摄一些镜头用在纪录片内或其他尚在雏形阶段的作品中。无论如何，当一个创作者充满了创作欲望时，他的行为总是天马行空的。尽管最后在人们的面前呈现的总是一部完整的作品，但在最初阶段，那些作品往往是以碎片的形式存在于创作者的脑海中。所以，当一个创作者胡言乱语，甚至做一些匪夷所思的事情时，千万不要认为他是疯了，或者是正在走向疯狂的过程中，他只是有太多的想法，在最后作品成型之前，那些想法总会令人感到无比惊奇。

改变鲍勃创作思路的是一次意外的拜访。那是在 1967 年 2 月，里克·丹柯和理查德·曼纽尔带着“哈克斯”乐队来到鲍勃的家乡伍德斯托克。这时候的“哈克斯”乐队正在低谷之中，他们找不到落脚之处，只好每日在切尔西旅馆等待一次仁慈的演出机会。

他们找到了鲍勃·迪伦，希望能在他这里重新找到一份工作。但鲍勃唯一能想到的便是跟这些为了艺术而疯狂的人们完成复杂的拍摄工作。

那时候的伍德斯托克正是在深冬的季节，天地都是纯白色的。或许是天气寒冷，人们变得异常安静。正因如此，冬季的景象总是容易让人联想起旧日的黑白电影，带着一种能使人冻结的冰冷情绪，也使人更加容易投入到对人生甚至宇宙的思索之中。

最初来到伍德斯托克的只有里克和理查德，但随后不久，“哈克斯”乐队的其他成员也都来到此地会合，如一切流浪乐队那样，他们一同居住在汽车旅馆内，其中包括被鲍勃称为提姆先生的迪尼·提姆。

这个冬天缓慢而毫无目的，鲍勃在家中安然修养着身体，偶尔与“哈克斯”乐队的其他成员们拍一些在他们头脑中灵光一现的有趣画面，而他们并未意识到，他们的生活正在悄悄发生改变。

这改变正式开始于“哈克斯”乐队结束汽车旅馆生涯的那天。

原本只是一次很偶然的谈话。在伍德斯托克，丹柯和曼纽尔经常在一家餐馆跟朋友们聚会。一次，店主告诉他们，自己有一所房屋打算出租，那间房子在西索泽提村附近，用店主的话说，房子的位置非常好，四周都是空地，月租只需要 275 美元。丹柯和曼纽尔认为那里十分适合他们进行创作，于是租下了那间屋子。

搬家之后，他们充分发挥了作为艺术家的天分，给这间房屋取名为“巨石竹花”。

那时候的丹柯并没有想到，“巨石竹花”会成就鲍勃·迪伦的一段人生。

很显然，鲍勃十分喜欢“巨石竹花”，或者说他喜欢与“哈克斯”乐队共同生活的日子。当“哈克斯”乐队落下脚，鲍勃也开始了从家中到“巨石竹花”之间的两点一线的生活。

那时，鲍勃的人生仿佛被分隔成了两个层面。一方面，他是一个爱家顾家的好丈夫、好父亲；另一方面，他又是一个孤独且思虑深远的艺术家。每日里，他早晨会去送 5 岁的女儿上学，到了中午，他又开着他的福特车前往“巨石竹花”。当他来到“巨石竹花”，一切有关家庭的琐碎都被抛在脑后了，他所思考的只有创作。

他的创作能力是非凡的，“哈克斯”乐队成员们几乎吃惊般看着他坐在打字机前敲下那些曼妙的歌曲。谁都无法想象那些点子究竟如何出现在他的头脑里，那就仿佛是上天的恩赐。

与鲍勃共同生活的日子是有趣的，对“哈克斯”乐队的其他成员来说，与鲍勃的再次相遇不仅仅是艺术上的碰撞，更是改变人生的契机。并不是每一个人在他的一生里都能遇到一个伟大的合作者，也并不是每一个人都能有机会为一个伟大的创作者歌唱。或许那时候的“哈克斯”乐队并没有想过，他们在进行的是多么了不起的事业，他们的创作改变了多少人的人生。对创作者而言，当他们的作品经过人们的生活，却会被永远留存下来，留在人们的心中，甚至永远被烙印在他们的灵魂之中。

这便是艺术创作的魅力。或许正因如此，当“哈克斯”乐队无处可去，只能窝在汽车旅馆内等待第二天的面包时，他们仍然不愿意放弃追求音乐的梦想。

在“巨石竹花”内，鲍勃与“哈克斯”乐队创作了三十多首歌，而这些歌曲全部被收录了下来。

那时候，鲍勃还养了两条狗，一条是狮子狗，鲍勃为它取名为哈姆莱特，另一条是圣伯纳德犬，鲍勃叫它巴斯特。而鲍勃在“巨石竹花”内创作的所有歌曲几乎都是在哈姆莱特的见证之下完成的。

那样的日子对鲍勃·迪伦来说可遇而不可求，在“巨石竹花”的地下室内，他坐在打字机前，敲下那些未来会感动千千万万人们的诗歌和旋律，而哈姆莱特就蹲在他的脚边，率先聆听那些来自灵魂最深处的吟唱。

或许正是因为这样温馨并且缓慢的步调，才使得鲍勃的创作风格变得与过去截然不同了。这期间他的创作变得更加平缓而温暖，比起那些充满情绪化的喧嚣歌曲，此时他的歌更如同宁静夜晚的微风，更像在抚慰人们的心绪，使人们可以用一种更加平和的心态去思考自己的未来生活。

2. 温暖的田园牧歌

1967 年 2 月，伍德斯托克尚沉浸在对刚刚逝去的冬日的怀念中。积雪尚未融化，人们走在路上仍能嗅到从圣诞时便留下来的松香味道。

“哈克斯”乐队就在“巨石竹花”内，过着昼伏夜作的生活。这对一个乐队来说，可以算得上是正常作息了。这始终没有一个更加科学的解释，但确实许多伟大的作品都是在夜间诞生的，仿佛阳光与灵感彼此相克，只有在远离阳光的世界，人们才能找到自己灵魂深处的真正追求，以及对人生意义的最深刻探索。

但当时的鲍勃·迪伦无法“享受”这样的生活节奏。那时候的他已经不再是个游侠，他过着平凡的生活，他再也不能如一个疯狂的追日者那般为了目标可以抛弃一切，他必须分出一部分时间，早起，锻炼身体，享受家庭的温馨，以及照顾年幼的女儿。

好在缪斯女神并未因此抛弃他。每天，当“哈克斯”乐队还沉浸“白日梦”里时，鲍勃早已开车来到“巨石竹花”，开始他的创作生活。用丹柯的话来说，鲍勃仿佛是一个发条机器，永远都是那样准时，几乎从不错过任何一天的创作机会。

总有人说天才是与生俱来的，上天赐予了他们与众不同的能力，为了让他们做出不平凡的成就，这是命运的安排，别人无法羡慕。但他们忽略了一点是，事实上任何一个真正做出伟大成就的人，都不仅仅是依靠上天赋予的天赋，正相反，天赐的能力是如此脆弱，甚至是不堪一击。真正成就一个天才的，往往更多的是他们对待人世的怜悯之心，和在此之上为了这份怜悯而孜孜不倦的努力。

鲍勃对世界有这样一份怜悯，这是使他创作下去最根本的动力。正因如此，他才能如发动机一般永远不停地思考与创作，因为他要让人们了解他眼中的世界究竟是什么模样，他要让人们看到那些他无意中发现的有趣的，或是令人愤怒的暗角。

人们认为在“巨石竹花”期间的鲍勃的作品更像是那些老派的民谣音乐：低沉而富有磁性的声音，伴随着有些伤感的吉他声，唱给人们一些深远的仿佛有着许多故事的歌谣。

那样的日子是有趣的，罗伯森听着鲍勃歌唱那些动听的美国民谣，感受着那份与摇滚截然不同的沉静。同时，罗伯森又会给鲍勃听各种风格的摇滚歌曲，在不同的音乐形式中，两个人实现了有趣的融合与碰撞，在两人的脑海中，同时又迸发出许多新奇的火花。

“哈克斯”乐队的每个人都有自己的喜好。丹柯曾经与家人一同在安大略的农村演奏乡村音乐，那是20世纪五六十年代的美国人所喜爱的音乐形式。当今，各种风格迥异的摇滚乐层出不穷，哗众取宠的流行歌曲也占据着音乐的主要市场，但在美国人民的内心深处，乡村民谣仍然是一个他们永远不会忘记的重要珍宝。那就像是一个民族的灵魂，代表着这个因追求自由而建立起的国家最原始的渴望。在美国，无论何时，乡村民谣总不会过时。当你捧着一把吉他来到街头，用一种深远的调子低声弹唱的时候，仍然会有许多人围过来，安安静静听你唱歌。所以“巨石竹花”的日子为丹柯带来许多满足感，这种滋味并不是金钱能够替代的。曼纽尔与丹柯不同，他是一位十分出色的钢琴家，比起乡村民谣，他对流行音乐的了解更加全面，这对“巨石竹花”的创作有一个很大的好处，因为流行元素能为他们的音乐带来更多的受众。至于哈德森，他更倾向前卫的创作风格。与其他人相同，他也把自己独特风格融入了他们的创作之中。

到了黄昏时分，夕阳变得温暖，那时候这些各怀才华的人们围坐在“巨石竹花”的地下室内，每个人拨弄几下吉他，或者按几下键盘，一段有趣的旋律便产生了，当他们交流，谈到那些转瞬即逝的好点子时，一段值得讲述的故事也诞生了。他们的歌曲便是这样一点一点被拼凑出来，散发着如同来自宇宙深处那些宝石般的绚丽光芒。

诸如《我将得到解脱》《你瞧》等歌曲都诞生于那段时期，动听的民谣旋律，如讲故事般的弹唱，让人们无法不为之欣喜动容。

许多年后，当诺贝尔文学奖决定颁发给鲍勃·迪伦这一至高的荣誉之时，许多不了解他的人并不明白这奖项的来由，但是对于那些在他的歌声中沉浸了许多年的人们来说，这奖项反而是来得太迟了。

我们常说伟大的创作，但怎样的创作才可以算得上伟大？笼统地说，优秀的作品总是能叩击人们的心灵，但并没有多少人可以说出需要具体怎样做。有许多华丽的作品，用各种吸引人眼球的特效，或者使用各种哗众取宠的情节，来为自己赚取销量，制造现象话题。

鲍勃的歌并没有华丽的渲染，也没有造作的歌词，哪怕他的讽刺都是如此温柔，但就是这样的真诚讲述，反而在人们的心头萦绕，许久无法挥散。人们听到的并不是一个为了让大家记住他而拼命彰显个性的歌手，也不是一个善于卖弄技巧博人一笑的明星，人们听到的只是一个历尽沧桑的男人，在吉他声中，为大家讲述他自己，讲述这个世界。

鲍勃更像是一个游吟诗人，他的诗歌也不是为了抒发感伤，他甚至不需要太多的言语，不需要为自己做什么深刻的剖析，或者是多么冗长的铺垫，他只是低声述说，展示给人们一个希望获得心灵释放的人，在带着笑意的吟唱中，追求着一份也许不可能实现的愿望。

生活是充满诗意的，只不过这份诗意许多人无法体会。人们每日里都在进行着重复而又烦琐的工作，直到听到鲍勃的歌声，他们才意识到自己正在经历一段浪漫的岁月。

鲍勃站在一个遥远的地方，用一双柔和的眼睛注视着在这世上发生的一切，注视着每一个人的悲欢喜怒，然后轻柔地发出一声感叹，又把这声感叹化为了诗歌，最后把这些诗歌唱给那些匆忙赶路的人们。

在“巨石竹花”内，“哈克斯”乐队的所有创作都被称为地下室卡带。如同乡村民谣，如同黑人摇滚，地下室卡带也成为一种典型的音乐形式，这代表了鲍勃与“哈克斯”乐队在1967年的日子，在“巨石竹花”的地下室内，唱出的那些融合着经典的老派民谣，融合着一点流行元素和前卫元素的歌曲被大众接受。这些歌曲给人们带来了欣喜别致的体验，是人们在特定情绪下，会首先选择的心灵药剂。

事实上，那时候并非所有歌曲都是在“巨石竹花”的地下室录制，其中有一些是在黑咯哈内，也就是红房内录制完成，还有一些是在山中人克拉伦斯·斯密特所居住的早安山内完成的。这些歌曲均代表着一个时代。

与“哈克斯”乐队不同，克拉伦斯并非是一位音乐创作者，而是一位退休的泥瓦匠，每日里与各种涂料焦油和各种刷子打交道。但艺术没有任何界限可言，它可以存在于任何人的心中。谁都拥有歌唱的权利，也都拥有对一首歌曲发表自己看法的权利。

音乐是一种强制的公平，也是最温柔的自然法则。这也正是它能够超越凡俗的原因，因为音乐固执地愿意属于任何人，不论你的名声与财富。

克拉伦斯运用他泥瓦匠的本领搭建了一个巨大的装饰建筑，也就是所谓的早安山。在早安山内，他用各种玻璃碎片和各种圣徒的画像装饰出了独有的装饰风格，这种风格正是那些需要创作灵感的人们所喜爱的。

那段时间内，鲍勃和“哈克斯”乐队最喜欢拜访的便是克拉伦斯的这一“圣地”。许多“巨石竹花”时期内的地下室歌曲也是在这里录制完成的。那时候“哈克斯”乐队的录制地点经常转换，他们也记不得哪些歌曲是在何处完成，他们唯一能记得的只是当时的创作心情和他们脑海中的景象。因为他们总能看到阳光，总能感受到春风，总能记得鲍勃那充满睿智和愉悦的笑声。

哈德森猜测《苹果树》大概是在早安山内录制的，或许因为这歌曲反映了一些克拉伦斯家中独有的气氛。还有一些充满乡村气息的歌曲，诸如《你别再踢我的狗》之类，也很有可能是在那里录制的。

用“哈克斯”乐队的其他成员的话说，“或许是在克拉伦斯家中的录制过程更加自由和愉快，所以那里的歌曲总有着许多趣味的元素，比如乐队模仿各种动物的叫声，比如鲍勃发出的笑声，比如一些孩子般的摔打声”。而这些歌曲，甚至不需要多么精致，不需要逐字逐句去推敲。他们只需要真实地传达出心灵上的感动，把这段生活化作诗歌与旋律，再告诉所有人，这样趣味的生活就发生在每个人的每一天。

事实上，当他们在谈笑声中这些歌曲唱过之后，他们的创作便已经结束了。接下来的工作只不过是把这些创作记录下来，再送给唱片公司，再由公司分发给风格不同的艺人们，由他们挑选适合自己的那些歌曲。

曼弗雷德·曼恩挑选了其中的那首《爱斯基摩人奎因》，而这首歌在发行后不久便进入音乐榜的前十名。“伯德兹”乐队选择了《你并非无处可去》，“彼得、保罗和玛丽”选择了《无关紧要》。

有一个小细节值得一提，那就是“彼得、保罗和玛丽”在唱《无关紧要》时，在歌词部分犯了一点儿小错误。可鲍勃对此并不满意，他认为演唱者并没有认真对待这首歌曲，这使他感到一些艺人的歌唱仅仅是为了赚钱，那并不是他的最初目的，这简直是对艺术的亵渎。因此，在那之后，鲍勃与“彼得、保罗和玛丽”的关系渐渐变得疏远了。

3. 纳什维尔地平线

在“巨石竹花”的日子里，由于鲍勃极少露面，导致很多人仍然对他进行了各种各样的猜测，人们认为鲍勃隐藏起来了，认为他从公众面前消失，成了一位隐士，这使他看起来更加迷人。

1967 年 5 月，佩尼·贝克拍摄的纪录片《无需追忆》开始公演，这让鲍勃再次成为人们关注的焦点。人们开始对鲍勃发表各自不同的见解，评论家们也开始活跃起来。一时间，但凡与鲍勃·迪伦有关的话题都能获得足够的热度，在美国形成了一股迪伦风潮。

当时，《纽约时报》的评论家理查德·戈德斯坦更是称鲍勃为“定义了一个时代的人”，甚至认为鲍勃的成就“完全可以与 14 世纪的莎士比亚比肩”。对于一个艺术家来说，这无疑是非常高的评价，没有人会认为理查德对鲍勃艺术成就的评论有任何夸张之处。

《鲍勃·迪伦精选集》是在 3 月发行的，里面多数都是鲍勃从前的歌曲，其中只有一首《定在第四节》是新歌，但这张唱片仍然发行了三百万之多，并在发行后拿到了唱片榜单前十名的成绩。

在艺术家云集的娱乐圈内，鲍勃·迪伦的成就简直让人嫉妒，但就如同鲍勃所说：“我的任何创作都不是为了名声或者是为了赚钱，我只是一个歌手，我只是想歌唱，我要歌唱这个时代，歌唱在这个时代中生活着的每一个人。”

每一个行走在路上的人都值得他为之赞赏，他的成功并不是来源于对大众的讨好，而是来源于他对人们的理解，他并没有如那些愤世嫉俗的歌者一样，在看透这个世界的本质后，发出刺耳的呐喊声，在人们的心上勾起燃烧的火种，把这份愤怒的情绪传达到世间的每一个角落。正相反，他只是低声吟唱，用他博大的胸怀和温柔的双眼，轻声告诉每一个人，世界就是这个样子，你们值得拥有更好的人生。

于是，他得到了美国人民的热爱，这让许多唱片公司也开始对他虎视眈眈，因为被广大歌迷拥护则意味着能带来更多的金钱，这是赤裸裸的现实。鲍勃则必须要游走于理想与现实之间，找到一份独属于他自己的平衡。

哥伦比亚公司的副经理克莱夫·戴维斯在1967年7月1日找到鲍勃，以一份十分丰厚的报酬来对他进行挽留，鲍勃接受了他的好意，选择与哥伦比亚公司签订了一份为期五年的新合同。在过去的合同内，鲍勃只能从唱片上获得4%的版税，但在这次的新合同里，公司将给予鲍勃20%的版税，并且公司保证向鲍勃支付20万美元的预付款，这笔预付款将在三年内付清，并且公司保证鲍勃对自己的作品拥有极高的掌控权。

这份新合同极大提高了鲍勃的利益，戴维斯认为这是值得的，毕竟在当时的情况下，旧合同已经期满，许多唱片公司都在觊觎这棵摇钱树，因此哥伦比亚公司只要能留住鲍勃便比什么都重要。事实证明戴维斯是对的，不论给鲍勃多么高的权限，从公司的角度来看，他们都是有利可图的。

在当时，“甲壳虫”乐队正在发行《军士佩伯孤独心俱乐部乐队》，滚石乐队正在发行《魔鬼殿下的要求》，杰弗逊飞机发行的是《超现实主义枕头》，一时间，仿佛整个美国社会都在迷恋各种科幻的超现实题材，但鲍勃并没有刻意追求这种流行趋势，他仍然在遵从自己的内心，创作那些来自心灵深处的歌曲。

鲍勃的创作源泉主要来自乡下幽静的风景，和人与人之间最质朴的交流。同时，他还会阅读《圣经》和汉克·威廉姆斯的《歌谣集》。这一切在很长一段时间内萦绕在鲍勃的心中挥散不去。

因为不论这个社会在流行什么，人们心中真正需要的东西是不会变化的。超现实也好，科幻甚至魔幻也好，或者克苏鲁神话也好，那些使人变得头晕目眩的东西纵然能获得一时的推崇，但最终能感动人们的只有人们心灵的声音。那些笑容，那些和煦的微风，那些被妻子儿女端到你桌前的小饼干，那些在街头与你谈笑的街坊邻里……当这些感受被传达出来，你才会发现，一切浮华不过是虚妄，这阳光下的点点滴滴才是你真正值得珍惜的东西。

所以与流行趋势相反，鲍勃在康复后发行的第一张唱片是《约翰·卫斯理·哈丁》。这是一张充满自然活力的唱片，鲍勃仍然是在歌颂生活，仍然在用温柔的笑意面对每一段趣味的人生。

为了录制这张唱片，鲍勃来到纳什维尔，找到了制作人博比·约翰斯顿，说他需要一个贝斯手，一个鼓手和一个吉他手。

博比自然没有辜负鲍勃的期望，在他的帮助下，鲍勃组建了一个非常优秀的音乐制作团队。鼓手是肯尼·巴特瑞，贝斯手是查理·麦考伊，吉他手是皮特·德雷克。正是这些人与鲍勃共同录制完成了《约翰·卫斯理·哈丁》。

用这些合作者的话来说，鲍勃跟从前相比发生了巨大的改变，从前的鲍勃戴着假发，唱着那些吵闹喧哗的歌曲，而这一次，鲍勃却变得平静了，他不但剪了短发，嗓音也变得柔和许多。他们仅仅用了九个小时就录完整张唱片，而这整个过程是充满欢乐的。与鲍勃一同工作时，他们并不像在为了生计而忙碌，倒更像在与一位老友相聚，在倾听这位老友弹唱之后，工作便自然而然地完成了。

巴特瑞说："比起录制正式唱片，我们的录制工作更像是在制作录音样本，哪怕在出现错误时，鲍勃也只是微微一笑，甚至仿佛这样的错误也是艺术创作的一部分。若是一个精益求精的制作人，看到鲍勃的录制过程必然是要抓狂的，因为这一切都是那样随心所欲，那样漫不经心，简直是对这份工作毫不重视，但也正是这样的态度，才使得鲍勃制作出那些备受欢迎的唱片。"

在创作时，朋友们像是在与鲍勃进行愉快的交流，当人们拿到唱片，开始慢慢聆听那些歌声时，同样如同在与鲍勃进行交谈，这便是鲍勃音乐最美妙的特点。

这张唱片从录制之初便已经形成在鲍勃的脑海之中。充溢在他头脑中的，是伍德斯托克的点点滴滴，冬季里的皑皑白雪，春日里的料峭春寒，餐馆内漂亮的老板娘，朋友们谈笑间开出的玩笑，甚至窗外不时传来的鸟鸣，以及邻居家的狗吠……

鲍勃完全不需要考虑音乐风格，也不需要继承过去，更不需要展望未来，风格就在那里，就在大自然赋予人类的所有的一切中。当他对着录制的伙伴唱出那些歌谣时，他只是在简单讲述，只是在告诉他们，他在伍德斯托克遇到的每一缕清风，和"哈克斯"乐队谈论的每一个笑话。

唱片标题暗示的是一个得克萨斯州的愚蠢歹徒，另一首歌唱的是圣奥古斯丁。鲍勃把这些人都放在同一张唱片内，唱他们的人生，唱他们经历的故事。当听着这些有趣的歌谣时，整个伍德斯托克的人们都变得惹人嫉妒。

值得一提的是，在伍德斯托克期间，"彼得、保罗和玛丽"乐队曾经去那里拜访过鲍勃·迪伦，他们想在鲍勃那里听取一些关于生命的意义作为创作灵感。当斯托克提出他的问题时，鲍勃却忽然问他是否读过《圣经》，于是，他给他们讲述了关于自己对《圣经》的理解。很明显，这些理解后来都被加诸到《约翰·卫斯理·哈丁》这张唱片中。也许他内心的平静也与对《圣经》的阅读脱不开干系。

鲍勃的热度继续高涨，但对鲍勃而言，并没有因此而满足。显然，音乐并不是他唯一的创作形式，他始终没有放弃对纪录片的拍摄，以及对各种类型电影的尝试。

总有人认为音乐和电影是风马牛不相及的东西，认为音乐人不该涉足电影，那是不务正业的表现，但真正的艺术家并不拘泥于形式，音乐也好，电影也好，都不过是传达信息的手段，哪一种用起来更加方便就选择哪一种。而对于鲍勃这样永远拥有着高涨的创作热情的人来说，单一的形式并不能满足他，所以动态画面这一最直观的传达方式一直在他的创新列表中。

所以在那段时间里，尽管唱片获得了巨大成功，鲍勃还是把精力放在了对电影的拍摄上。对大众来说，这可以算是一种转型，当一个出名的艺人进行这样的转型时，难免会有许多质疑的声音，评论家们总有各种各样的理由用来评价这种行为的对与错，而几乎所有的评论都是出于世俗的看法，他们无法理解的是，对鲍勃这种视艺术为生命的人而言，选用哪种艺术形式只是工作的一部分而已。他只是想通过各种方式向人们传达那些萦绕在他脑海中的声音罢了。

那段时间他拍摄了《销毁文件》这部电影，当然，结果并不尽如人意。这部电影并未如他的唱片般受到极大的关注，但这丝毫没有动摇他的创作欲望。他有需要传达的东西，他做到了这份传达的工作，至于人们对这份传达的反应，反而已经不在他考虑的范围之内了。不久之后，他推出的

《纳什维尔地平线》唱片再次广受好评。在这张唱片中，有一首《躺下，女士，躺下》，这首歌原本是为《午夜牛仔》创作的电影插曲，但由于他并没有按时完成，最后电影导演选择了另外一首歌，不能不说这是颇为遗憾的。

在录制这首歌的时候，鼓手问鲍勃希望获得怎样的效果，鲍勃只是给了他一个十分莫名的答案："手鼓。"当鼓手询问制作人时，制作人却又建议他使用牛铃。于是鼓手真的用手鼓和牛铃制作出了那段别具一格的音效。

对鼓手来说，这样的尝试不能不说是前所未有的，但当与鲍勃合作时，你总要做足这类令你大跌眼镜的心理准备。鲍勃的创作总是这样出人意料，如果你想要在一位伟大的创作者那里得到更多的东西，或许你首先需要跟上这位创作者天马行空的步伐。

而最终《躺下，女士，躺下》成了一首十分经典的歌曲。这可以说是偶然，但对于拥有着无限创作能量的鲍勃来说，创作出任何一首经典歌曲都是一种必然。

4. 与城市相关的盛事

在《纳什维尔地平线》获得成功后，鲍勃回到纳什维尔，找到了鲍勃·约翰斯顿，问他用那些未被收入唱片内的歌曲再制作另一张唱片是不是个好主意，约翰斯顿则回答他，这件工作如果鲍勃无法完成，那么就不会有人能够完成了。

这一张唱片名为《自画像》，许多音乐人都参与了这张唱片的录制。录制时间整整用了十一个月，在 1970 年的春天才最后完成。

唱片的主要创作团队都是在纳什维尔的音乐人，唱片内容增加了一些流行元素。在这之前，没人能想象到鲍勃会与任何的流行元素有关联，但显然，鲍勃自己并不希望被限制在这样的框子内。对他而言，无所谓流行，也无所谓乡村或者摇滚，他只想唱出他希望的声音，这就足够了。只要不是为了哗众取宠，那些流行曲调又非常好听，他没有任何理由去拒绝流行元素。

有时候，艺术家为了避免自己趋于世俗，刻意抬高作品的格调，刻意让作品显得晦涩难懂，只为了保持自身的孤高姿态。但真正的艺术家是出淤泥而不染的，任何的元素都是组成这个世界的一部分，创作并非是要与这个世界隔绝开来，他所做的一切都只不过是为了照射这个世界罢了。

最重要的是，这次录制《自画像》的过程对鲍勃来说也充满了新鲜感。

他接触到了许多来自不同风格的音乐人，这些音乐人都是慕名而来，但他们也同样给鲍勃带来了别致的体验。鲍勃从他们那里也了解到了许多他未曾了解过的音乐领域。比起制作唱片的成功，显然这个过程更加值得鲍勃去为之享受。

甚至鲍勃还主动拜访了一些有趣的音乐人，不过，当他拜访杰瑞·李时却碰了钉子，显然杰瑞·李是一个比他更加疯狂的摇滚狂人。而进行音乐创作最为美妙的事情便是，你永远能接触到各式各样千奇百怪的人。疯狂的摇滚爱好者，优雅的古典主义，不为五斗米折腰的流浪诗人……他们组成了音乐世界内最美妙的风景线。

鲍勃在此过程中也交到了许多朋友，比如约翰尼·卡什。他与约翰尼的友情因音乐而变得十分深厚。为了约翰尼，不喜欢抛头露面的鲍勃甚至参加了电视节目来宣传约翰尼，这对于过去的他来说简直是不敢想象的。他是一个音乐创作者，他热爱的是独自在房间内，或者与一群朋友谈天说地，而录制电视节目需要他时刻面对千千万万的陌生人，这实在是有些艰难。当他来到录制现场，他的反应多少有点儿不自然，甚至有点儿慌张，这也说明鲍勃为人的真实，与虚妄浮华毫无关系。

这次节目为约翰尼带来了巨大的反响，作为朋友，鲍勃总算是为他出了一份心力。而这次经历也成了鲍勃漫长的歌手生涯中一次颇为有趣的谈资。

鲍勃享受着来自人们的推崇，他并未意识到，他的影响力并不仅仅局限于音乐中，还在悄悄改变着世界的规则。

在养伤期间，鲍勃一直与“哈克斯”乐队在伍德斯托克潜心创作，当他们试弹时，有些附近的居民也会前来倾听，渐渐地，来自更远的人们也被吸引而来。他就如同一块磁石，吸引着无数年轻人来到此地。

那时候，鲍勃的经纪人艾伯特·格林斯曼同时管理着许多音乐人，其中有不少本身就在伍德斯托克，一时间，全国各地的乐手、嬉皮士都驱车来到伍德斯托克，仿佛只要来到这片土地，嗅一嗅这里的空气，便能得到音乐的灵感。

于是，伍德斯托克化身成为音乐之乡，就连风中都飘扬着曲调，街头巷尾都充满着曼妙的吉他声。对于音乐人来说，这行为无比浪漫。为了一个心中的圣地，放下手中的俗务，一群人为了共同的追求齐聚在一处圣殿，这一切令人神往！

但对鲍勃来说，这几乎成了他的灾难。他热爱创作，热爱伍德斯托克，因为这里安静，如果这里是一个到处都是音乐人的集会，那么他只会避而远之。但他无法避开伍德斯托克，因为他的家庭落户在此。所以，当鲍勃与萨拉一同进城时，为了避开各种喧闹的干扰，他只能选择待在车子里绝不下车。

就在鲍勃以为这风潮会渐渐退去的时候，在伍德斯托克却正在酝酿一件大事。

在1969年，整个美国都处在一种宣扬自由平等的风潮之内，年轻人的思想在不断觉醒。在音乐、影视、文学作品上都能看到人们观念的变化。渐渐地，量变开始转为质变，许多人开始不再满足于只言片语，年轻人，甚至一些中年人、老年人，都需要一次痛快淋漓的呐喊。

最有效的呐喊便是音乐，那时候人们自发地发起了一场集会，也就是著名的伍德斯托克音乐节。

这次音乐节的经历也算是颇为曲折。不仅仅是当地政府，甚至不少当地居民们对此也持反对态度，因为没人希望自己家门口忽然变得龙蛇混杂，谁知道这些搞音乐的人们会闹出什么乱子？包括鲍勃在内的很多人都不希望这次音乐节顺利举办。所以音乐节在举办之初就遭到了被取消的危险，但一位好心的农场主决定提供自己的农场作为集会地点。

于是，在 1969 年 8 月，伍德斯托克聚集了几十万人。在那里，他们纵情歌唱，纵情呐喊，将对这个时代的不满，和对未来的期许全部付诸在歌声之中。

在摇滚界，这一场盛会的影响可谓深远，直到几十年后的今天，当提起伍德斯托克音乐节，人们仍然不免露出微笑，亲身经历过的人会告诉大家，那是一场无与伦比的盛会，在那里，人们感受到的是最为纯净的摇滚。世俗中的一切虚伪和铜臭都不存在了，人们犹如到达了天堂，经历了一次无可比拟的精神洗礼。

不过鲍勃对此并不那么热衷，当被布鲁斯·多夫曼问起这场音乐节时，鲍勃直言自己并不会参加。布鲁斯表示失望，他告诉鲍勃，很多人都希望鲍勃能在音乐会上现身，鲍勃只是对他说："理想与现实总是相违背的。"

在今天，当评论起鲍勃拒绝参加音乐节一事时，人们总是褒贬不一。有的人认为鲍勃不该拒绝音乐节，这场音乐节是具有历史意义的盛会，它并不仅仅是音乐人的聚会，更是一次表达人们追求自由意愿的盛大革命；甚至更有人认为，鲍勃没去参加音乐节这是他人生的污点。

用任何舆论来约束一个人的行为都是不该被提倡的。许多人把鲍勃作为他们音乐上的教父，所以在音乐节上希望能够获得他的点化，但鲍勃并不是为了将自己凌驾于所有人之上才去唱歌的。

只要有人能听到他的歌，只要这些歌能够在人们的心内产生共鸣，那么鲍勃便已满足，他并不是一个战士，也不是一个英雄，所有那些被加诸到他头上的光环都不是他原本想要的。

所以他拒绝参加音乐节这丝毫不意外，原本他与这样的盛会就是格格不入的。也许他会拿着一把吉他去公园为人们弹唱，也许他会发行上百万张唱片献给他的支持者，但这并不意味着他会去参加一场原本就是为了发泄疯狂情绪，把许多所谓的“英雄”推到台上的闹剧，那不符合他的行为方式，也不符合他一直坚持的人生观。

不论鲍勃走到怎样的高度，不论他做出多大的成就，在内心深处，他仍然只是那个会与朋友谈天说地，在言谈间写出几首有趣的故事的吟游诗人，正是这一份初心，才能保证他创作的纯净。

鲍勃永远不会被世界的喧闹所影响，不论到处是鲜花还是惊雷，他都能在自己的世界内悠然自得，都能迈着他缓慢的步调，哼出独属于他的旋律，这对于鲍勃来说是再自然不过的，对许多平凡人来说，确是难以达到的境界。

对于音乐节，鲍勃并不是毫无抱怨，当舆论都在给予他压力，希望他现身时，他为此感到了烦躁，萌生出了巨大的抵触情绪。因为伍德斯托克是他的家乡，是他创作音乐的圣地，而今却被许多疯狂的人“占领”了，对鲍勃来说，这就仿佛是他的私人领域遭到了侵犯，更别说侵犯者还希望他能现身为之献唱了。

事情发展到了有些尴尬的境地。嬉皮士们渴望鲍勃出现，鲍勃却希望他们离开。音乐节还是顺利举办了，对广大的音乐人来说，这仍然是值得欣喜的。在音乐节期间，还有人希望鲍勃能在最后关头出场，当然，这一期望最终落了空。

或许有些人之所以笃定鲍勃会出场，是因为他们认为鲍勃是他们之中的一员，毕竟，鲍勃的音乐是别具一格、痛快淋漓，他本应是伍德斯托克的代言人。但就如同威维·格雷所说：“鲍勃从来都不是个嬉皮士，或许他的音乐使嬉皮士们感到了共鸣，但他的歌并非只是唱给这些嬉皮士们的。”

嬉皮士也好，摇滚朋克也好，许多人用这些形式标榜自身，为自己贴上标签，为了这个标签参加各式各样的集会，做出各式各样的疯狂举动，其中有一些人甚至根本不明白自己的愤怒来自何方。但鲍勃并不是这样用标签来定义自己的音乐人，鲍勃也会愤怒、会呐喊，那是因为他的内心中有这样的声音，一切都是顺其自然地出现。鲍勃的创作是自由自在的，他从不被任何形式干扰，所有的定义对他来说都形同虚设。

他不属于任何一个标签，不拘泥于任何一种形式，他只是他自己——鲍勃·迪伦。

BOB DYLAN

The Times They Are a-Changin'

第 8 章

悬在人类现实的天平上

I am hanging in the balance of the reality of man

1. 重返纽约城

伍德斯托克音乐节对于所有音乐人来说是一场值得怀念的盛事，但对鲍勃·迪伦来说无异于一场灾难。

因为对于那几十万音乐人来说，他们齐聚在伍德斯托克，进行一场疯狂的聚会，随后便各自离开了，但鲍勃不同，伍德斯托克是他的家乡，那是他创作的圣地，如今由于音乐节带来的各种影响，伍德斯托克已经变得喧闹不堪了。

不仅仅是伍德斯托克，那时候整个美国社会都笼罩在一种疯狂的气氛之中。而鲍勃，他的生命中即将迎来另一个小生命。

疯狂和颓败与这即将获得的新生命之间形成一种微妙的对比和讽刺，鲍勃无法停留在那曾经作为他修养之地的伍德斯托克，于是他作了一个决定，与萨拉一同离开了伍德斯托克，来到了纽约的格林尼治村。

鲍勃把新家落在了格林尼治村的麦克杜格尔大街上，在那里，他买下一个漂亮宽敞的住宅，那时候他并没有多加考虑，为了怀孕中的妻子，他下决定时是有些匆忙的，以至于他没有意识到这住宅的大门直接对着麦克杜格尔大街，这就意味着他每次出门都会直接面向公众，这是他非常不喜欢的。

离开伍德斯托克不仅仅意味着离开一个鲍勃心爱的居所，更意味着一段事业的结束。他的经纪人艾伯特·格林斯曼的一切事业都在伍德斯托克，鲍勃离开那里也就意味着离开了这位经纪人。在 1970 年之后，鲍勃把音乐发行业务交给了纽约的经济事务所。

与艾伯特·格林斯曼的决裂过程仍是充满曲折的。鲍勃作为一个创作者，他必须与这个商人争夺各种权益，其中包括他们在 7 月份签订的那份协议，协议中规定在没有得到格林斯曼允许的情况下，鲍勃没有权利销售协议目录中的任何一首歌曲，而在 1966 年签订的十年出版协议则被修改为提前三年结束。

那时候鲍勃非常高兴能够签订这份协议，他认为可以因此摆脱这个老狐狸，但后来他发现协议中有一些对他非常不利的条款，又使他感到懊恼。说起来这的确有些悲哀，一个伟大的创作者，他原本应当将所有的精力都放在作品上面，现实却不允许他这样自由自在，总有些以金钱为中心的人对他进行叨扰。

对于鲍勃与经纪人的纠纷，这事情光是凭空想象就使人感到悲哀。无关谁对谁错，只悲哀这样一位艺术家却要在这样的事件上花许多时间和精力。也许这便是事物的两面，当你行走在夜路上，当你仰望天空中的月亮，你却仍然无法避免要踩到脚底下那六便士。

尽管提起艾伯特仍让他感到难过，但他的创作欲望使得他很快投入新的事业之中。在 1970 年 3 月，鲍勃开始在纽约哥伦比亚唱片公司的录音棚内进行新一轮的创作。

在那之前，鲍勃已经在纳什维尔录制了一部分《自画像》，因此在纽约的日子里，他会把录制好的部分发往纳什维尔。其中包括《倦马》《拳手》《它也伤害了我》等。在完成《自画像》之后，鲍勃把全部的工作重心都转移到纽约的录音棚。

对鲍勃来说，纳什维尔是一个充满创作灵感的地方，在那里，他制作出了许多广受好评的歌曲，但是在这次的离开之后，他并不打算再回到那边了。

他的决定是使人伤感的，一些在纳什维尔与他共同工作过的伙伴们甚至因此而落泪，他们不理解为何鲍勃这样绝情，从此以后再也没有回过头。甚至有些人恶语诅咒鲍勃的冷酷。

可鲍勃本来就不是一个完美的领导者，他只是一个自由自在的艺术家，行走在他创作的旅程上无法停止。凡尘的人情世故，经济往来……这些不过都是些阻碍他前行的束缚。人生短暂，他有那么多需要表达的东西，哪怕停留下一分一秒，都会削弱灵感，那是鲍勃最在意的。

鲍勃在纽约组建了新的创作团队，贝斯手是查理·丹尼尔斯，鼓手罗素·卡凯尔，还有乔治·哈里森与鲍勃一起演奏其他乐器。所有人很快便投入鲍勃式的工作氛围里。

任何一个与鲍勃共同工作过的人都能说出那是一段多么愉快的经历。整个合作过程就只是大家在一起聊天，主要是听鲍勃在聊天。他们一边聊天一边歌唱，就像在旧日的时光里，那些围绕在城墙下听着吟游诗人讲故事的孩子。

或许正是因为鲍勃这样有趣和充满魅力，才使得纳什维尔的伙伴们对他如此怀念，也如此伤感他的离开吧。他就像太阳，他可以照亮任何一个有他出现的角落，同时，当他离开，那些角落便重新变得暗淡，这对享受过阳光洗礼的人们来说几乎是无法忍受的。但对那些第一次见到太阳的人来说又充满了新奇。

在这段时间里，鲍勃仍然是居家的，他甚至专门为萨拉写了一首歌，抒发他对妻子的深沉爱意，这首《如果不是为了你》后来成了奥利维亚·约翰的主打歌曲。在录制歌曲的过程中，萨拉和孩子们也时常来看望鲍勃，这引起了其他音乐人的羡慕，而当他们看到鲍勃与妻儿在一起时的温馨画面，便理解为何鲍勃的音乐风格会发生这样大的变化了。

不过，如果认为鲍勃的精神世界全部被妻儿填满，那未免太过小看这位天才的内心了。他的内心如同浩瀚的宇宙，幸福的家庭只在其中占据着一部分，另外还有巨大的空间被许许多多的情绪填充着，而那些情绪，才是鲍勃创作的灵感之源。

在这些歌曲中，有一首名为《蝗虫之日》，这首歌的创作过程十分有趣，反映了鲍勃对一个特殊日子的感想。那是 1970 年 6 月 8 日，那一天，普林斯顿大学决定为鲍勃颁发荣誉音乐博士学位。

用普林斯顿大学校长罗伯特·格翰的话说："鲍勃的歌雄辩地传达出了人们的反战情绪，因此鲍勃无愧于这份殊荣。"

说到底，艺术创作就是一个通过具体的形式与更多的人产生共鸣的过程，作品的描述越准确，便越容易受到欢迎。鲍勃便拥有能够准确描述那份激荡的能力，许多人都在他的歌声中找到了自己人生的意义。

尽管鲍勃无愧于这份殊荣，整个颁奖过程却让他不自在。那一天，他与妻子和朋友一起来到普林斯顿大学，由于他过于紧张，甚至错过了颁奖之前的晚宴。当鲍勃到达学校后，连校长都开始担心他会中途离开，因为他的状态看起来实在有些不安。

那一天，在校园的古树，停留了许多蝗虫，并发出嗡嗡的响声。那些蝗虫吸引了鲍勃的全部注意力。颁奖台的讲话也好，校园内的学生们也好，都没有这些蝗虫更加能引起他的兴趣。他的整个人都陷入了与蝗虫的交流之中，而在他的脑海中，已经被激发出一首新歌的灵感，那便是这首《蝗虫之日》。很难想象，这是一首作者被授予荣誉音乐博士时创作出的歌曲。

仿佛世间的荣耀对他而言都是无足轻重的，仿佛所有这些崇敬和庄重都是虚妄，他只在意在树上盘旋的蝗虫。

也正是因为内心的纯净，使得鲍勃得以在任何时候、任何地点都能被激发出创作的本能。他在游览过一个教堂后便能创作出一首名为《三天使》的歌，而歌曲所描述的偏偏是时常被人们忽略的东西。许多人赞叹鲍勃无与伦比的观察力，但那其实只是鲍勃最基本的素质。

当然，鲍勃的天马行空偶尔也会困扰他身边的人。那段时间，鲍勃·约翰斯顿与鲍勃·迪伦之间发生了一些问题，但甚至连鲍勃·约翰斯顿自己也不是很清楚究竟是因为什么。他只能根据自己的猜测，认为或许是当鲍勃需要他的时候他不在其身边，或者鲍勃仅仅是想要做一些改变。

在那之前，约翰斯顿与歌手约翰·科恩一起制作了两张唱片，唱片中使用了罗恩·科尼利厄斯与查理·丹尼尔斯的配乐。罗恩认为这造成了鲍勃与科恩之间的矛盾。至于鲍勃与约翰斯顿的疏远，或许便是因为约翰斯顿打算去欧洲参与约翰·科恩的巡演。

这样的小插曲对于鲍勃的创作生涯来说其实是无关紧要的，但对于鲍勃个人来说却颇有些纠结，我们至少可以从这件事上看到，他并不是一个完全超脱的神仙，他也会闹些小情绪，像个小孩子一样和其他人闹别扭。

那时候他的许多歌迷都把他当作领袖，当作人生的方向。他们视鲍勃说的每一句话为“圣旨”，甚至认为自己正在鲍勃的指引下前进。在当时，年轻的学生们以鲍勃的名义成立了各种组织，他们聚集在一起，喊着鲍勃的名字，来表达他们对这个时代的愤怒，对他们正在经历的生活的愤怒。这份愤怒甚至直接影响到了鲍勃本人的生活。

对此，鲍勃感到无可奈何，他从未有过做任何人领袖的打算。他只是想写歌、唱歌而已。而这些人却在曲解他，在给他的作品作一些连他也不曾想过的解读。说到底，那一切行为其实与其说是因为鲍勃，不如说是因为这些年轻人本就心存愤怒。鲍勃·迪伦不过是唱出了他们心底的声音，他们便把鲍勃当作精神导师，但如果没有鲍勃，他们还会寻找其他的名义来为他们的行为开脱。

然而，因为这些人的行为已经严重影响到鲍勃本人的生活，纽约最终变得不再适合鲍勃继续居住了。这是一个伟大的创作者不得不承受的代价。好在鲍勃在其他地方仍有住所，他在伍德斯托克有一座宅院，在亚利桑那州也有一座平房，在加利福尼亚还租了一栋房子，所以当纽约变得喧闹不堪时，他便选择带着全家离开，去其他地方作为暂时的停留之所。

2. 敲开天堂之门

尽管鲍勃之前的那部名为《销毁文件》的电影并未获得多少关注，但鲍勃对电影事业的热爱并未因此而削减，在他稳定地发行着一张又一张唱片期间，他仍在寻求着各种拍摄电影的机会。终于，好莱坞再次向他抛出橄榄枝，而这一次，他打算为此投入更多的精力。

在许多人的眼中，拍摄电影仍然是鲍勃不务正业的表现，好像这世上真的有什么不可逾越的规则。对此，鲍勃不屑地说：并没有人规定歌手不能去拍电影，如果真的有什么规则，那就应当是，当我们想要做什么，就要放手去做，努力把它做到最好，这才是上帝让我们来到这个世上的真正意义。

与其讨论谁该去拍电影，不如说谁能够拍出让观众感动的东西。鲍勃就是在这样的情况下参与了电影《比利小子》的拍摄工作。

《比利小子》讲的是这样一个故事：19 世纪 80 年代，一个被称为“比利小子”的职业枪手，他曾经的同伴加内特在成为州长之后，上任第一件事便是通缉比利小子，最后将比利小子击毙在他的枪口下。

这是一个根据真实故事改编的电影，在美国的确有一个比利小子，有人认为他是一个英雄，也有人认为他是一个十恶不赦的匪徒，无论如何，比利小子成了牛仔故事中的一个传奇人物。而在电影中，导演派金帕或许是为了增强戏剧性，他为比利小子增加了一点儿同性恋的暧昧情节。在电影的描述中，比利小子对加内特拥有一份难以名状的情愫，正因如此，当最后比利小子命丧其手之时，这画面才更显伤感。

电影的主演是克里斯·克里斯托夫森，而他的同伴则由詹姆斯·柯本扮演。鲍勃在其中扮演比利小子的一个名叫阿里·阿斯的朋友。鲍勃之所以选择这部电影，除了对这个剧本的喜爱外，更是因为对导演派金帕的追崇。

鲍勃曾经看过派金帕导演的那部名为《日落黄沙》的影片，并且颇为喜欢，因此，当有了与这位导演合作的机会时，他便立刻参与其中，还答应为影片创作音乐。

电影拍摄于 1972 年 11 月，拍摄地点是在墨西哥的杜兰戈，影片开拍那天，鲍勃与萨拉和孩子们一同来到那里，他希望能在家人的陪同下完成拍摄。而出乎他意料的是，工作并没有如他想象的那样顺利，因为电影的拍摄与他创作音乐不同，少了许多天马行空，多了许多束缚和枯燥。

那时候的派金帕已经 48 岁了，他的个性有些不好相处，并且有酗酒的毛病，当与他合作时，鲍勃不得不忍受他古怪暴躁的脾气。当鲍勃和克里斯托夫森在放映室看样片时，派金帕甚至仅仅因为画面不够清晰而当着所有人的面，对着屏幕撒尿。那对鲍勃而言简直是无法想象的。克里斯托夫森后来回忆说："当时鲍勃转过了头，用一双难以置信的眼睛望着他，那表情仿佛在说，我们是来到了怎样的一个人间地狱！"

整个拍摄过程对鲍勃来说是一种无法想象的煎熬。那时候派金帕经常在片场喝酒，整个片场内充满了令人无法忍受的酒气。

尽管拍摄电影有着这样或那样的问题，但另一方面，鲍勃也从中找寻到了独属于他的乐趣，也就是创作歌曲的阶段。毕竟，他对电影的参与不仅仅是坐在马背上拍摄几个镜头，更有为电影配乐的任务。

鲍勃再次召集了许多音乐人，把他们都集中在了伯班克的录音棚里，大家一起看着电影的初剪带子，一边各自寻找灵感，思索着电影之中的旋律。这其中也包括了专门做电影配乐的兰亨。当兰亨听到鲍勃对音乐发出的见解时，他发现鲍勃其实完全不懂如何为一部电影添加配乐。

毕竟，鲍勃是一个随心所欲的创作者，他实在做不到紧跟着电影的节奏来配上专属的旋律。好在兰亨并没有过多干涉鲍勃的创作过程，因为他很快发现，尽管鲍勃没有遵守那些电影配乐的固有规则，但鲍勃找到了一种属于他自己的步调。

鲍勃是在根据电影投射在他心中的画面来自然抒发出属于他内心的律动，这是一种更原始的创作，电影为他激发了欲望，他的创作也将给整部电影艺术性带来大幅度提升。所以，当最后鲍勃创作出的歌曲出现在电影中时，观众并没有因节奏的问题而感到突兀，正相反，人们只觉得这些歌曲真正唱出了他们对电影本身的感受，让他们更加痛快地抒发出了内心的感伤。

这其中有一首歌名为《敲开天堂之门》。这首歌在诞生之后便很快登上美国音乐榜单的第十二位，甚至许多年后，这部电影渐渐被人淡忘了，这首歌曲却仍然在人们中间传唱，经久不衰。

关于对《比利小子》的评价，有些人认为这部电影的第一版非常棒，但可惜的是，当公开发行时，电影的制作公司米高梅希望把长度剪短，便使得最终的发行版本变得十分不连贯，这对电影本身实在是个非常大的损失。

至于鲍勃在其中的表演，克里斯托夫森认为鲍勃在镜头面前显得害羞。鲍勃是一个了不起的音乐制作者，但作为一个演员，鲍勃显然还有些稚嫩。

而几十年后，当人们找寻鲍勃·迪伦曾经的人生轨迹时，相信这些害羞的影像反而会变得弥足珍贵，因为只有在这里，人们才能看到这位音乐天才有趣的另一面。

就在鲍勃还沉浸在对电影的拍摄中时，他并没有意识到，在一个他不知晓的角落，一个将改变他人生的活动正在悄然发生。

那是一个名叫大卫·格芬的年轻企业家，他才27岁，就已经只身创立了阿斯拉姆唱片公司。率先与他合作的有“邦德”乐队和琼尼·米歇尔这些人，他又以七百万的价格将阿斯拉姆唱片公司卖了出去，并在一年后成功控制合并后来的艾蕾特拉/阿斯拉姆公司。

作为一个商人，他拥有独特的手腕，作为一个年轻人，他又拥有许多同行没有的魄力，当他重新接手公司后，便开始了对鲍勃的招募工作。

为了成功说服鲍勃，大卫·格芬首先找到了吉他手罗比·罗伯森，当与罗比建立起友好关系之后，他便通过罗比实现与鲍勃的联络。终于，罗比为他提供了机会，让他去加利福尼亚寻找鲍勃。在大卫·格芬的努力之下，鲍勃答应格芬不会再与哥伦比亚公司续约，并且答应为阿斯拉姆唱片公司录制唱片，并由“邦德”乐队为其伴奏。而格芬也答应为鲍勃和乐队举办重返乐坛的巡演活动。

那时候鲍勃的想法十分简单，他认为哥伦比亚公司对他过分压榨了，与哥伦比亚公司经纪人的相处让他觉得不舒服，而格芬这个小伙子让他感到轻松，当与格芬交谈时，他就如同与多年未见的老朋友相处那样轻松，而这就是他们达成协议的唯一理由。

在与格芬交谈后，鲍勃通过律师创立了一个独属于他自己的音乐公司——“羊角号”音乐公司，通过这家公司，鲍勃可以发行自己的新歌，而不必再受哥伦比亚公司的约束。在那里，鲍勃录制了他的新唱片《行星波动》，其中包括那首《永远年轻》。

《永远年轻》是鲍勃送给他四岁儿子的歌，鲍勃在其中倾注了许多他对儿子的父爱。这首歌的旋律轻快简单，歌词也十分平淡，可是每一次当鲍勃哼唱出来，人们便能迅速沉浸到他对小儿子的无尽爱意之中。

或许，当人们同时抬头观看月亮时，每个人会各怀心事，当看到同一幅画时，每个人也会有不同理解，但当听到同一首歌曲时，大家的情绪往往能获得同样的感动。

终于，那场巡演在众人的期待中开始了，这场巡演对于鲍勃来说，甚至对整个摇滚时代来说都是至关重要的。那场被称作“七四年巡演”的活动在许多年后仍然如梦幻般存在于人们的记忆中，存在于摇滚史的记载之内。

在这场巡演活动里，鲍勃与“邦德”乐队徘徊于全国的各个大型剧场和运动场，在六周的时间里，他们演出了四十场。带他们从一个场地飞往另一个场地的是一架被称作“星舰一号”的私人飞机。这是那位年轻有为的大卫·格芬的绝妙主意，经理比尔·格雷汉姆负责巡演的其他后勤工作。至于鲍勃和乐队成员，他们负责决定演出的风格和舞台设计。

这是一次双赢的巡演，虽然鲍勃和乐队成员们得到了收入的绝大部分，但大卫·格芬也为此收获颇丰。最重要的是，这样一次划时代的巡演活动的策划人的名字将会被永远记载在音乐史里。他可谓是名利双收。

巡演在1974年1月3日开始，地点是在芝加哥，在那里，鲍勃以一首《英雄布鲁斯》开场。当他开始演唱时，连他自己都感到惊讶了。这与在录音棚里谈天说笑间的演唱完全不同，演唱会的现场充满了激情，充满了几乎能使人爆炸的高昂情绪。哪怕是见过无数大场面的鲍勃也深受感染，在演唱第一首歌曲时便把嗓子拔到了最高。

有趣的是，在1966年，同样的表演风格，观众们并不买账，当时大家都对鲍勃和“哈克斯”乐队表示愤怒。但这一次，观众们欣喜若狂，就如同他们天生就热爱这些疯狂的音乐，热爱这些嘶吼的摇滚。这么多年来，人们对鲍勃·迪伦的评价已然发生了翻天覆地的变化，美国大众的精神状态也更加昂扬向上，所以，才更加理解鲍勃音乐的表达方式。这期间发生着剧烈变化。

当唱起“水门事件”时，观众的反应尤为强烈。大概除了真正的革命，只有摇滚演唱才能让成千上万的人对同一个事件或者同一种情绪发出同样的呐喊，也许，人们只是将对待革命的热情转移到了对待摇滚的宣泄之中。

巡演是在2月中旬结束的，最后一场巡演地点是在洛杉矶。这次巡演不仅给人们带来一份积攒了十几年的摇滚感动，同时也再次掀起鲍勃·迪伦的热潮。这期间，鲍勃发行的唱片《行星波动》很快爬到畅销榜的首位，而哥伦比亚公司更是借着这个风潮发行了一张收录了鲍勃过去歌曲的唱片，并且同样收益丰厚。

遗憾的是，这次巡演并没有成为鲍勃与大卫·格芬继续合作的契机，相反，鲍勃意识到阿斯拉姆公司的制作能力还不够成熟。最终，他回到了哥伦比亚公司。其实，这不能说是多么明智的决定，但也不算太糟糕，不管怎样，哥伦比亚公司在对唱片的制作上总是精益求精的。

尽管鲍勃最终并未接受格芬抛出的橄榄枝，但格芬对鲍勃的喜爱使得他仍然无法就这样彻底放弃鲍勃。后来，他们两个一直保持着深厚的友谊。

3. 不可思议的特质

对于鲍勃本人，外界有许许多多的评价，有些人认为鲍勃是一个摇滚疯子，也有人认为他是一个浪漫的爱情诗人，其实他究竟是个怎样的人，连他自己也未必能说得清楚。

1973 年，鲍勃终于决定将伍德斯托克的房子出售。那或许是一种象征与预示。那房子一度是鲍勃的栖息之所，在那里，他可以假装自己是一个不被任何人知晓的平凡人，而这房子一旦被出售，也就意味着那样平静淡泊的生活被画上了句号。那样美好的日子，从此被永远地尘封在他的记忆里。

鲍勃和萨拉保留了在纽约和亚利桑那州的房子，不过他们多数时候都居住在加利福尼亚。此外，鲍勃在杜姆角海滩又购买了一处住房，这是个不错的地方，而当时的电影人约翰 · 芬提成了他们的邻居。

那段时间内，鲍勃似乎对房屋建筑产生了浓厚的兴趣。萨拉认为房子需要再多一间卧室，于是鲍勃请来了在当时颇有名望的建筑师大卫。他让大卫负责帮忙改造他们的房屋，不过在大卫具体实施的过程里，鲍勃总是无法避免地对大卫的改造指手画脚，就如同当年与老朋友们创作歌曲一样，与大卫讨论房屋改造的过程同样激发了他改造这个世界的欲望。

大卫提出想把房屋改造成某种风格，但是鲍勃对此并不认同，他并不喜欢现在流行的各种复古的贵族宫殿式风格。他对大卫说，他想要一个独属于他自己的房子，不要那些现有的欧式皇家的风格。那些或许华贵，或许看起来美妙绝伦，但哪怕把他的房子建成另一个凡尔赛宫，那仍然是与他无关的。他是鲍勃·迪伦，他并不想要一个与路易十四相同的宅邸。

为了改造房屋，鲍勃和大卫用了将近三年的时间。最终，他总算得到了他想要的梦幻城堡——包括二十个房间，并且设计了一个拱形的客厅，和一个地面由花岗岩铺成的漂亮的厨房，甚至每一个卧室都搭配了浴室套间，至于房间内的装饰，鲍勃雇用了许多嬉皮士艺术家，让他们尽情发挥，为房间装饰各种各样的艺术品。连游泳池都被设计得别具一格——在上面建造了一个形态别致的桥。

即便用今天的眼光看，这也是一个无与伦比的豪宅。而整个建造房屋的过程里，大卫都参与其中。他参与的并不仅仅是对每一间房屋的设计，更见这位音乐教父的生活中的另一面。

从大卫的角度看来，鲍勃与萨拉产生裂痕很大程度上是源自这座房子。对于一个新家，萨拉必然也拥有绝对的发言权，这个家被无数次地改造，萨拉的情绪也从一开始的欣喜，变成越来越沮丧。到最后，她已经不在乎房子会变成什么样子，他只希望这一切能够尽早结束。

在那之前的伍德斯托克的日子里，他们并没有漂亮的豪宅，但他们的日子过得简单而快乐，在那样的日子里，鲍勃始终坚信萨拉是他的今生挚爱，他甚至无法相信自己会与萨拉发生争吵，但在建造这座房屋时，他与萨拉之间的争吵却变得频繁起来，这不仅使人感到沮丧，更使人感到悲哀。

直到最后，鲍勃与萨拉的日子却是再难挽回了。

1974 年的春天，在纽约卡内基音乐厅的一间画室里，鲍勃正在参加一场由画家诺曼·儒本举办的绘画课。老画家已经有 73 岁了，但依旧神采奕奕，情绪高昂。他指着一个花瓶，对鲍勃说："你就画这个花瓶吧。"鲍勃在这样的绘画过程中体会到了别样的艺术感受。

过去他是一个音乐创作者，他接触的只有各种各样的旋律和富有感染力的歌词，他也短暂接触过电影制作，但对于绘画，那是他的第一次接触。

显然，儒本也是一个只喜欢沉浸在自己的艺术创作之中的人，他所知道的只有绘画，对艺术的共同态度使得他与鲍勃之间十分投缘。鲍勃十分享受与儒本一同学习的日子，他喜欢这样不被对方追捧的平等交流，这让他感到更加自由，也更加随意。

尽管儒本不知道鲍勃在音乐方面的成就，但当他看到鲍勃对待艺术的认真态度，他很快便喜欢上了这个看上去有点古怪的人。他以为鲍勃是一个无处可去的穷小子，就让鲍勃住在他的画室内，不需要房租，只要每天负责打扫画室就好。这样的生活带给了鲍勃崭新的体验，他仿佛又回到了当初在伍德斯托克的日子，生活再次变得平静和充满趣味。

艺术总是相通的。即便一个音乐家不懂得绘画，或者一个画家完全不明白如何写小说，但当涉及对艺术的热情时，他们总会有说不完的话题。鲍勃本身对音乐的沉迷已经有些疯狂，当接触到绘画，他变得更加深刻，更加具有了神秘感。

当鲍勃回到家，看到他的妻子萨拉，发现自己与萨拉之间变得更加无法交流，在许多问题上，萨拉完全无法跟上他的思路，与萨拉共同生活的日子甚至比不上与老画家在画室的那段短暂交流。鲍勃忽然意识到，婚姻是浅薄的，与爱情相比，如果婚姻中的两个人无法取得共同的行进步调，那么生活总会变得越来越无聊，使人无法忍受。

这样的状态是十分可怕的。要么为婚姻妥协，把一个充满灵气的人变成平庸之辈，要么为了艺术的纯净，一个人必当远离这无形的折磨。

在巡演前的那段日子里，鲍勃是一个爱家顾家的好丈夫，在那些年，他作为丈夫和父亲的表现是非常出色的。但是巡演将鲍勃带到了另一个世界，在那个世界里，到处都是鲜花和掌声，不论鲍勃走向哪里，都会受到来自各个方向的注视。再也没有伍德斯托克那样的地方了，平静的生活早已不复存在。

这样巨大的改变使得萨拉对音乐本身产生了抵触情绪。从她的角度来看，音乐为她的丈夫带来很高的名望，为她的家庭带来巨额的金钱，但同时也永远带走了她的平静日子。她并不是一个喜欢热闹的人，这样永远在鲍勃的光环之下的生活几乎要把她逼疯了。她爱的是那个在乡下拿着吉他轻唱民谣音乐的鲍勃，她并不想要一个疯狂的摇滚明星做自己的丈夫。所以，鲍勃巡演期间，萨拉甚至没有陪伴在他的身边。不论他的世界多么喧哗热闹，她都没有兴趣参与其中了。

婚姻的破裂往往来自双方。巡演期间，鲍勃的绯闻不断，他与各种女性之间的暧昧关系传得满天飞。一些与鲍勃搭上关系的女性天真地认为自己能成为鲍勃的下一任妻子，她们没有搞清楚，此时的鲍勃根本无所谓寻找新的爱情，他与萨拉的爱情也并未正式结束，那一切荒诞的行为不过是对可恶的婚姻关系的控诉，是在为他的爱情唱起最后的挽歌。

鲍勃的出轨行为自然成为压倒骆驼的最后一根稻草，这段早已经岌岌可危的婚姻终于在萨拉的心中被画上了句号。

或许，从他们离开伍德斯托克那天开始，这个句号就已经在悄悄酝酿了。一段爱情或许会绵延许久，但是一段共同生活的关系总是伴随着许多因素，包括一栋可爱的房子、一个不曾改变的城市，甚至包括在这座城市里，时常与你相伴的邻居和朋友。而当远离这一切因素，之前那些完全无须费力去维持的婚姻节奏也将变得合不上拍子。这就如同一场被撤掉了大提琴、圆管、长管的交响乐，当场上只剩下一架钢琴和一只长号时，又如何能奏出一曲完整的 C 大调呢?

不过那时候的萨拉并未马上宣布离婚，尽管婚姻令萨拉感到如此沮丧，但她仍然试图维系下去。他们的正式离婚是在 1977 年，这不免让人十分好奇，在 1974 年到 1977 年，他们各自都是在怎样的心境下度过了这三年的时光?

那时候鲍勃与弟弟一家住在明尼苏达州，萨拉并没有与他同去。显然，他们都已经开始了各自的生活。但鲍勃并没有因此找寻新的伴侣，他只是让自己静下心来，在明尼苏达州开始新一轮创作。或许，只有创作，只有不停地创作，才能够医治他内心深处的伤痛吧。

4. 就像爱情那样

在明尼苏达州的农庄里，鲍勃开始了《痕迹上的血》的创作。后来许多评论者都觉得鲍勃在这张唱片内倾诉了对他与萨拉之间这份感情的感叹，其实与其说是感叹，不如说是感慨与挣扎。

说到底鲍勃在骨子里是一个浪漫主义者，他仍然是向往爱情，追求爱情的，他爱萨拉，这一点并没有因为婚姻的烦恼而减少。只不过，现实让他意识到原来婚姻与爱情有些时候不能共存。

他们共同度过了那样多的美妙时光，为什么仅仅是现实的琐碎就要将一切毁灭了？他们仅仅是搬离了一个地方，他们随时可以在任何地方建立新的家园，为什么这一切却忽然变得如此艰难，如此难以实现了呢？

鲍勃陷入了苦恼之中。于是，与伍德斯托克时期的欢乐和明快不同，在这段时期内，他的歌曲充满了各种矛盾的情绪，各种无法被抒发的伤感。好在鲍勃是一个聪明的创作者，他能够把内心中的一切纠结控制在一定范围内，而不是由着音乐，肆意贲张。

于是他与萨拉开始进入了另一种奇特的关系，就仿佛是他们之间不再拥有婚姻这一障碍之后，他们开始重新以爱情的名义进行交流，交流的方式便是鲍勃的音乐——通过他天才的创作能力所吟唱出来的诗歌。

很快，《痕迹上的血》的大部分歌曲被创作出来，当这张唱片发行后，很多人认为鲍勃这一次更加关注自己，这不仅仅是因为在歌曲内那些明显的对于他婚姻关系的暗示，也因为那时候的他已经被巡演之后的喧闹环境和岌岌可危的婚姻生活搞得筋疲力竭。他已经不再具有肆意歌唱世界的力气了，现在的他更多时候都是沉浸在自己无法纾解的情绪之中。

对此，鲍勃并不愿意承认，但人们仍然能从那些歌曲中看到鲍勃私人生活的影子，就连萨拉也因为其中一些歌曲的描写内容而感到不快，而他的儿子也明确表达过“那些歌曲分明就是在唱我的父亲和母亲”。

或许是因为鲍勃增添了许多对苦闷生活的控诉，这张唱片再次获得成功，甚至有些人认为这是鲍勃所有唱片内最为伟大的一张。这在鲍勃看来是十分荒谬的。

从“专业”评论者的角度来看，这却再正常不过，毕竟，既然一个艺术家在歌唱时都能够将情感抒发得那般淋漓尽致，那么当他开始剖析自己时只会更加美妙绝伦。

《痕迹上的血》比起之前的愤怒和明快，这些内心深处的矛盾和痛苦更容易引起人们的共鸣。而那些光怪陆离的叙述也拥有了更加深刻的文学性。

唱片成了鲍勃与萨拉修复关系的契机。在唱片发行后的一段时间内，鲍勃时常参加各种聚会和义演。而当鲍勃出席在旧金山的义演活动时，萨拉也意外地现身了。

在当时的人们看来，他们一起出席义演，只是在公众面前装样子罢了。大多数人冷眼旁观，很少有人会真正站在鲍勃的立场上替他想一想，这样的日子是多么艰难，而他又是在付出着多么巨大的努力来维持这段几乎无法存续下去的感情。

对鲍勃这样的人来说，他是无所谓公众形象的。公众对他具有怎样的看法对他来说一点儿都不重要，他仍在付出着努力，必须承认，他仍然爱着萨拉，爱着这个在他生命中弥足珍贵的女人。

一直到那一天——鲍勃34岁的生日，鲍勃独自在法国，他最大的愿望是萨拉能够前来与他共同庆祝生日。他给萨拉打了无数个电话，萨拉满口答应会前往法国与他相会，但是最终，鲍勃的生日仍然是在孤独之中度过的。

那时候的鲍勃拥有无数歌迷的追捧，那么多的人都在世界各地为他庆祝生日，但他最需要的那一个人却并未陪伴在他的身边，他从未感到如此愤怒和凄凉。他可以找到许多愿意陪伴他的女人，但他心中最想要的那一个在渐渐离他远去。

这是何等悲哀，不论在大众眼里他是一个多么优秀的人，他却无法挽留自己最心爱的人。他内心的世界是这样广袤和丰富，但有一个角落，将永远缺失了，不论使用多少崭新的情感或欢乐的片段，也无法将其填充上一分一毫。

他终将失去他今生的挚爱，他从未预见过这一天的到来，但这一天已经出现在他的面前，只待他捅破一层他并不敢触碰的窗纸，那么一切都将彻底结束，从此灰飞烟灭。

1975年的夏天，晚风吹拂着纽约的街道，这座充满人文和商业气息的城市到处飘散着各种别致的故事。而在一个名为“另一末端”的饭店内，一个寂寞的歌者正在那里做短暂的逗留，他想要在那里唱一唱他心中的歌，而当他歌唱时，只要有那么一两个人愿意聆听便足够了。

在那里，他的脑海中酝酿着一首让他伤感的故事，这个故事最终在长岛附近的一个海滨别墅里变成了一首歌，这首歌的名字叫作《萨拉》。萨拉是一个女人的名字，她如同一个美妙的宝石，无时无刻不在歌者的心中闪耀。

那一天，萨拉突然毫无征兆地出现在录音棚内，而鲍勃几乎没有犹豫地拿起吉他，再度唱起这首名为《萨拉》的歌谣。他在录音棚内唱着，萨拉就在录音棚的玻璃墙外看着他，倾听着他的歌声。他们好像回到了在伍德斯托克时的日子，回到了最初相爱的时光。

> 我怎么遇见你？我不知道 / 信使来时正逢一场热带风暴 / 冬夜的你是白雪上的月光 / 天暖时便是月光洒在了百合池旁

这是一幅使人动容的画面，浪漫与伤感同时弥漫在录音棚的空气之中。终于，鲍勃真挚的情感再次打动了萨拉，爱情战胜了一切，他们再度和好如初。鲍勃那处被挖空的角落也终于得到了暂时的填补，哪怕这只是他们自欺欺人的苟延残喘，却也足够感动他们身边的每一个人了。

感情的修复使得鲍勃终于能够暂时结束他的痛苦煎熬。他开始把更多的创作精力投入到对戏剧的制作之中。鲍勃一直都很想做一场滑稽剧的巡回演出。尽管巡回演唱会能为他带来不菲的收入和超高的人气，但通过作品向观众表达一些有趣的情绪也是他才思的一种体现。

终于，在鲍勃的努力下，许多人加入到了他的巡演计划中。这场表演名为“滚雷喜剧”，大量有才华的音乐人和戏剧表演者都出谋划策，一些著名的剧作者也希望为这次巡演作出贡献。尽管缺乏经验，这次巡演仍然渐渐酝酿成型。

1975 年 10 月 30 日，巡演正式开始了。第一场演出是在马萨诸塞州的普利茅斯战争纪念礼堂。这礼堂不大，而这样狭小的空间和封闭的气氛却刚好是鲍勃需要的效果。在这里，艺术家们集中在一起，为观众呈现精彩的演出。与当年的巡回演唱会不同，这次的戏剧巡演充满着对艺术的淋漓尽致的发挥，没有那些喧闹的虚华，不论对台上的表演者，还是对台下的观众来说，这都是一次无与伦比的视听体验。

在巡演期间，最令人欣喜的是萨拉也加入到了队伍之中，并表演了一个有趣的角色——一位名为克拉拉的妓女，而鲍勃扮演的是克拉拉的爱人。不论是有意还是无意，在这样的关系里，鲍勃通过角色抒发了他对萨拉深刻的爱。尽管鲍勃与许多不同的女性之间曾传出各种各样的绯闻，但他内心仍然坚信萨拉才是他心中的唯一挚爱。

说到底，不论鲍勃在艺术上做出了多么大的成就，在内心深处，他仍然如一个孩童般纯真。或者说，正是因为他是那样一个纯真的人，他才能永远保持那样强烈的创作欲望；正是因为他的双眼从未被蒙上灰尘，他才能清晰地看到这世上的一切风景，才能用最准确的歌谣唱出每个人心中的故事。

鲍勃讨厌琐碎的婚姻生活不断挑战他的爱情，那几乎要杀了他，而他做的一切努力，不仅仅是在挽留他唯一的爱人，更是在向这冷酷残忍的生活发出挑战。他是一个浪漫的诗人，但他得战胜冰冷的现实。于是他要不停地写，不停地唱，不停地创作出更多的作品，他要让这个无情的世界听到他呐喊的声音。不论现实给予他怎样沉痛的打击，他都想要迎难而上，倔强地不肯低下头。

可惜的是，他的努力最终只是徒劳的挣扎。就算他们如此相爱，可他们的婚姻仍旧无法存续下去了。或许，把一切责任都推到婚姻本身也是不明智的，因为鲍勃是一个内心丰富的人，平凡的婚姻生活本就无法满足他对这个世界的追求和探索。所以，尽管他能够保留对萨拉无尽的爱，但这未必一定要以婚姻的方式呈现，倘若时光可以倒流，他从一开始便只与萨拉停留在爱情的层面上，或许对他来说反而是一种更好的选择。

让人想不到的是，在巡演即将结束时，萨拉与鲍勃的关系突然变得越发紧张起来，原因直到现在仍然是个谜。有几次他们甚至直接在众目睽睽之下发生争吵，到最后，萨拉干脆离开了巡演队伍。

那一天，鲍勃在演唱会上唱着那首《愚蠢的风》，他刚刚被填满的心再次被掏空了，他却无能为力，所有爱他的人们也是同样的无能为力。人们很少见到这样的鲍勃，他整个人笼罩在一片抑郁的情绪之中，任何的好消息都无法将他从痛苦的深渊中打捞上来。他如同一个被抛弃的小孩子，游走在苦闷的边缘，仿佛下一刻就将投入一片黑暗的深渊之中。

在那之后的许多日子里，鲍勃的状态都让人担心他是否能坚持下去。在每次演出结束后，他的情绪几乎都是失控的。他拒绝被拍摄，拒绝与人交谈。那个拿着吉他的快乐歌者消失不见了。就仿佛当萨拉离开时，也抽走了鲍勃的灵魂，剩下的只是一个残破的躯壳罢了。

人们并不知道鲍勃需要多久才能修复如初，当鲍勃在台上用悲伤的调子唱着那些引人落泪的歌谣之时，大家不禁怀念起当初那个在伍德斯托克的充满欢快的人。可每个人的心底都十分清楚，伍德斯托克早已从鲍勃的世界彻底消失，那样的歌者，那样的音乐，以及那个时代都早已被尘封起来了。

BOB DYLAN

The Times They Are a–Changin'

第 9 章

忘记今天，直到明天来临

Let me forget about today until tomorrow

1. 不要刻薄地回家

婚姻像是一辆汽车，岁月的侵蚀，道路的颠簸都会让它出现故障，刚开始可能只是一些磕磕碰碰，到最后，变成不得不修理的大故障。

无论是伟大的诗人，还是浪漫的歌者，都是现实生活的参演者，鲍勃的婚姻也如街头巷尾的普通人一样，出现了不可忽视的问题。

他与萨拉花费重金在加利福尼亚州购置了豪宅，一家人生活在杜姆角海滩，房子很大，鲍勃与萨拉一起设计装修，鲍勃对于房屋的装修有着独特的见解，犹如他在摇滚上的态度一般。

特立独行的风格让这座房子成为媒体关注的焦点，或者说，鲍勃一直都处在舆论的风口浪尖，摄影师们动用了一切资源，想方设法得到房子内部的照片，他们甚至动用了直升机，只为获得第一手资料。

一批又一批的照片被刊登，包括房子周围的其他建筑也出现在照片内，这成为疯狂粉丝的坐标，他们像是嗅到刚刚绽放的杜鹃花的蜜蜂，从四面八方赶到这里。相较于其他歌星的歌迷，鲍勃的歌迷更加疯狂，他们甚至试图潜入鲍勃的家中，值得庆幸的是，没有发生更严重的事件。

当时，对于媒体和歌迷的关注，鲍勃已经习惯，他们这种公众人物注定不能像普通人一样生活，闪光灯和偷窥者早已成为他们生活的一部分。生活在光环下，鲍勃早已熟练掌握技巧，但萨拉仍不习惯。虽然，加利福尼亚州的风景犹如画卷般梦幻，海岸线上的日出日落却没能带走生活的羁绊。鲍勃与萨拉的争吵变得越来越频繁，房子里的欢声笑语渐渐被剑拔弩张的争论取代，终于在 1976 年的巡演和一系列的演唱会结束后，两人的关系陷入僵局。

萨拉曾对外表示，争吵大多都是由鲍勃挑起，面对愤怒的鲍勃，萨拉只能用躲避来保证自身的安全，而鲍勃却因此更加愤怒，甚至对萨拉采用威胁的方式，这让萨拉感到恐慌和困惑。

更让萨拉感到困惑的是鲍勃的“怪异生活方式”，他与女性的调情开始更加肆意，甚至在孩子的面前也不会掩饰，萨拉曾宣称：“鲍勃和一位名叫玛尔卡的女性出现在自家的餐桌旁，他们有说有笑，而同时用餐的除了萨拉，还有孩子们。”

不知道作为父亲的鲍勃，是否考虑过自己的言行会给孩子带来什么影响，这是属于他的“独特生活方式”，就像他的音乐态度一般，不会轻易为他人改变。

玛尔卡住在了鲍勃和萨拉的家中，这无疑是鲍勃的主意，萨拉提出反对，这样的生活实在是太奇怪了，她的反对引发了新一轮的争执，而这一次不再只是语言上的针锋相对，据说鲍勃打伤了她的下巴，而且要求萨拉离开他们的家。

此时，离婚成为萨拉最想做的事，她在一家旅店联系了她的律师——马切尔森。这名律师正是“赡养费”这一法律名词的创始人，他本人也因一起“赡养费案件”名声大噪，成为业界的名人。

萨拉将希望寄托在马切尔森律师身上。在与萨拉最初相识之时，马切尔森律师并不知这位“萨拉·迪伦”是谁，后来知道真相后，他十分惊讶，鲍勃·迪伦是当时家喻户晓的名字，是拥有无数疯狂的簇拥者，也是拥有巨额资产的人。

这场婚姻早已暗潮汹涌，早餐引发的争执只是导火线，萨拉对鲍勃已心怀不满，纵使她依然十分爱他，狂热的感情并没有换来期待的回应，甚至在孩子出生时，鲍勃也没有陪伴在身旁，太多的事让这个女人决定终止这段婚姻关系。

萨拉在3月1日正式向洛杉矶高等法院提出离婚请求，由马切尔森律师代理，她要孩子们的抚养权、孩子们成长期间的赡养费、分割两人各处房产及其他财产。

此时的鲍勃身价不菲，他拥有诸多房产、现金，以及以往歌曲尚未支付的版税，总额超过六千万美元。相对于那些有形资产而言，版税虽没有具体数字，却是一笔源源不断的财富。

在两人婚姻存续期间，鲍勃创作了数量众多的经典作品，一张又一张的唱片记录了他的人生历程，成了时代的经典。经过马切尔森的整理，萨拉可拥有的财产超过三千六百万美元，因为音乐版税的存在，这个数字会在未来一直攀升。

萨拉声称受到鲍勃的恐吓，要求法院实行限制令，法院同意萨拉临时看护孩子们，3月8日，经过法院裁定，两人的离婚案件被封存。与此同时，鲍勃的工作一直在进行，因为电影《雷纳多和克拉拉》正在进行编辑工作，他被允许继续留在杜姆角的家中，离婚的事暂时告一段落。

萨拉带着孩子们一起生活，为了减轻离婚和争吵给孩子们带来的影响，作为母亲的萨拉开始寻求帮助，这时她认识了法瑞迪·麦克弗瑞。这是一个有中东血统的女人，她热情、奔放，甚至有些轻微的精神失常，她对新思想有着高度的热情，还创造了“艺术康复”的观念——主要通过绘画来治疗人们的精神创伤。

6 月 30 日，鲍勃与萨拉的离婚案件正式裁定，轰动整个社会。

萨拉希望麦克弗瑞能够帮忙照顾孩子们，通过她创造的方法，给孩子们一些心理帮助。在接下来的一段时间里，两个女人总会在一起聊天。萨拉度假期间还将房子交给麦克弗瑞照看，不过两人的关系很快开始恶化，原因是麦克弗瑞觉得萨拉将她视为一名女仆，不够尊重。

麦克弗瑞在萨拉的家中找到了鲍勃的电话号码，两人并不熟悉，而且萨拉曾对她说过，鲍勃是一名好色之徒，这直接导致婚姻失败，她拨通了那个电话号码。

麦克弗瑞对鲍勃表示了关切，并接受了鲍勃"一起聊聊"的邀请，当天晚上，麦克弗瑞开车来到了杜姆角，见到了鲍勃，显然离婚给面前的男人带来了极大的压力，他的眼神透露着疲惫，表情却像个十足的疯子。

在这个豪华的住宅里，一切还保持着他们离婚前的样子，摇晃着火光的壁炉成了那一夜的见证，鲍勃和麦克弗瑞跌入了爱情的旋涡，一切似乎又在意料之中。

当麦克弗瑞再次面对萨拉之时，她已经成为电影《雷纳多和克拉拉》的后期制作助理，她回到这里是为了将东西收拾好，以便住进鲍勃的家。

可麦克弗瑞很快发现，鲍勃有很多的女朋友，她并不是唯一一个，对于这种男女关系，鲍勃显然有他独特的态度，丝毫不避讳，而作为一位著名的歌手，他的周围总是围绕着各种各样的女人，这让麦克弗瑞十分不满。

鲍勃依旧保持着他的做派，带着他的演员女友走在好莱坞的大街上，遇到拍照的记者，配合地摆好姿势，似乎没有被离婚案件影响心情，也许是为了让外界看到他过得很好，没有因此而意志低沉。

事实上鲍勃也经历了沮丧和痛苦，情绪一度很不稳定，那段时间的作品也透露着这样的消极情绪，在为《不要刻薄地回家》添加背景歌声时，他的声音十分沙哑，散发着忧伤。即使鲍勃拥有众多的女友，家庭存在的意义也不可替代，孩子们是他最宝贵的财富。

也许是歌曲勾起了他对那段婚姻的怀念，曾经的温馨与欢乐已经不在，那个曾经拥有的“家”也消失了，他是个迷路的流浪者，找不到回去的路。

当时的鲍勃究竟是被什么情绪主导，也许在他的歌中能够捕捉一二。鲍勃曾为“阿尔法”乐队演唱了许多新歌，字句之间传达的愤怒多于失望和悲伤，他在那些旋律中释放着，仿佛沉入无边无际的深海，深到没有一丝希望。听到这些歌的乐队成员震惊了，演唱中的鲍勃变得如此压抑，让每个听到歌的人都感到了彻骨的寒冷和绝望。这些歌曲最终都被放弃了，它们并不是鲍勃的“主旋律”，那些阴暗和压抑只是一时的宣泄，是鲍勃与萨拉爱情的阴暗面，一棵大树的成长难免留下几道伤疤，但它不会因此停止生长。

麦克弗瑞称：“鲍勃在舞台上演出时曾经想到了自杀，值得庆幸的是这一切没有发生，只是一个念头，转瞬而逝。”

生活还在继续，鲍勃依然以他的人生态度前进着，离婚案件虽然裁定，但对孩子们抚养权的争夺并没有停止。鲍勃不愿放弃孩子们，萨拉却不想让孩子们接触麦克弗瑞，她认为麦克弗瑞背叛了她。鲍勃的律师提醒他不要再与麦克弗瑞接触，这将不利于争夺孩子们的抚养权，鲍勃并没有照做，只是在律师在场时让麦克弗瑞躲开，其他时间则还与麦克弗瑞一起度假出行，他们还一起为塞缪尔举办了19岁的生日聚会，麦克弗瑞与孩子们同在一个屋檐下玩耍、绘画。

鲍勃和萨拉的“婚姻大战”广受关注，孩子们无疑也受到了影响。从小到大，鲍勃和萨拉一直努力给孩子们提供良好的教育，将正确的思想观念传达给他们，尽量不让孩子们受到鲍勃名人头衔的影响。

孩子们从小上的是公立学校，与同学们一起学习玩耍，从不过多表现自己的家庭，也没有在老师那里得到过多的关注，早晚乘坐学校的班车，与同学们共同进餐，在相对正常的环境下长大。

家中还有一条专属于“迪伦家族”的规定，当爸爸以一名公众人物接受采访时，孩子们会安静地留在人群中，或者走开一段距离，他们不会出现在媒体和歌迷的视线内，不过度曝光是鲍勃对孩子们的一种保护方式。

也许鲍勃和萨拉的婚姻是失败的，相对于丈夫和妻子的身份也是错误的，但作为孩子们的父母，他们并不失败。太多名人的孩子活在父母的光环之下，他们也许失去了作为普通人的自由，也许在关注中迷失了自我。

作为鲍勃·迪伦的孩子，媒体的报道几乎没有刊登过他们的照片，也没有关于孩子们的其他信息，偶尔提及也都是些“阴差阳错”的信息，成为一家人茶余饭后的谈资。

鲍勃与麦克弗瑞的相处并非一直愉快，争执也频繁出现，鲍勃曾说：“如果不是埃尔维斯·普雷斯利、汉克·威廉姆斯，我就不会取得今天的成就。”因为在埃尔维斯·普雷斯利去世时，麦克弗瑞表示对其音乐毫无兴趣，鲍勃大怒，一周都没有和她说过话。

萨拉表示要将孩子带往夏威夷，这让鲍勃更加坚定了争取孩子们的抚养权的决心，如果萨拉将孩子们带走，可能就会在那里定居，再见到孩子们会十分困难。

为了顺利取得孩子们的抚养权，鲍勃的律师指控萨拉在未经过批准的情况下带孩子们离开加利福尼亚。这场没有硝烟的战争进行了很久，他们再一次走上了法庭。

为了给法官留下一个“好父亲”的印象，素来“放荡不羁”的鲍勃穿上了西装，但他并没有做到细致，他的指甲依然很长，他的头发依然很乱，跟他身上的西服格格不入。

萨拉不愿放弃，她的律师当庭指出，麦克弗瑞是孩子们的替身妈妈，精神失常，不适合与孩子们接触，更不适合陪伴他们成长。

鲍勃找来了一名精神病医生，想让他出具麦克弗瑞精神正常的证明，医生依照鲍勃的吩咐开了证明，同时肯定了鲍勃有能力照看孩子，也更适合抚养孩子。

争夺战进行了几个月，几乎蔓延了整个秋天，树叶从繁茂到凋零，这件事依然没有最终的结果，而这期间孩子们跟随父亲鲍勃一起居住，萨拉与律师马切尔森一直没有放弃，寻找着各种方法和有利的证据。

鲍勃约萨拉的律师马切尔森在停车场见面，想通过沟通解决一些问题。这原本是一场和平的谈判，却因为马切尔森的几句话演变成另外一种局面。麦克弗瑞跟随鲍勃而来，当她听到马切尔森将鲍勃说成是一个好战、傲慢之徒，她变得疯狂起来，跑过去用双手狠狠扼住马切尔森的喉咙。没过多久，马切尔森拿到了法院的命令，要求鲍勃将孩子们交给母亲萨拉抚养，但事情远没有想象中的顺利，鲍勃甚至没有让送传票的工作人员进入住所，也没有执行法院的判决。

抚养权事件一波三折，到这里依然没有结束，萨拉虽然得到了法院方的支持，却没有见到孩子们。马切尔森给她建议，聘用几名侦探到孩子们的学校，向校方展示法院的裁决，然后直接将孩子们带走，这是一个很糟糕的建议，更糟糕的是萨拉真的这样做了。

本是一场不该出现的闹剧，却在萨拉和老师之间发生了，正是因为要带走的是鲍勃·迪伦的孩子，老师们才更加谨慎。双方发生了肢体上的冲突，一名叫雷克斯·布克的老师声称胸部受到了攻击，有人报了警，这场闹剧才草草收场。警察到场后，认定萨拉应对这场闹剧负责，她破坏了学校的公共设施，也扰乱了学校的教学秩序，对她处以125美元的罚款。

虽然手中持有法院的判决书，但来学校直接带走孩子的做法是不明智的，这不仅会引起社会舆论带来的压力，更是对孩子幼小心灵的打击。对于儿子雅各布·迪伦来说，那是他一生中最受伤的一天，他不愿再回忆当天发生的事，更不愿与他人谈及，由此带来的伤痛将伴随他的一生。

萨拉还是取得了孩子们的抚养权，获得抚养权争夺战的胜利。她带着孩子们搬了新家——比弗利山，孩子们也顺利进入当地的学校上学，在鲍勃做了“永远不让麦克弗瑞出现在孩子们面前”的承诺后，萨拉同意假期让孩子们与鲍勃待在一起。

也许这不是最好的结果，但肯定也不是最坏的，聚散离合都是人生的插曲，每一个人都会经历，只是属于鲍勃的这一曲更加跌宕起伏。

麦克弗瑞从鲍勃的世界渐渐淡去，同他那段婚姻一起变成了鲍勃身后的风景。与麦克弗瑞的交往也给鲍勃带来了改变，鲍勃注册了一家名叫“特殊骑手”的音乐出版公司，创作了许多爱情歌曲，大部分是关于爱情的细腻感受，还有一些关于精神力量的歌曲，这与麦克弗瑞的精神信仰有关。其中的一首《你今夜在哪里》堪称经典，鲍勃通过歌曲表达着情感、婚姻或将失去，但曾经轰轰烈烈的爱情都真实存在，他依然很珍惜那份回忆，他会带着回忆继续上路。

2. 上帝只做他想做的

1978年，鲍勃举办了140场演唱会，这在音乐界几乎是个天文数字，但这并不是他想做的，而是迫于现实压力的无奈之举。离婚让他失去了超过一半的财产，他投资的电影《雷纳多和克拉拉》票房惨淡，口碑很差，那段时间的鲍勃过得很窘迫，他不得不为生计做出一些改变。

《花花公子》杂志曾采访过鲍勃，当时他正为这部1月25日首映的电影做宣传，鲍勃说："这是部描写男性本质的影片，这个男人为了获得自由而被疏远，他最终走出自我，获得新生。"

虽然大家对于鲍勃的音乐作品十分欣赏，但这部四个小时的电影似乎不太符合大众的品位，一切细节都被放大、拉长，没有人愿意一口气看完它。更有评论家借此抨击鲍勃，证明这个传奇人物并非一直都是成功的。

即使影片遭遇大范围的否定，依然有少数人表示欣赏，他们说在电影中感受到了某种真实，感受到了掩盖在表象下面的质感生命。

电影很快撤了下来，如果这部电影收获了不错的口碑和票房，可以想象，将会有更多属于鲍勃风格的电影作品问世，可在经历了如此残忍的打击后，鲍勃暂停了他的电影梦。

迫于现实的压力，鲍勃找到了杰里·温特劳步的公司，这家公司拥有多位知名艺人，有着许多成功巡演的经验，它会安排鲍勃进行一系列世界巡演，这将为公司和鲍勃带来快速的收益，这正是鲍勃最需要的，他需要偿还债务，还要维持他的生活。

据统计，这一年有二百余万人观看了鲍勃的巡演，总收入超过两千万美元，这让在电影业受到打击的鲍勃，在音乐方向重拾信心。音乐是他的王朝，他的统治地位从未动摇。

鲍勃新组建的八人乐队延续了尼尔·戴尔蒙德的演唱会风格，表演时每个人都穿上风格夸张的服装，宛如彩虹在水纹中颤抖，艳丽夺目。乐队邀请了当时最著名的音乐人加入，乐队的每一名成员都是专业里的佼佼者，这支临时组建的乐队，站在了音乐世界的巅峰。

他们来到一家废旧工厂内排练，鲍勃为它取名“追降工作室”，虽然这里不是繁华的都市中心，可空旷的环境让音乐更加自由，音符得以肆无忌惮的放纵，鲍勃住在工作室，除了和乐队排练，其他时间就是和队员们闲聊。

演出的曲目都是主办方要求的，鲍勃不能随意更改，这从某种程度来说是在限制他的风格，鲍勃一直有着他的演出体系，但在现实面前，鲍勃选择了妥协。

离婚的事还是会被偶尔提起，鲍勃不再充满愤怒，虽然曾经以为以鲍勃·迪伦的名气，可以影响法院最后的裁决，他拒绝与前来的律师沟通，更不配合他们的工作，但很快他便认识到自己的这个想法有多可笑。

名人效应曾让他很享受，曾经因为一位女歌迷在路上认出他，他就骄傲地开车带着她兜风，他很享受那份被追逐的快感，享受人们在街头认出他，享受舞台下大家高喊他的名字。

“他为成为鲍勃·迪伦付出了代价，这只有上帝知道。”克瑞斯说。克瑞斯是乐队的主音吉他手，为了参加这次巡演专程从丹麦赶来，当时正在出演舞台剧《毛发》，鲍勃经常与他喝酒、聊天。

2月16日，乐队乘坐飞机来到了日本东京。鲍勃·迪伦让这座城市沸腾起来，人们奔走相告，巡演的门票更是销售一空，日本的歌迷们都在期待这位灵魂歌手会带来怎样精彩的表演。

为了表示对这次巡演的重视，乐队来到日本之后的所有安排都是高规格的，吃、住、行都享受最好的招待，鲍勃也一改之前的性格孤僻，利用各种机会与歌迷进行交流。

巡演十分成功，出色的乐队成员是精彩演出的保障，这场演唱会被称为“鲍勃·迪伦武道馆演唱会”，现场录制的碟片也有不错的销量，虽然观众对演出的曲目有些困惑，他们期待的许多歌曲这次都没演唱，但这不影响人们对鲍勃的爱。

演唱会在歌迷的眼中是完美的，但乐队成员们却有着不同看法，他们对乐队中的一位伴唱有意见。乐队的伴唱团共有三名歌手，海伦娜·斯普林斯是其中最特别的一位，也是最有争议的一位，其他成员从开始便质疑她的伴唱水平，认为以她的能力不能进入这支高水准的乐队当中，尤其是参加世界巡演。如果非要说她在某个方面是出色的话，那一定是她的脸蛋儿。

面对其他成员的质疑，鲍勃却十分支持斯普林斯，他欣赏她的演唱风格，喜欢她独特的嗓音，鲍勃评价她有一种“街头”的味道，符合鲍勃的演出风格。

正如大家猜测的那样，没过多久，鲍勃就与这位美丽的伴唱走到了一起，两人的恋爱关系变成热门话题，他们除了在乐队里演出，还在一起创作歌曲，只是鲍勃对这些共同创作的作品不太关心，很随意地就处置了，从不关注版权的归属。

随着乐队成员与斯普林斯的摩擦升级，鲍勃的另一位女友玛丽·萨德也出现在乐队当中，加入表演的行列。玛丽·萨德是一位身材高大的姑娘，她性格外向，得到了其他乐队成员的支持和肯定，每个人都与玛丽打得火热，除了斯普林斯。

乐队的其他成员已经习惯了鲍勃的“生活风格”，在经过新西兰时，他又与一名叫雷·阿瑞格的女孩谈起了恋爱，阿瑞格是一名毛利女子，整个人散发着正宗的异域气息。

鲍勃在那个时期还钟爱黑人女子，这与他的离婚状态有关，他是个生活的流浪者，需要强大的力量去庇护，这时黑人文化给了他安全感，那些陌生的文化散发着浓郁的神秘感，让鲍勃沉迷。

事实上，鲍勃的音乐风格并不是黑人喜欢的类型，所以那些黑人女友并没有十分崇拜鲍勃，这种平等交往的感觉让鲍勃向往，他不喜欢与自己的崇拜者搞在一起。

鲍勃交往了很多黑人女子，而且爱上了黑人食物，这被他称为“灵魂食物”，他有一段时间只吃黑人食物，只听黑人音乐，鲍勃开始探寻黑人音乐的奥秘，希望从中窥见新的世界，发展新的音乐风格。鲍勃做的这一切，让他觉得更靠近黑人文化的精髓，离婚后的灵魂漂泊让鲍勃感到空虚，黑人文化的介入让他暂时获得安稳。

在欢呼与争议中，第一轮巡演告一段落，伴随成员间矛盾的升级，另一位伴唱吉布森也离开了乐队，替代她的是卡罗琳·丹尼斯，她的母亲也是一名歌手，从小伴随着音乐长大，有着很好的音乐素养，也有着美丽的容貌。

与鲍勃乐队合作，还发生了一段搞笑的小插曲，卡罗琳并不知道鲍勃，当她接到电话的时候，甚至问了一句：“鲍勃·迪伦是谁？”在那个年代，很少有人会不知道这个名字，何况她也是一名歌手。

在准备第二轮巡演的空档期间，鲍勃将他与麦克弗瑞一起创作的歌曲录制下来，取名为《街头法则》。这张新唱片在一个枪械工厂的空房间录制，条件十分简陋，录制效果一般。

鲍勃很少在唱片录制上下功夫，他利用一周时间完成了录制，然后开始了后期剪辑，出来的成品让鲍勃感到失望，甚至一度将乐队解散，因为仍要参加巡演，大家又很快重新回到乐队当中。

《街头法则》在美国发行后，口碑很差，甚至有人评价它是个赝品，根本不能代表鲍勃·迪伦的真实水平。让人感到意外的是，这张唱片在英国取得了不错的成绩，所以乐队决定将英国作为第一站，开始了新一轮的欧洲巡演。

在英国的巡演是梦幻的，在伦敦伯爵宫舞台，一连举办了六场，现场将近两万个座位，每一场的门票都很快销售一空，连皇室成员——玛格丽特公主也来到了现场，英国的歌迷给了鲍勃最热情的欢呼，赞助商哈维·戈德史密斯评价："这是鲍勃举办的最好的演唱会之一。"

英国给鲍勃留下了很深的印象，他决定日后还要来伯爵宫举办演唱会。只是他没想到，若干年后再次回到这里，迎接他的是完全不同的另一种局面。

乐队结束了伦敦之行，陆续又到荷兰、德国走了一圈后，又返回到了伦敦，这次鲍勃要在布莱克布舍的机场举办一场空前盛大的户外演唱会。

这是一个废弃的机场，面积很大，进行过简单的施工，现场搭建成了一个演出场地，鲍勃给这个户外演出取名为"布莱克布舍野餐演唱会"。

这场演唱会可以容纳十六七万歌迷，来的歌迷都是音乐的狂热爱好者，人们随着起伏的音乐舞动，在空地点燃狂欢的篝火，围着篝火舞动的人们，脸上放映着光芒。场地里特有的篝火，让人们在记忆里留下了音乐的火焰。

这是鲍勃最大规模的一次户外演出，演唱会还邀请了鲍勃欣赏的“谣言”乐队、格拉汉姆·帕克参加演出。在后台，格拉汉姆与鲍勃相见，鲍勃热情地向他打招呼，表示自己很喜欢对方的歌，两人的合影出现在了次日报纸的头版。

鲍勃与乐队成员一行人穿梭在各个国家间，举行着一场又一场的音乐盛宴。演出的后期，热情随着时间消磨殆尽，每场几个小时的表演十分考验体力，乐队的每一个人都很疲惫，各种各样的问题也在陆续出现。

涉及鲍勃的都是与女人相关的事，卡罗琳·丹尼斯成为他的新女友，而斯普林斯依然在乐队中，每次两位女士同时出现，都会是一场潜在的修罗场，让一同演出的人感到尴尬。

在一次失败的演出后，舆论将矛头指向鲍勃，说他丧失了对音乐的热情，演出水平很低，鲍勃愤怒了，他向乐队的其他成员咆哮，大家都十分意外，因为平日里的鲍勃很少这样。

巡演走到尾声，鲍勃与大家在宾馆的房间里喝酒，每个人都要重新回到普通的生活，鲍勃似乎很不想结束这一切，他要继续这种音乐之旅。鲍勃打电话给温特劳步，尝试续订更多的演出，鲍勃情绪很激动，那一夜每个人都喝了许多酒，人们聊着音乐，聊着理想，聊着生活，聊着未来……事情的发展却让大家很意外，这是大家最后一次见到鲍勃，他没有按照他说的继续巡演，而是突然解散了乐队，他要尝试向其他方向的人生之路前进，或许那里有不一样的风景在等待着他。

鲍勃是思想的行者，他从不在一个地方过多停留，更不愿生活停滞不前，他总是走在音乐的前沿，后来人只能看到他的背影，沿着他走过的路前行。

3. 信基督的犹太人

20 世纪 70 年代，音乐界刮起了信仰基督教之风，之前很长一段时间，人们生活得很放纵，靠吸食毒品和酗酒找寻生活乐趣，在信仰降临之后，越来越多的人“获救”，有了信仰的人们眼神更加坚定，生活也重新回到正轨。

先经历婚姻的失败，再经历巡演的成功，鲍勃的生活如过山车一般，这场巡演不单为他带来物质的财富，也填补了他心灵的空虚。现在的鲍勃已经无法回到最初的创作状态，鲍勃在寻找方法，找回曾经的创作灵感。作为一名犹太人，他一直以来都信奉犹太教，但不知从什么时候开始，鲍勃发现周围越来越多的人信奉基督教。

这些基督教的信徒存在于鲍勃的四周，他的所有女朋友几乎都是基督教教徒，当了解了鲍勃的苦恼，有人建议他去祷告，以此来缓解心中的压力。

在大环境的影响下，鲍勃开始被吸引，在圣地亚哥的演唱会上，歌迷疯狂躁动，不时有衣服、项链从台下飞上来，鲍勃看到有人抛了个十字架到舞台上，他很自然地捡起，戴在脖子上继续表演。

鲍勃说，他曾感觉到上帝与他同处一室。《慢车开来》就是鲍勃创作的关于上帝、关于信仰的作品，一切似乎冥冥之中都有安排。

鲍勃的新女友玛丽·阿提斯与一个宗教相关的组织熟悉，组织里许多著名歌手、乐队成员都是基督徒，当教堂举行宗教聚会的时候，经常会播放一些轻松的音乐，来调节大家的情绪。

玛丽·阿提斯对牧师说，她的男友需要上帝的帮助，牧师与另外两个同事一同去见了鲍勃。他们当然认识这位著名的歌手，也吃惊于他的困惑。鲍勃对牧师说，他的生活太乏味，犹如沙漠般没有生机。牧师告诉鲍勃："上帝才是唯一的、最终的成功者。跟随上帝，一切都会有答案。"

三位牧师与鲍勃交流了很多，解答了许多他的疑问，鲍勃说他想靠近上帝，想得到他的启示，从那一刻起，鲍勃成了一名真正的基督教教徒。阿提斯就这样将一名犹太人变成了基督教教徒，人们后来质问她为什么要这样做，阿提斯坚称这是上帝的意思，并不是所有人都有这份荣幸。

接下来的几个月，鲍勃与女友参加了信徒学校。开始时，鲍勃觉得自己根本不可能坚持参加学习，但事实是他坚持得很好，并没有因为排练或其他事情耽搁，他的表现十分虔诚，态度温和，他相信自己在改变，在朝好的方向改变。他想如普通人一样参加《圣经》讲习班，这却是最难实现的事。周末清晨的教友聚会是他最常参加的活动，由于认识他的人太多，他的每次出现都会引起人群的骚动。牧师也是他的歌迷，教徒中也有许多鲍勃的追随者，人们不再安心祷告，而是将目光投向安静坐在角落里的鲍勃。

玛丽先接受了洗礼，这种属于基督教的仪式代表着将过去的罪恶埋葬，一切重新开始。鲍勃出席了女友的洗礼仪式，他看着在泳池中虔诚等待的玛丽，心中思考着他何时去开启新的人生。每个人都有罪恶，当决定放下过往，就可以接受上帝的洗礼，埋葬所有罪恶，迎接崭新的人生。鲍勃觉得他去开启新人生的时刻到了。

鲍勃在不久之后接受了洗礼，具体的细节很少有人知道，他在今后的生活中也很少提起，但鲍勃说，他有过重生的经历，他却不再提起“洗礼”这个词语。

拥有了信仰的鲍勃便拥有了新的灵感，上帝给他带来的不仅仅是宽恕，还有新的思想和风格。如果说《慢车开来》隐约有宗教韵味，那他接下来创作的作品则是充满了具体的宗教内容。

当音乐制作人维克斯勒看到这些作品就彻底被震惊了，他知道鲍勃是一名犹太人，犹太人信奉基督教，在当时是一件天大的事。鲍勃开始对维克斯勒讲述基督教对他的改变，他希望维克斯勒也能接受上帝的帮助，那将是十分愉快的经历。维克斯勒无法接受鲍勃的改变，他只能勉强接受他的作品。

因为鲍勃的新唱片要准备录制，又有一群出色的音乐人聚在一起，组成了一支高水平的乐队，《慢车开来》就收录在这张唱片里，当牧师们听到这首歌曲之后，高兴得几乎跳了起来，这像是来自上帝的礼物，而他们是收到礼物的幸运儿。

此时，唱片的发行公司却开始忧心忡忡，基督教相关的宗教歌曲会受到教徒的欣赏，但如果这个演唱者是鲍勃·迪伦，没人会知道结果如何。唱片公司不希望因此失去了原本意义上的鲍勃·迪伦，他们需要寻找更稳妥的方式去推广这张唱片。

唱片被精心包装后上市，封面是一名铁路工人形象，双手舞动着一把大斧头，斧头的形状被故意设计成与十字架相似，一辆火车从远处徐徐驶来。这是公司专门设计的，即贴合内容，又不至于太过显露锋芒。

鲍勃完成了他的新梦想，他的宗教唱片发行了，犹如其他唱片一样，刚刚上市，各种评论就从四面八方涌来，鲍勃已经习惯了批评与赞扬并存，有人无法接受一个犹太人信奉基督教，有人却称这件事是历史上的一次壮举。《滚石》杂志刊登过一篇评论，文中评价：鲍勃这张唱片是他历史上最伟大的作品。许多人都欣赏有了信仰的鲍勃，在他的作品中听到了希望与宽容，而这是宗教存在的最重要的意义。

很快，排行榜捷报传来，唱片的主题曲《信仰之歌》进入排行榜前四十名，这是很不俗的成绩，尤其作为一首宗教歌曲更是不易。最初维克斯勒并不支持选择它作为唱片的主题曲，但鲍勃坚持这么做，事实证明，这一次鲍勃又对了。

单曲的成功拉动了唱片的销售，紧接着《慢车开来》取得了榜单第三名的好成绩，唱片成为 1979 年金唱片，一年后确认为白金唱片，这是鲍勃最畅销的唱片之一，一切似乎朝着积极的方向发展，鲍勃也找到了更好的生活状态。

信仰的降临，让鲍勃开始了新的一段人生，他开始准备下一轮的巡演。鲍勃找到了一位旧相识——吉姆·凯尔特纳，他是一名鼓手，十分出色，鼓技高超。鲍勃曾经邀请他参加巡演的乐队，当时他并没有参加，理由是不爱旅行，这一次他主动来到鲍勃身边，要与他一同去巡演。凯尔特纳为了获取音乐的激情和灵感，曾长期吸食毒品，身体状况很糟糕，甚至险些失去生命。后来的凯尔特纳说：“是鲍勃和朋友们将他从死亡边缘拉了回来，那些宗教的歌曲像是雨后的阳光，给了他生命的温度，让他也受到了上帝的启示。”

鲍勃在巡演过程中，坚持做一名虔诚的信徒，每次演出之前，大家都会围拢在一起祈祷，人们手拉着手，像兄弟姐妹一般共同聆听祷文。人们祈祷演出能够顺利，更希望这些歌曲能够得到大家的喜欢。

一次在登台前，鲍勃的嗓子突然疼得发不出声音，大家围在一起祷告，希望鲍勃的嗓子能够恢复。奇迹出现了，他的嗓了竟神奇地恢复了，甚至状态更好，众人都在高喊："感谢上帝！感谢上帝！……"歌迷也为神迹欢呼。

鲍勃站在舞台中间，停在聚光灯的中心点，他熟练地吹着口琴，感受着音乐的新境界。他用歌声描绘着那份陌生的美好，情到深处难免泪流满面，这种感动贯穿整场演出。巡演乐队的每一个成员都被这份感动包围，这是一次音乐之旅，更像是心灵的救赎之路，眼泪是心灵倾诉最直接的方式，乐团的每个人已热泪盈眶。音乐有着千百种表达方式，新的音乐形式有人喜欢，就肯定有着相反的态度。鲍勃的这次巡演几乎所有曲目都是关于宗教的，可以说，宗教音乐会是鲍勃的创新之举，虽然他还是经典的摇滚装扮，却没有再演唱曾经的经典曲目。

越来越多的歌迷开始躁动，像是等待大雨的干涸土地，他们希望摇滚音乐的降临，当一首又一首的歌曲过后，摇滚之歌还是没有响起，人们开始愤怒了，有人咒骂，有人祈求，都希望鲍勃可以演唱从前的经典歌曲。

鲍勃有时会选择忽略这些声音，有时则会停下来，和声细语地与他们交谈，告诉他们这些歌曲的真正意义，但人们并不买账，有一次在一所大学演出，台下的学生们情绪激动，仿佛吸食了大麻一样，他们高举着双臂，大声呼喊鲍勃的名字，要听他的摇滚歌曲，学生们越发地疯狂，演唱会险些因此终止。

鲍勃不愿因此而改变初衷，他甚至建议这些人去听别人的演唱会，因为在他的这次演出中，不会出现那些摇滚歌曲。

不同的声音一直伴随着那个时代的鲍勃，一些基督教教徒否定鲍勃的基督教教徒身份，认为这个犹太人只是为了音乐创作才这么做，而另一边，连犹太社团也不再信任他。

“滚石”乐队的凯斯·理查兹称鲍勃是“利润的倡导者”，坚称“鲍勃投身基督教，只是为销售唱片找一个噱头”。也有人当面嘲笑鲍勃，预言如果唱片销量惨淡，那鲍勃会迅速变成一个无神论者，那些虔诚都是虚伪的外套，最终会被现实扯掉。

一封来自玛利亚·马尔道的信，给了鲍勃一些安慰。她在杂志上看到舆论对鲍勃宗教演唱会的否定，信中她用亲身经历支持鲍勃，宗教改变了玛利亚·马尔道的生活，让本无生机的一切开始变得有希望。她如今也是上帝的信徒，远离了曾经糜烂无度的生活，得到了上帝的救赎，所以鲍勃所做的一切都是有意义的，她希望鲍勃坚持下去。

鲍勃继续他的宗教巡演，有时还会在教会进行一些公益性的演出，人们用虔诚的目光凝视着台上的歌手。那时，鲍勃仿佛化身成了上帝的样子，将世间最美好的事向人们娓娓道来。

肯牧师是鲍勃靠近上帝的领路人，鲍勃在圣莫妮卡市民礼堂举办的义演是肯看的第一场演唱会，演出震撼了他，他感到浑身战栗，灵魂被歌词深深震撼，舞台上的鲍勃仿佛闪烁着光芒，肯说：“这就像是耶稣站在山坡上向人们宣讲真理。”

仔细阅读过圣约翰的启示，鲍勃在其中看到了圣约翰的预言，他感觉世界末日即将到来，这让他感到激动，因为他坚信，没有信仰的人们将会受到炼狱的火烧，他们终将经历痛苦，最终死去。

鲍勃坚信末日信仰说，继续他的宗教音乐之路，末日一步步逼近，鲍勃的新唱片也随之诞生，这张新唱片主要讲述地狱的苦难，劝诫人们都应该拥有信仰，才能避免经历痛苦的一切。唱片名为《拯救》，在亚拉巴马州的一家录音棚内录制完成。鲍勃希望这些歌曲能够拥有一些摇滚的风格，但实际操作起来十分困难，宗教的内容相对规矩，摇滚的风格则十分随意，两者像是水与火，想要融合在一起十分困难。但鲍勃还是坚持这样做，即使最后的效果并不让合作者感到满意。

《信仰之歌》收获了更高的荣誉，被提名为格莱美最佳摇滚男歌手的候选歌曲，演出方邀请鲍勃和乐队到现场演唱，演出现场十分轰动。过去鲍勃经历了起起伏伏，如今，他仍然是站在台中间的那个人，他始终是人们视线的焦点。依靠《信仰之歌》，鲍勃收获了他的第一个格莱美奖，他在现场演唱了改编过歌词的《信仰之歌》，发表感言的时候，他感谢了耶稣基督。

在之后的一次社交聚会上，鲍勃遇到了哈罗德·莱文赛尔，对方是一名犹太人，当他看到鲍勃胸前的十字架时，十分愤怒，他不理解作为犹太人的鲍勃，为何去信奉基督教，他甚至拒绝与鲍勃交谈。

连鲍勃的牙医也在质疑这件事，当他看到鲍勃胸前明晃晃的十字架时，决定找机会与他辩论，于是，对他发出了聚餐邀请，希望鲍勃能来到自己家共进午餐。

鲍勃知道这次聚餐的真正目的，他带着他的基督女友一同赴宴，牙医与他的妻子都是犹太人，两名基督教教徒与两名犹太人共处一室，争论不可避免，牙医和他的妻子坚信，鲍勃是一名纯粹的犹太人，他选择了基督教是因为被他的信徒女友所蛊惑。后来，鲍勃并不想过多解释什么了，真相只存在于他心中，作为一名信基督教的犹太人，他确实是一个矛盾的存在。他真诚地跟随着自己的本心，即使这样做让他饱受质疑。

鲍勃的宗教音乐之路没有那么顺畅，《拯救》的问世没有得到过多关注，销量十分惨淡，其中没有任何一首歌曲进入排行榜前十名，最好的成绩也只爬升到了第二十四位，鲍勃为此黯然神伤，新一轮的事业低谷正在悄悄来临。

因为新唱片的失败，巡演也开始遇到问题，门票销售大不如前，人们开始不愿花钱来听福音传道，最后一场演唱会甚至因为销售票数严重不足被取消。信仰给他的职业生涯带来了影响，他的宗教音乐不再引人关注，他的演出不再让人们痴迷，一切都发生了巨大改变。

这些并没能让鲍勃放弃，他坚信是上帝让他转变，他要将这种神奇的体验带给每个人，宗教音乐是上帝给他留的作业，他必须用心完成，怎能就此停止？

于是，鲍勃创作了一首新歌，名叫《每粒细沙》，其中的歌词来自《圣经》，这一次不再是地狱的苦难，不再是传播福音，而是描写了他与上帝之间奇妙的关系，也有对于现实生活的思考。他邀请珍妮弗·化恩斯一同录制，化恩斯是一名虔诚的基督教教徒，有着许多著名的作品。她接受了鲍勃的邀请，前往“纲要”录音棚录制这首鲍勃的新作品。

化恩斯以为可以拿到一盘录制好的磁带，然后拿回家慢慢熟悉，但鲍勃想在录音棚直接录制。他安静地坐在钢琴边，自己唱了一遍，然后邀请化恩斯一同再唱一遍。《每粒细沙》可以称为鲍勃最好的作品之一，即使化恩斯从未这样录制过歌曲，而且录制的时候，有一只狗一直在叫，这也成为这首歌的一部分。

巡演还在继续，演唱会门票销售困难，让巡演举步维艰，鲍勃不得不做出退步，他调整了演出曲目，将之前的一些摇滚歌曲加到了演出单中，这些歌曲都经过他的精心挑选，比如《先生》《随风而逝》……里面的歌词都可以用基督教的教义进行解释，也就是说从某种意义上讲，这些歌曲仍然可以称为“宗教歌曲”。这是妥协中的“不妥协”，他做出了改变，期待收到好的反馈，但结果却不尽如人意。之后发生的两件事，让鲍勃陷入沉思。

鲍勃邀请迈克·布罗姆菲尔德加入他的乐队，老友欣然接受，承诺了完结手中的工作，就去找鲍勃报到。布罗姆菲尔德是非常著名的主音吉他手，这本应该是一次精彩的合作，但意外降临，布罗姆菲尔德因吸食大量毒品去世。生命的突然消逝，总是让人怀疑它存在的意义。朋友的意外死亡，让鲍勃深感遗憾。而令人悲伤的事像是流感，没有轻易结束。

约翰·列侬也是鲍勃的挚友，两人都有着鲜明的音乐风格，天才总是惺惺相惜，一同站在艺术造诣的巅峰。1980 年 12 月 8 日，对于约翰·列侬的歌迷来说是个难忘的日子，这位著名歌手在纽约遭到枪击，行凶的是一名疯狂的歌迷，他对着自己的偶像扣动了冰凉的扳机。

看到这则新闻的鲍勃陷入了恐惧之中，他怀疑他的那些疯狂的粉丝也隐藏在人群之中，目标就是他们这一批 20 世纪 60 年代的摇滚歌手。他开始格外小心谨慎，演出之前会派专人去检查演唱场地的各个角落，确保安全。出行会有保镖跟随，尽量不停留在公共场合。

乐队的贝斯手蒂姆·德鲁蒙收到了一份礼物，来自鲍勃，德鲁蒙很茫然，不知这份礼物到底是什么，他开玩笑说："曾以为是一盒钻石或是什么名贵的东西，拆开包装后发现，竟然是一件防弹背心，鲍勃在担心大家的安全。"

实际上，狂热的粉丝一直存在。鲍勃的周围一直都有另类的歌迷，他们暗暗地尾随鲍勃，甚至向他家的玻璃上泼黑色油漆，骚扰电话总会在午夜响起，鲍勃享受着偶像光环带来的优越感，也承受着随之而来的压力。

卡梅尔·哈贝尔是众多疯狂者之一，她是一个 28 岁的女人，声称自己也姓迪伦，并且曾与鲍勃相恋。她给鲍勃写信，信中讲述他们之间的"恋爱"回忆，并表示想要继续这种关系。

类似这样的信件还有很多，鲍勃没有回复过。但哈贝尔没有罢休，她给鲍勃的演出公司打电话，要求鲍勃接电话，遭到了鲍勃的拒绝。哈贝尔是个执着的人，她想尽办法靠近鲍勃，连乐队的其他成员也没有放过，她伺机与他们搭讪，想与他们熟悉，通过他们来接近鲍勃。为了处理这些麻烦，鲍勃不得不派一个人住在公司里，专门解决这些疯狂的事件。

虽然荒诞的事件接二连三，但鲍勃的创作从未停止，他又在筹备下一张唱片——《爱的子弹》。这张唱片找来了新的伴唱团队，克莱蒂·金是其中一位十分性感的女性，她虽然年纪比鲍勃大，但身上依然散发着迷人的魅力。她充满诱惑的嗓音让鲍勃痴迷，接下来发生的事情是：他们产生了感情，如同其他伴唱团的成员一样。

4. 现实发起的挑战

五年间，鲍勃·迪伦经历了许多事。鲍勃执意于宗教音乐，让他的作品饱受质疑，新专辑在巨大的舆论压力下正在进行筹备，这可能是他事业低谷的转折点，所以他格外重视。

鲍勃在朋友的建议下联系了查克·普罗特金，他是一名经验丰富的执行经理，更是鲍勃的忠实歌迷，他甚至听过鲍勃的每首歌，当接到鲍勃电话的时候，他十分意外，也感到惊喜，虽然心中澎湃，但普罗特金表现得很平静，他客观分析了鲍勃的作品，认为那些歌曲充满了活力，有一种直达人们心灵的魔力。所以他欣然接受了合作的建议。

从 1981 年 4 月开始，鲍勃正式进入普罗特金名为“三叶草”的录音棚，录音棚坐落在好莱坞，正当普罗特金和同事们全方位准备好录制工作时，矛盾出现了。

对于歌曲的创作，鲍勃一直精益求精，他希望每一首歌曲都能成为经典。但对于歌曲的录制部分，他却一直保留着粗糙录制的方式，并且鲍勃总以他的习惯决定工作内容，所以进入录音棚的第一天，就出现了问题。

所有工作人员已经就位，鲍勃却迟迟没有现身，大家又等了一段时间，只等来了鲍勃的一个电话，普罗特金问他在什么地方，得到的回答是：明尼苏达州。鲍勃甚至不知道，此时的他应该出现在录音棚。录音棚的工作人员们都在抱怨浪费了时间，也在抱怨鲍勃不够尊重他们，普罗特金也无可奈何，只好逐一安抚。

这种事情并不是偶然事件，在以后的录制过程中，鲍勃迟到也是常有的事，他曾因为下错高速路口而在纽约迷路，他从不按地图的标志行驶，他讨厌墨守成规。

普罗特金在某种程度上理解鲍勃，他是一名音乐创作人，也许这样才能让他保持灵感，因为足够特别，所以才成就了今天的鲍勃·迪伦。“他不是一个随处可见的、满嘴流行腔调的蹩脚艺术家。”普罗特金说。

迟到和懒散并不是他们需要面对鲍勃的唯一问题，他喜欢现场录音的方式，对于20世纪70年代的年轻歌迷来说，大部分唱片都经过精心的处理，有高科技设备对其进行后期修缮，技术发展和社会进步让人们不再接受未被加工的唱片了。

鲍勃对于录音方式十分固执，他坚持不使用头戴听筒，结果就是他无法听到自己的声音，无法把控演唱效果。鲍勃对工作时间的安排也十分让人难以理解，很多工作鲍勃选在凌晨三四点钟进行，这是人们最困倦的时候，团队里只有鲍勃保持清醒状态，其他工作人员叫苦不迭，并不是每个人都想在录音棚迎来日出。对于录制是否成功，鲍勃也有他自己的标准，合唱几次之后，如果觉得效果可以，他认为就已经完成了录制，工作人员的质疑他很少在意。

如此录制唱片，反而加大了工作人员的工作量，后期的修改和编辑变得琐碎而繁重，大家需要花大量的时间进行混音和合成。

让人为难的是，鲍勃并不喜欢人们对他录制的作品过度修改，他认为这样会让歌曲失真，他更喜欢有着街头感觉的唱片，哪怕存在许多杂音，甚至走调也没有关系。

现场演唱很考验歌手的实力，鲍勃从不惧怕现场演唱，他的演出总是格外精彩，作品得到完美演绎。普罗特金就曾在意外的情况下，录制了《每粒细沙》，当时鲍勃没有告诉任何人他要演唱，只是独自走到钢琴旁边，开始弹奏、演唱。这种接近原始状态的录制方式，鲍勃从开始坚持到最后，为他伴奏的凯尔特纳说："鲍勃一直在追求表演的原始张力。"

鲍勃对歌曲的选择也有独特的见解，他陆续创作了许多精彩的作品，普罗特金十分喜欢，他想将它们收录在新唱片的歌单中，鲍勃却拒绝了，拒绝的原因他不愿多说，普罗特金特别遗憾，又无计可施。

最终，《爱的子弹》录制工作以这种粗犷的方式结束了，虽然这让鲍勃很满意，但上市后的销售数据证明——它并不受欢迎。相较于上一张唱片《拯救》，这张新唱片销售业绩更加惨淡，榜单成绩也差强人意。

每一张唱片都是心血的凝结，鲍勃想让每一首歌都成为时代的代表，现实给了他一记响亮的耳光，似乎有人告诉他：你该醒醒了！接下来的很长一段时间，鲍勃没有再推出新唱片。

鲍勃的唱片销售成绩一般，他便把主要精力放到了巡演上。曾经在伦敦伯爵宫舞台的辉煌让鲍勃记忆犹新，那震耳欲聋的欢呼声伴随了他很长的岁月，三年之后，鲍勃带着乐队再次飞向英国。

三年前的他在英国十分受欢迎，曾经接连六场的演出，场场爆满，媒体也给予了很高的评价。此次再做巡演，英国是鲍勃最渴望去也是最有把握获得成功的地方，但鲍勃没想到，三年后等待他的是另一种局面。

演出已经开始，场下仍空着大量的座位，人们已经不再喜欢他传教式的演出，不愿再花时间和金钱来到这里。看着稀稀落落的观众，鲍勃前所未有地茫然。

不久后布鲁斯·斯普林斯也在同一块场地举行了巡演，他们充满活力的演出更受大众喜欢，现场十分热烈，一票难求，与鲍勃的惨淡局面形成鲜明对比。媒体难免将两次巡演进行比较，鲍勃几乎输得没有话说。

鲍勃不得不承认，在整场演出中，宗教歌曲的比重太大，歌迷更喜欢他经典摇滚风格的表演，这是必须面对的事实。

残酷的现实仍在上演，鲍勃的法国巡演是欧洲的最后一站，为了给巡演画上一个完美的句号，这场巡演筹划规模更大，歌迷陆续入场后，鲍勃也走上舞台，这时场地一侧发生了爆炸，现场停电，一片漆黑。

混乱之中，一位荷兰歌迷爬向一旁的电缆塔，当人们发现他时，他正迈腿要跨过高压线，人们还在目瞪口呆时，他突然就从高处跌落下来，掉落在地，人们赶紧围了过去，跌落的歌迷勉强坐了起来，和周围的人说他很好，但很快又倒了下去，再也没有醒来。

台上的鲍勃对此还一无所知，他只看到歌迷中发生了骚动，工作人员在尽力恢复供电，演出在异样的气氛下进行着，但悲剧再次发生，又一位歌迷从看台上跌落身亡。

黑色的演出经历，给每个参与演出的人心头蒙上了一层悲伤，终于结束巡演，大家松了一口气，这时那个疯狂的歌迷——卡梅尔·哈贝尔再次出现在鲍勃的视野中。

哈贝尔的出现，给大家带来了更大的恐慌，她威胁接待她的业务经理，如果靠近她，哈贝尔将让这个无辜的业务经理后悔一生。工作人员报警后，警察到来，这个女人安静了几日，接下来的状况更让人心慌。鲍勃的同事们发现，工作室和车上都出现了神秘的字条，内容是关于“谋杀计划”，鲍勃不得不雇用更多的警卫，专门保护大家的安全。

哈贝尔这个疯子，几十次闯入鲍勃的工作室和住所，留下各种各样的信件和物品，信件内容也五花八门，有的是挑逗，希望与鲍勃有一个浪漫的夜晚；有的是恐吓，表明她计划了一个暗杀行动；有的则是动情的倾诉……鲍勃周围的几乎每一个朋友都受到了骚扰，这让鲍勃苦不堪言，这些信件的落款都是那个恐怖的名字——卡梅尔·迪伦。

斯普林斯也接到了恐吓电话，对方告知她将有人对她实施暗杀，对方甚至提供了详细的信息，这让斯普林斯不得不重视，她搬到了朋友家来躲避这场“灾难”，即使她不知道对方到底是不是认真的。在一次演出之前，工作人员接到电话，有人通知她演唱会取消了，当地警方也接到匿名电话，说鲍勃将会遭到乐队其他成员的绑架……

鲍勃的律师将哈贝尔告上法庭，确认了她具体做过哪些骚扰性事件，法院最终裁决：禁止哈贝尔骚扰鲍勃及其工作人员，也不得使用“迪伦”这个姓。

这件事看似得到了彻底解决，但鲍勃知道，她只是疯狂的歌迷之一，她不是第一人，更不会是最后一人，只要鲍勃活跃在舞台之上，这就是无法避免的“名人负效应”。

后来的巡演中，为了避免鲍勃被歌迷打扰，安保人员准备了一张“危险人员黑名单”，上面都是曾经骚扰或威胁过鲍勃的歌迷，有五百多个，而且还在陆续增加。

危险的歌迷中，除了哈贝尔，还有著名的理查德·迪克森。他可以被称为最变态的歌迷，因为母亲抱怨他播放音乐声音太大，他就在音乐声中踩死了母亲。

还有歌迷尾随鲍勃的演出车辆，追寻到他的住处，大喊他的名字，他们像是一群信徒，鲍勃·迪伦就是他们的信仰。

除了疯狂歌迷的骚扰事件，还有另外一件更让鲍勃烦心的事。鲍勃的前任经纪人——艾伯特·格林斯曼正计划要告他，理由是鲍勃没有支付给他足够的报酬。

在与格林斯曼合作期间，鲍勃每年都支付 25 万美元的薪酬给他。格林斯曼于 1981 年 5 月正式起诉鲍勃，要求他偿还 5 万 1 千美元的版税，以及部分歌曲的使用费，另外还需要支付 40 万美元的赔偿金。

鲍勃也让律师积极收集证据，提出了反诉，双方开始了漫长、复杂的法律纠纷，因为涉案金额巨大、涉及范围广，此案成为当时纽约州最大规模的案卷之一，受到了极大的关注。

对待音乐创作，鲍勃的思路是十分清晰的，音符在他的手中游刃有余，但他对合同和文字类的资料不感兴趣，鲍勃坦言他甚至不看合同，所以他并不知道与前经纪人的合作合同具体内容究竟是什么，但鲍勃确信，给格林斯曼的报酬是足够丰厚的。

10 月，一切似乎有了短暂的停止，鲍勃开始着手准备美国巡演，他开始尝试通过改变演出内容扭转局面，这次的巡演将是重要的转折点。

也许歌迷并不知道鲍勃已经努力做出改变，演出门票销售依旧不理想，主办方削减了演出场次，鲍勃意识到，问题比预想的要严重。当事情的发展不再朝着正确的方向前进时，停下来，重新思考才是最正确的选择。

唱片销量的打击，全美巡演的萧条，疯狂歌迷的骚扰以及来自前经纪人的纠缠，这一切让鲍勃必须停下来，重新审视生活和音乐的方向。

鲍勃不愿一味地取悦歌迷，那将让他失去方向，但固执地坚持宗教音乐已经不能被大众所接受。像是一只没有了牵引线的风筝，鲍勃感觉他失去了跟歌迷之间的联系，漫无目的地飞在半空中。

雪上加霜的是，鲍勃的好友阿尔克离开人世。阿尔克与鲍勃是邻居，共同居住在杜姆角的海滩旁，在离婚过程中，阿尔克一直在鲍勃身边，陪伴他，与他一起制作电影，两人一直保持着良好的合作关系，对未来也有合作计划，但阿尔克的离开那么突然，让一切都成为泡影。

1982年1月3日，只有阿尔克一个人在工作室，尸体被发现后，确认他死于注射过量的海洛因。

事情一件接一件袭来，让鲍勃猝不及防，沉重的打击让他感到呼吸困难，家人分别，老友离世，事业不顺，这一切都让鲍勃感到心痛，他已年过四十，再也不是个小伙子了，他累了，疲惫的身躯无法支撑梦想，未来之路还很长，鲍勃需要重整行囊，再拾自信，才能重新出发。

BOB DYLAN

The Times They Are a–Changin'

第 10 章

鸟儿也有天空的约束

Even the birds are chained to the sky

1. 冷与热

仿佛突然之间，鲍勃从公众的视线中消失了。在风起云涌的时代，一批又一批有才华的新歌手出现，让人应接不暇，鲍勃的淡去没有引起太大轰动，除了一些忠实的粉丝心痛不已，其他人对此并未太过在意。

20 世纪 70 年代后期，鲍勃的作品出现了问题，他好像突然间失去了创作灵感，那只曾经被上帝紧握的手不在了，作品开始变得平庸，无法与观众产生共鸣。

曾经震撼人们心灵的音乐作品，让年轻的鲍勃走进了人们的视野，他像乘着风浪而来，迅速席卷了这个世界，人们像植物渴望阳光一样，朝着鲍勃的方向，如饥似渴地感受着那份悸动。

鲍勃创作的频率很高，前期的经典作品众多，随意的一笔都能成为音乐排行榜的翘楚，任意的一张唱片都是音像店的畅销品，鲍勃从未感到创作是一件费力的事，那些旋律和词句就那样自然而然地出现在他头脑之中。一切都是妙手偶得，他只需要拿起笔，一首优秀的歌曲就这样出现了。此时的鲍勃，似乎丧失了这种能力，哪怕是他努力雕琢的作品，依然不被听众接受。曾经有一条透明的线，连接在他与歌迷之间，他的思想与歌迷相通，如今这条线消失了。

进入中年，一切开始变得力不从心，鲍勃几乎不在公共场合出现，直到 1982 年 3 月，鲍勃被选入歌曲创作名人堂，这是值得骄傲的荣誉，即使他不再参与其他演出，这一次他却同意参加庆典。

庆典在纽约希尔顿酒店举行，众多知名人士到场。有人注意到鲍勃在偷偷服用某种药物，他神色紧张，手足无措，显得十分焦虑。好友对他表示关心，他只是尴尬笑笑，就不再说话。庆典开始，颁奖环节陆续进行，给鲍勃颁奖时，需要他发表获奖感言，人们将目光投向台上的他，鲍勃神情有些木然，手在轻微颤抖，他很激动，尤其是在经历过现实打击的此刻，他尽情享受着这份荣誉，极力希望被人肯定。

那一年，鲍勃只在公共场合出现过两次，除了名人堂庆典，另一次是与前女友——琼·贝兹在一场演出中合唱，他们一直被称为民谣界的天王天后，这场演出匆忙开始，草草结束，没有互动，更没有自由演唱环节，这更像是完成一项任务，而不是尽情享受歌唱。

在后来的巡演中，鲍勃与贝兹再次相遇，他们曾经的爱情轰轰烈烈，合唱的歌曲广受好评。后来，鲍勃突然决定不再与她合唱，即使同去一场演出，两人也是分别演唱。认识二十年有余，鲍勃对贝兹却没有了更多的关心，这让贝兹感到失望。

鲍勃与前经纪人格林斯曼的经济纠纷还在继续，虽然现在的鲍勃几乎不参加商业演出，但他依然聘用了经纪人，他没想过放弃音乐事业，他相信等到合适的时机他会重新开始。

时代在以惊人的速度发展着，周围的一切都在变化，音乐这种艺术形式也在随着科技发展在形式上有了更多改变，光碟的出现改变了整个音乐界的销售模式，录像带也成为发展潮流。歌迷们被潮流引领着，新兴的音乐产品迅速被接受，每个音乐人都在转变思维，努力追赶时代的脚步。

在儿子塞缪尔的受戒仪式上，通过朋友介绍，鲍勃认识了一位担任艺人执行主管的女士——卡罗尔·切尔斯。她是一名犹太人，来自格雷特内克，有着一头醒目的红发，她在见到鲍勃的第一眼时就爱上了他，切尔斯曾坦白说：“鲍勃符合了我对男人的一切幻想。”

切尔斯与鲍勃热情交谈，她告诉鲍勃自己是一名泛神论女信徒，熟悉基督教，这让鲍勃对她很有好感，他被这个瘦弱的女人吸引，并邀请她去家中做客，切尔斯欣然同意。

鲍勃又开始了一段新恋情，他与切尔斯之间的感情前后经历了十年，两人共同去旅行，切尔斯为鲍勃提供音乐方面的帮助，她对这份感情有着清醒的认识，也对鲍勃的“情史”有所耳闻，切尔斯没有渴望成为他的唯一，这让两人的相处更加融洽。相互欣赏，是一份感情的基础。切尔斯十分欣赏鲍勃的才华，她认为鲍勃天赋过人，“他是那样地与众不同，无论站在什么地方都吸引女人的目光”。鲍勃喜欢与女人相处，这让他保持年轻的心态，但女人对他来说并不是最重要的，音乐才是那个独一无二的存在。

1983年，沉寂了许久的鲍勃决定“重出江湖”，他决定制作一张符合潮流的唱片，它应该符合当代音乐风格，并且拥有最流行的宣传方式。为了新唱片，鲍勃又组织了一支优秀的乐队，作品陆续被创作出来。事实上，在沉寂的这段时间，虽然鲍勃没有参与各种演出，却没有停止音乐创作，他有了更多的时间跟家人相处，也多了更多的时间去思考最纯粹的音乐与人生。

威力·麦可泰尔是乐队的一员，他是一名出色的布鲁斯歌手，鲍勃很欣赏他的音乐态度，以及他轻松愉快的演唱方式，因为这让人们对生活充满希望。虽然听众们并不熟悉这个名字，但他是鲍勃十分欣赏的一名音乐人。

这一次的唱片中，音乐涉及了更多方面，有的关于正在青春期的孩子们，有的关于他坚信不疑的末日之说，其中《盲人威利·麦可泰尔》是十分出众的作品，可以称为鲍勃的又一代表作。

新专辑名为《异教徒》，这是一张重返舞台的重要唱片，鲍勃自然花费了更多精力，在歌单最后确认过程中，他又做了一件让人们费解的事情：将《盲人威利·麦可泰尔》删除了。这首优秀的作品为何没有出现在唱片中，鲍勃没有过多地解释，只是说他并不认为这首歌很出色。

发行公司为了迎合大众的口味，决定为鲍勃的新唱片录制宣传录像带，配合单曲一起宣传，带动后期唱片销售。鲍勃对电影一直保持着很浓的兴趣，只是之前的电影作品恶评如潮，鲍勃才没有继续尝试电影行业。如今为了新唱片的宣传，鲍勃很自然地走进了摄影棚，配合公司的安排。优先发行的单曲为《爱开玩笑的人》，录影时，鲍勃没有像人们期待的那样游刃有余，他十分局促，很不适应，草草拍摄便结束了。

这首单曲没有受到太多的好评，也没有进入榜单排名，让人意外的是，简单拍摄的宣传影片反倒得到了很好的评价，人们很喜欢画面中的鲍勃，鲍勃自己却很不喜欢，他认为这一切都太糟糕了。

鲍勃继续寻求事业的出路，他开始尝试与一些年轻人的乐队合作，他的孩子们给了他建议，鲍勃找到了年轻的朋克乐队——“冲击”乐队。听了这些年轻人的作品后，鲍勃发现了很多新意。他们的作品与鲍勃年代的作品有着完全不同的风格，但都能让听者感受到那份激情与快感。

受到邀请的年轻人准备去第一次录音，他们有着职业的音乐态度，也喜欢尝试各种风格。只是在见面之前，他们中的一些人甚至不知道鲍勃·迪伦是谁。鲍勃在杜姆角的家中等待这群年轻人，这里不再是那个装修精致的家，更像是一个临时工作室，房子周围种植了浓密的植物，这让整个房子看起来若隐若现。

之前的疯狂歌迷让鲍勃心有余悸，他在住宅的门口修建了岗亭，找专人看守，以保证住宅内的安全。院内的草坪上横七竖八地停靠着废旧的汽车，大部分都已经无法启动，看上去像一个废弃汽车收购站。一堆锈迹斑斑的废铁中间还有一艘船，船也早已到了报废程度。离婚后，这里变成了鲍勃与乐队排练的地点，乐队的车可以直接开到门前，迎接他们的是像渔夫的鲍勃。鲍勃穿着雨衣、胶鞋，从房间里缓缓走来，他一手握着一只拐杖，一手牵着一条大狗，站在那里看着下车的年轻人。

看到名人鲍勃，年轻人们有些紧张，鲍勃很主动，一一和大家打招呼，他告诉大家，排练只能进行到六点，如果超过六点邻居会报警的。这并不是一句玩笑话，鲍勃与邻居的关系很紧张，刚搬到这里的时候，曾因为栅栏的安装位置产生分歧，两家人甚至闹上了法庭。鲍勃和乐队的排练声音很大，双方协商的时间是六点，有一次大家忘情排练，忽略了时间，结果警车就来了。

他们在一起排练了整个冬天，从最开始的彼此陌生，到后来的慢慢熟悉，年轻人开始了解鲍勃的习惯，他总是按照自己的节奏来工作，他喜欢现场更改歌词，也喜欢偶尔对歌曲进行一些改编，虽然都是临时的决定，但呈现出来的现场效果却很完美。鲍勃会演唱属于他那个年代的歌曲，年轻人们也会演奏一些朋克音乐，大家跨越年龄的差距，和谐地工作在一起。

当红节目《大卫·里特曼之夜》对鲍勃发出邀请，希望他能够来到节目中对《异教徒》唱片进行宣传。鲍勃并不是很喜欢这类节目，但他不愿放弃这个宣传机会，最终还是带着乐队来到了节目现场。年轻人都很紧张，为了不搞砸这次演出，他们与鲍勃商量各种细节，鲍勃没有给他们太多信息，连演出曲目都没确定。节目中，鲍勃手拿唱片，向观众介绍其中的歌曲。按照惯例，来宣传的嘉宾都会演唱所宣传唱片里的重要曲目，但鲍勃依旧表现得十分另类，他选了一首布鲁斯老歌作为开始，让乐队抓狂的是这首歌他们从未排练过。这让乐队的年轻人们措手不及，演出结果可想而知，但鲍勃并未受此影响，继续表演，而且渐入佳境。只可惜《异教徒》的销量并没有因为这次宣传有什么起色，始终成绩平平。

1984 年，鲍勃开始筹备巡演，这将是一场大规模的演出，共有十万人观看。阔别舞台许久，鲍勃刚开始很紧张，曾经萧条的演出现场，如今还历历在目，历史还会重演吗？

当鼓手敲响第一声鼓音，灯光闪亮，欢呼声四起，台下观众的呐喊让鲍勃迅速找回了自信，他一连唱了二十多分钟，观众们一直在热情地呼喊着他的名字，鲍勃还是曾经的鲍勃，观众们没有忘记他。

鲍勃的激情回来了，他找回了曾经的状态，过去的颓废几乎泯灭了一个天才，冰冷的现实冻僵了他的音乐梦想，此刻狂热的呐喊唤醒了他沉睡的心灵。站在舞台中央的鲍勃，像是一个顶天立地的巨人，面前的麦克风是他的权杖，在音乐的世界里，他是永远的王者。

2. 用之不竭的爱

爱情不是食物和水，离开它不一定会死去，但爱情是黑白世界的色彩，有了它，才有五彩斑斓的景色。鲍勃的爱不是专一的，每段感情带给他的刺激都成为他生长的养分，在这疯狂的世界里肆意生长。

一个月的巡演，让鲍勃一扫过去的阴霾，重新骄傲地站在舞台上。演出的门票销售火爆，鲍勃不但找回了以前的状态，也重拾了现场改编歌曲的爱好，这次巡演中的多首改编曲目都十分成功，堪称经典。这是才华的另一种表现，也是对音乐的自信，鲍勃从不畏惧临时表演，他属于街头，属于现场。

《异教徒》的销售开始有了起色，渐渐成为人们喜欢的音乐风格。它的成功成为一种风向标，公司决定制作他的下一张专辑，采用同样的宣传模式推广，让鲍勃更符合现代人的口味。

新唱片开始筹备，这张唱片加入了许多电影相关的文化元素，取代之前宗教的内容，这与上一张唱片的成功也有很大关系，放大之前的成功之处，来为新唱片保驾护航。为了让唱片表现得更有现代气息，鲍勃找来了年轻的音乐制作人亚瑟·贝克，他曾成功地将两首歌制作成舞曲，大受好评。亚瑟·贝克还是鲍勃忠实的歌迷。对于鲍勃而言，这是一次彻底的大改变，代表着要改变他一直以来的录音习惯，鲍勃还同意将录音配到原声带上的做法，即使他心里并不喜欢这样做。时代在改变，人也要随之改变，也只有这样才不会被淘汰出局。录音过程是漫长的，鲍勃很不耐烦，他不愿将时间花在录音棚，因为要经过精细的后期制作，才能达到现在的流行效果。这个过程要比之前的唱片漫长许多，好在伴唱的女歌手们将孩子们带来。鲍勃的儿子耶西也在录音棚里玩耍，这缓解了他的焦虑。

新唱片《帝国喜剧》在大家的努力下诞生了，鲍勃听过之后十分满意，他期待着辉煌的再一次降临。但现实没有朝着希望的方向发展，唱片发行之后，并没有受到欢迎。关于新唱片的几个录影计划也陆续失败，即使公司找来了优秀的拍摄团队，结果依然不尽如人意。鲍勃觉得拍摄也只是浪费时间而已，他的音乐事业走入了新的低谷。

但局面很快有了转变，1984 年诞生了一首公益歌曲《四海一家》，再一次成就了鲍勃。这首歌是由多名歌手共同演唱的慈善歌曲，为埃塞俄比亚人道主义灾难而创作。鲍勃很有爱心，对慈善事业十分支持，但因为他的新专辑遭遇销售困境，鲍勃录制过程中显得有些忧郁。《四海一家》一经推出，迅速占领排行榜榜首，并且迅速席卷欧美，人人皆知。

慈善演唱会紧随而来，鲍勃被选为《四海一家》的领唱，主办人比尔·格拉汉姆很欣赏鲍勃，在他眼中，鲍勃是一位充满才气的诗人，更是一位不可多得的天才。演唱会在伦敦和费城举办两场，是当时规模最大的一场慈善演出，鲍勃作为领唱，被隆重介绍，有人说这场演出共有几亿观众观看。鲍勃十分卖力地表演，虽然过程中音响出现了问题，但他坚持演出，未受影响，和滚石乐队的合作，让人们再一次感受到他无人可挡的音乐魅力。

但演出过程中的互动发言，成为鲍勃的失败之笔。他显然对这场慈善演出的初衷有一些误解，将一次对难民的慈善演出，诠释成了对美国农场主的帮助。虽然许多人抨击鲍勃“肤浅”，但也阴差阳错地促成了另一个慈善项目——专门针对农业和农民，针对美国农场主。

演出当然不能少了鲍勃参与，演唱会在一个露天体育场举行，众多知名的歌手和乐队参加。演出很成功，鲍勃作为重要演出嘉宾，演唱了新唱片的歌曲，现场一片沸腾。鲍勃对农民和农业有着很深的情怀，这与他的成长环境有很大的关系，步入中年的鲍勃更加感性，怀旧情怀更加浓厚。

一首慈善歌曲，两场慈善义演，让处于低谷中的鲍勃重新燃起希望。而演出公司的又一举动，让鲍勃走向新的巅峰。哥伦比亚唱片公司有了一个大胆的计划，他们专门整理了一套鲍勃·迪伦的歌曲，共五张唱片，含 53 首歌曲，最难得的是其中包含 18 首从未公开的曲目。公司还为这套唱片起了一个贴切的名字——《传记》。这种形式前所未有，为歌手制作合辑销售，是唱片公司尝试创新的举措。歌手要满足诸多方面的要求，才能让公司敢于尝试这样做。

首先，艺术造诣高，足以引领音乐行业；其次，作品数量多，要有经典的代表作；最后，要有良好的销量作为前提，至少要有金唱片、白金唱片的历史。除了以上的必要条件，大量未发行的影音资料成为人们购买的关注点。随同《传记》销售的有两本关于鲍勃访谈的册子，其中讲述了许多鲍勃对歌曲创作过程的介绍，还有他对歌词意义的诠释，人们购买《传记》，也希望借此了解这位传奇名人。

《传记》是对鲍勃艺术成就的最高肯定，虽然制作成本很低，但销售价格却高达 30 美元。价格没有阻挡歌迷的热情，合辑上市之后很快便销售一空。事实证明，即使人们已经拥有鲍勃的大部分唱片，仍愿购买这份有纪念意义的合辑。新的唱片模式成功了，《传记》最终达到了白金销量，超过 25 万张，销售金额超过 750 万美元，这也引领了合辑销售的浪潮，其他艺人纷纷效仿，他们的唱片合辑如雨后春笋般纷纷出现。

与卡罗尔·切尔斯的交往已经三年，鲍勃带她参与各种聚会和庆典，出双入对。但这并不阻碍鲍勃与其他女性的交往，比如聚会时与众不同的苏珊·罗斯、演唱会偶遇的伊丽莎白·泰勒，她们都成了鲍勃的女友。鲍勃有着吸引女人的独特魅力，他衣着不整，十分消瘦，他的指甲总是很长，里面还夹着黑泥，他的头发蓬松杂乱，但这一切都不影响众多女人对他的欣赏，他总是吸引女人们的目光，没人可以拒绝他的邀请。

曾有记者采访鲍勃："女人对他的意义是什么？"鲍勃回答："离开女人他难以生存。"鲍勃曾与伴唱歌手卡罗琳·丹尼斯交往，中间分开了一段时间，卡罗琳嫁给了一名鼓手，但婚姻很快就走到了终点。两人分开之后，卡罗琳又开始了与鲍勃的约会，并怀了他的孩子。卡罗琳知道鲍勃有许多女友，她了解鲍勃，欣赏他，崇拜他，愿意陪伴在他左右。1986 年 1 月 31 日，卡罗琳·丹尼斯为鲍勃生下一个女儿，取名德西蕾·加里布埃尔·丹尼斯·迪伦。

鲍勃的前半生过得很高调，他享受着众人的瞩目，但德西蕾的到来彻底改变了他，这个孩子的出生成了鲍勃的"最高机密"，最初连家人都不知道。距离鲍勃上次做父亲已经过去了十七年，已过中年的他迎来女儿之后，决定要给女儿一个家。1986 年 6 月 4 日，鲍勃与卡罗琳·丹尼斯举行了婚礼，他决定将这段婚姻以及德西蕾一起藏起来，鲍勃认为这是对她们的保护。为了让这个秘密维持下去，他甚至让周围的朋友因此发誓。

可是，婚姻并没有让鲍勃停止与其他女人交往，他隐瞒了婚姻，继续与她们约会，他甚至赠予情人切尔斯价值 50 万美元的房产。在媒体面前，卡罗琳拒绝讨论她与鲍勃之间的关系，他们之间已经达成默契。

结婚之后的鲍勃迅速投身到巡演当中，他的状态很好，周围人也发现了他的变化，那段时间鲍勃十分快乐，人们在他脸上看到了难得的笑容。卡罗琳隐瞒了妻子的身份，加入了巡演之中，鲍勃为她所在的伴唱乐队起名为“节奏女皇”。

与卡罗琳结婚后，鲍勃的着装开始有些细微的转变，他开始尝试更加年轻时髦的装扮，皮衣、皮裤，色彩艳丽的外套，镶有珠宝的首饰，他在寻求更好的舞台效果。

与伴唱团的合作一直是他很重视的部分，这不单是因为卡罗琳的存在，声音的叠加总会带来出人意料的效果，这大大提升了现场演唱的效果。卡罗琳承担了伴唱团歌手的管理工作，她需要不断发现新声音，然后将其融入“节奏女皇”中来。

此时，鲍勃的作品已经很少有宗教的元素出现，人们还猜测他是否回归了犹太教。鲍勃参加儿子耶西受戒仪式的一张照片受到外界关注，照片中的鲍勃头上有一顶圆顶的小帽，在哭墙前站立。在人们的眼中，这个表情困惑的犹太人已经回归了犹太教的怀抱。事实上，鲍勃只是尽到一个父亲的责任来参加仪式，并非代表信仰的改变，他信奉基督教。每一场演出前，鲍勃和工作人员仍会围成一圈做祈祷，这已经成为不可缺少的环节。

德西蕾的到来让鲍勃找回了曾经家庭的温暖，这份温馨不能由任何事替代，虽然他与萨拉和其他的孩子也保持着亲密联系，但这个新家为鲍勃带来了安全感，也让他有了心灵的寄托。

鲍勃与卡罗琳一同巡演，一同准备新的唱片。在前期筹备开始的时候，鲍勃发现一个问题，他的创作陷入了困境，灵感再一次消失，曾经那些词语像喷泉一样从头脑中涌出，但此时头脑之中空空如也，他什么都写不出来了。这时，卡罗琳的一位老友——卡罗尔·拜耳·塞杰为鲍勃提供了帮助。她是一名歌手，也是一位画家，她还有另外一个身份——抒情诗人。鲍勃在弹奏吉他时，拜耳·塞杰便在一旁记录稍纵即逝的灵感，她很紧张，像是完成老师留的作业。让拜耳·塞杰感到欣慰的是，鲍勃采用了她的构思。

一段时间后，拜耳·塞杰收到了新歌样本，她发现除了歌曲名字——《倾倒在你的魅力之下》是她的灵感，其他的歌词并没有她的痕迹。拜耳·塞杰开玩笑说，这是她与别人合作的作品中自己的成分最少的一次，但鲍勃总是说，如果没有她，就不会有这首歌。

灵感的枯竭为鲍勃带来很大的困扰，他不得不寻找新方法去获取创作灵感。鲍勃与曾经的老友山姆·夏普德聊天，彼此讲述生活经历，在聊天内容中寻找新思路，不知道哪句话就会为他带来“灵光一闪”，在不停地尝试与讲述中，鲍勃苦苦寻觅着灵感。他的方法是有效的，其中一个故事成为一首歌曲的开端，某一句不经意的感叹，变成了歌曲的名字。

虽然困难重重，但唱片《烂醉如泥》还是诞生了，这是鲍勃偷偷送给女儿德西蕾的一个礼物，所以，他在唱片内的感谢名单中加了女儿的名字，只是这不能改变唱片的销售成绩，这张唱片成为鲍勃历史上最糟糕的唱片。

新的婚姻带来新的生活，鲍勃享受着家庭的温暖，在家人的关爱中继续音乐之路，也许道路充满了坎坷，但因为有家人的陪伴，他走得也更加坚定。

3. 感恩而死

鲍勃·迪伦有着许多头衔，民谣艺术家、摇滚歌手、诗人，他也可以被称为演员或者导演，他曾多次尝试过电影的拍摄，也在电影中扮演过角色，他也多次为电影创作过主题曲，并获得了不错的评价。《雷纳多和克拉拉》的失败让鲍勃一度失去信心，虽然鲍勃一直保持着对电影的热情，却不敢轻易地再次尝试。当理查德·马昆德找到他时，他心中闪过一丝犹豫，当看到剧中的角色几乎是为他量身打造的人物时，鲍勃同意出演电影《火之心》。

他饰演的角色是一位传奇歌星比利·帕克，在经历了无限风光的艺术生涯之后，决定淡出公众视野，在一家养鸡场度过余生。剧中的帕克爱上了一个年轻的女人，两人在参加一场摇滚演唱会时，与年轻的摇滚男歌手相识，年轻男女之间迸发了爱情的火花，帕克只好独自一人返回……

人们在荧幕上看到熟悉的鲍勃，也听到了他为电影演唱的歌曲。这样一场意味深长的电影，与真实的鲍勃之间有着若隐若现的联系，即便是歌曲水平一般，他的演技也并无惊喜，鲍勃还是因为这个角色获得了一百万美元的报酬。《火之心》只上映了几周，成绩一般。有人将失败的原因归于剧本，埋怨剧本的平庸和无趣，也有人认为主演们表演无张力，导致最后惨淡收场。

出演电影，没有治愈鲍勃音乐挫折所致的伤痛，鲍勃的性格也越来越古怪，他曾经会作出一些难以解释的决定，进入中年后的他行为也越发怪异，让人不能理解。洛杉矶的街头，偶尔会出现一个衣着邋遢的男人，他目光有些警惕，在街上漫无目的地游走。他喜欢去一些从未去过的地方，常常发呆。一次，朋友发现了蹲在街口的鲍勃，他已经在那里停留了一个半小时。

鲍勃受邀参加在纽约举办的乔治·格什温纪念音乐会，他以另外一种嗓音演唱纪念歌曲，在场的所有人都震惊了，甚至不敢相信站在台上的是真正的鲍勃·迪伦。

他还打电话给史蒂夫·琼斯，邀请他一起录制新唱片，之前两人并不认识，接到电话的琼斯十分惊讶，鲍勃没有解释，只是让琼斯组织一支乐队，开始排练录制。初次见面，鲍勃很直接地拿出一份清单，告诉大家可以直接排练。乐队的成员们面面相觑，但也没有多问，面前的鲍勃显得那样古怪，又不容他人质疑。乐队成员尽力配合着鲍勃进行彩排，因为从未合作过，所以问题频出，一首歌还未熟悉，鲍勃又转到了下一首曲子。就这样，乐队在毫无头绪的情况下进行了一天彩排，却也只完成了歌单上众多曲目中的一首。

他创作的歌曲开始关注异化和死亡，这些都是他之前很少会关注的方面，进入中年之后，鲍勃的作品转变了方向，这也暗示了他内心世界发生了某些消极的改变。

1987 年，鲍勃与“感恩而死”乐队合作演出，他们经过细心排练，准备呈现出精彩的作品。排练过程中，鲍勃就显得有些失常，但乐队成员沉浸在能与鲍勃·迪伦合作的喜悦中，并没有太注意到。在鲍勃和乐队首次登上演出舞台后，人们意识到出了问题。鲍勃的演出歌单都是平时几乎不会练习的曲目，鲍勃的弹奏也是错误的，大家在他的影响下表现得像小孩子一样，常常闹出笑话。鲍勃站在舞台最前方，几次忘记歌词。鲍勃对大家解释说，他当时背痛难忍，大家却怀疑他上台前喝了太多的酒，导致状态失常。乐队合作结束后，曲目需要汇总成一张现场版的唱片，这本是一个宣传作品的好机会，但鲍勃又作出了让人难以理解的决定。他选择的都是现场表现很差的作品，不单乐队表现一般，鲍勃自己的演唱也有诸多问题，现场的杂音很大，这样糟糕的作品却成了鲍勃的“宠儿”。

他的演唱也不再有年轻时的状态，多数时候都像在喃喃自语，吐字不清，因为气氛感染，现场演唱歌迷不会在意，但人们听到唱片中的鲍勃也是如此模糊发音，就不再那么宽容了。

与“感恩而死”乐队合作一直都不是很愉快，但鲍勃依然坚持着。在一次演出的现场，鲍勃将准备演唱的五首歌全部搞混，导致演出无法正常进行。此时，乐队成员无法克制心中的愤怒，将鲍勃独自留在台上，让他一个人表演他自己的歌曲。鲍勃第二天打电话给乐队，表明他想正式加入乐队，这是出于安稳考虑，如今的他需要固定的演出乐队，这样才能维持正常表演，临时组建的乐队虽然更加自由，但也充满更多变数。

鲍勃寄希望于“感恩而死”，祈祷他的这个决定能够帮他走出困境。事实上，加入某支乐队并不会给他带来太多转变，鲍勃名气太大，任何一支乐队都不能逃开他的光环，只能渐渐沦为一支伴奏乐团。

站在舞台上，鲍勃持续他古怪的作风，他只唱一些冷门的歌曲，歌迷无法走进他的音乐世界，更无法在其中得到共鸣，演出效果越来越糟糕，他却依然我行我素，毫不在意。鲍勃的状态出了大问题，整个人看起来很颓废，脸色苍白，四肢无力。如果对比他年轻时的演出，就会感受到此时的鲍勃完全失去激情，他看起来并不享受表演。

有朋友去参加他的演唱会，看到他的表现很是失望，演出还未过半，朋友就起身离开，鲍勃看到了朋友离去，演出后打电话询问原因。朋友没有隐瞒地告诉他，是因为他的表演太糟糕了，像个十足的废物。如果鲍勃继续这样，他终将失去爱他的歌迷。鲍勃犹如困在井底的野兽，失去了逃脱困境的方向，他在四处碰壁，也在四处尝试，此时他只能祈祷，祈祷格局的变化，祈祷好运的降临。

音乐事业的不顺已经让鲍勃十分紧张，他却因为女人又引发一系列令人懊恼的事。巡演过程中，在领队加里·沙夫纳去外地办事的空档，鲍勃与沙夫纳的女友产生了感情，领队发现这件事后，气愤离队，这直接导致演出队伍无人领导，陷入尴尬局面。妻子卡罗琳一直跟随巡演队伍，显然这并不影响鲍勃与新女友恋情的发展，这一缺乏道德的举动引发大家对鲍勃的抨击。在之后的采访中，沙夫纳并未过多评价此事，只是语气平淡地说："我很荣幸为团队服务，我也很尊重鲍勃这位艺术家。"鲍勃与这位新女友的恋情很快结束，他的这一任性举动伤害了巡演团队中的每个人。

与前经纪人格林斯曼的纠纷还在继续，双方律师在法庭上持续争辩，历经五年，仍未停止，双方一直保持僵持状态。一切因格林斯曼的死而改变。1986 年 1 月 25 日，格林斯曼在飞机上突发心脏病死亡。鲍勃并未参加他的葬礼，格林斯曼的律师谴责鲍勃几年来的行为，并继续这场法律纠纷。在格林斯曼入葬两年后，鲍勃支付了 200 万美元了结了此事，算是画了一个不完美的句号。鲍勃此后完全拥有自己歌曲的出版权，这是一笔惊人的无形财富，随时可以转化为美元。

在音乐事业遭遇困境之后，鲍勃终于找到了重拾信心的新方法，他可以用曾经的荣誉麻木此刻空洞的灵魂。1988 年 1 月 20 日，鲍勃成为摇滚名人堂成员，并受邀参加一场豪华晚宴。这场宴会规格很高，每桌花费高达一万美元，鲍勃在这里享受着人们对他的肯定，布鲁斯·斯普林斯说：“没有一个灵魂可以不对鲍勃心存感激。”

鲍勃对于摇滚音乐的影响有目共睹，那个时代的每个人都多少受到他的影响，曾经的鲍勃不屑于参与这种“客套”的聚会，他不喜欢穿戴规整，更不喜欢与他人应酬，但此时的他是真心喜欢参与这种场合。经历各种不顺的鲍勃，内心空虚无助，他像雨夜中走失的孩子，而这些荣誉像是一杯暖胃的热茶，虽不能为他带来阳光，却可以慰藉他颤抖的灵魂。

也许上帝真的存在，鲍勃的祈祷为他带来了好运。好友乔治·哈里森找到了鲍勃，他曾是“甲壳虫”乐队的成员，他希望能够向鲍勃借用录音棚，录制新唱片。鲍勃邀请他和乐队来到杜姆角的家中，这意外成就了一支新的组合——“维尔贝瑞旅行者”。

除了鲍勃，其他四位成员也都是成功的音乐人，他们都步入中年，身上散发着某种迷人的沧桑感，他们拥有出色的音乐才华，比如：一个普通木箱子上的标签，就能获取创作的灵感，于是，他们创作了歌曲——《小心轻放》。

似乎是随性而为的《小心轻放》有着睿智的歌词，乐队配以强有力的节奏，成就了乐队的第一支名曲。乐队成员也都有了自己的绰号，这些绰号都十分有趣，呼应着他们的乐队名称，鲍勃的绰号是“幸运的维尔贝瑞”。

乐队很快开始筹备他们的新唱片，《小心轻放》收录其中，录制工作十多天就完成了，其中的一部分在鲍勃家的厨房里完成，鼓手吉姆·凯尔特纳用木钉敲击电冰箱做音效，虽然简单却很特别，让人难忘。

鲍勃也继续着他的创作，专辑中的《肮脏世界》出自鲍勃之手，也有一些其他作品，但相比之下过于平庸。乐队中的奥比森有着迷人的嗓音，这让专辑中的歌曲人有了歌剧般的特质，十分具有感染力。

专辑发售之后，获得了很高的评价，唱片排行升至第三名，鲍勃感到很意外，这个成绩超越了他同期的所有唱片。虽然唱片销售火爆让人开心，但鲍勃心中暗暗难过起来，这也印证了另外一件事——鲍勃的个人音乐事业是失败的，他的个人魅力已经无法支撑巡演。

鲍勃在乐队中的演出风格做出了很多改变。但不得不承认，他需要借助乐队其他成员的支持，才能继续音乐之路。演出过程中，鲍勃确认了一个事实：他不再是舞台的中心，也不再是观众的焦点，人们将目光更多投向其他乐手。

鲍勃越来越不自信，他甚至不敢一个人站在舞台上，独自表演成为一件困难的事。此时的鲍勃在舞台上手足无措，像是从未登上过舞台的新手，他丧失了一个职业歌者最重要的能力。他总是自言自语，像是在告诫自己要坚持下去。此时坚强已经不是“万能药”，它不能解决所有问题了。欧洲巡演继续了一段时间，鲍勃做了新决定，归来之后他停止了和乐队的合作，并且解散了巡演团队和伴唱团队。

唱片销量越来越少，这也代表鲍勃的收入在降低，他需要通过独立的巡演来增加收入，他联系了一些小乐队，与他们合作开展个人名义的巡演，希望可以借此重新回到公众视线。

鲍勃与萨拉离婚，失去了大部分财产。虽然一直在发行新唱片，但收入很有限。他需要支付的费用很多，包括他的日常开销，还有录音棚的费用，经济方面也给了他很大压力。为了减少巡演的相关费用，鲍勃尽量压缩巡演人员配置，他组织了堪称最小规模的乐队，乐队由史密斯领队，是一支三重唱组合。经过简单的排练，巡演在加利福尼亚州开始。

巡演取名为“永无止境”，这个名字是鲍勃对事业的期望，他也为了这个目标一直在努力。这次巡演进行了很长时间，不间断的演出证明着鲍勃对音乐的态度，他喜欢一直“在路上”的感觉，平淡的生活不属于鲍勃，那会让他忘记自己是谁。活的像“鲍勃”，是他最想要做的事。这个名字带来的一切让他欲罢不能，他无法从那份荣誉中逃脱，只能一直坚持下去，不能放弃。

为了保证演出效果，鲍勃开始用心准备演出歌单，他从曾经的经典作品中选出一些，然后将它们重新编排整理，变得更适合现场演唱。随着演出次数越来越多，鲍勃与乐队的配合更加熟练，从一个城市转到另一个城市，鲍勃不记得究竟去过多少地方。

观众开始喜欢上这样的鲍勃·迪伦，他摆脱了20世纪60年代的演出模式，以新的方式与歌迷互动。演唱时，他的神情更加认真，人们可以感受到他的专注。认真的鲍勃·迪伦是充满魔力的，他经历了音乐道路上的大起大落，仍旧用属于他的姿态回到了舞台上，他身上散发着迷人的气质，他的歌声可以穿透灵魂，他那看似随意的歌词总是能轻易撩动人心。

鲍勃·迪伦的歌曲经得起时间的考验，那些天马行空的词句，以诗歌般的风格肆意挥洒，像鲍勃自己说的：“我的歌不会过时，无论是关于什么话题，因为歌中承载的是那些他永远找不到答案的东西。”

4. 噢，悲伤

重回舞台中心，鲍勃像是又寻到了音乐的本质，他开始变得自信，但私下里，他仍旧活得孤僻、古怪。巡演过程中，卡罗琳与女儿德西蕾一直跟随，她们的身份一直未对外公开，即使有记者询问，鲍勃对此总是闭口不谈。

有人形容鲍勃的生活更像是一个逃亡者，对于私生活，他过分地警惕小心，他与卡罗琳购买的房产位于一处偏远的郊区，那里常人难以找到，在购买文件上，两人的名字都没有出现，而是通过一家公司购买，而这家公司是鲍勃会计师运作的一家公司。

鲍勃用极其复杂的方式生活着，他认为只有做到这种程度，才足以保护家人的生活。长期的逃避，让鲍勃愈加怪异，有时在演出时，他会穿上带帽子的衣服，把头深深地藏起来，演唱时他低着头，人们只能听到声音，却看不到他的表情。下台之后，他迅速地躲开人群，走进房间之后就几乎不再出门。鲍勃变得敏感，甚至开始不相信周围的人，他很少交谈，眼神也总是闪躲，嘴唇焦虑地抿着，看起来总是很紧张。

巡演领队沙夫纳离开后，鲍勃找来老友维克托·梅慕迪斯，虽然他已经多年没有参与过巡演，但他熟悉鲍勃的性格，甚至理解他的古怪，他接替领队工作，与鲍勃继续走在“永无止境”的音乐路上。

当人们以为鲍勃将全部精力放在巡演上时，鲍勃却推出了又一张新唱片《噢，悲伤》，在挑选唱片歌曲时，鲍勃又一次删除了多首优秀的作品，像他之前一样。鲍勃表现得十分谨慎，似乎害怕这些歌曲一旦发行就再也寻不到它们了似的。

令人欣慰的是，新唱片是受欢迎的，鲍勃又一次提交了让人满意的答卷，《噢，悲伤》可以媲美曾经鲍勃最好的唱片——《异教徒》，音乐给了他这份新的感悟。

不久之后，鲍勃的女儿玛利亚·西摩尔曼生下了一个男孩，鲍勃升级为祖父，玛利亚的丈夫彼得曾与鲍勃一同参加过电视节目，这是一档犹太人的节目，很受欢迎，鲍勃仍有很大的影响力，这一点并未改变。

鲍勃曾与老友详谈音乐创作，他希望找到曾经的自己，在鲍勃的思想里，年轻人根本不懂什么是真正的音乐，提到这些他表现得很暴躁，他甚至说："魔鬼就是这个世界的上帝。"

在音乐方面，鲍勃绝对是一个极具个性的人，他对主流音乐不感兴趣，对看似高端的东西总是保持戒心，他曾说："我只是觉得主流文化很落后，是个骗人的把戏，它就像窗外那坚固的冰霜，你不得不穿着笨重的鞋子走在上面……"鲍勃从来不站在主流的队伍当中，他不屑于此。

曾经的"维尔贝瑞旅行团"也准备推出新专辑，乐队当中的罗伊·奥比森已经去世，他拥有独特的嗓音，有着极高的辨识度，这是他们乐队的一大特点，失去奥比森的唱片质量有所降低。乐团的其他成员似乎受到了影响，投入的热情远不如第一张唱片，唱片推出后，销售情况果然与第一张唱片差距甚远，这也注定属于"维尔贝瑞旅行团"的路并不长。

鲍勃也在准备他的新唱片——《红色天空下》，他将上一张唱片保留下来的歌曲录入在这张唱片里，他找来了年轻的团队进行编辑，制作成新版本。由知名音乐人组成的新团队来制作专辑，人们称它为“兜帽唱片”，因为鲍勃一直穿着他的兜帽上衣，哪怕在录制过程中，他也戴着帽子。

少言寡语的鲍勃总是安静地独处。他仿佛有了某种社交障碍，无法与人正常沟通，他看起来十分疲惫，也许是连续的巡演让他体力透支，也许是音乐创作太消耗精力，他此时犹如一只受伤的动物，悲凉且哀伤。只有状态很好的时候，他才会和乐队的其他人一起喝酒、畅聊，做一些年轻人的事情，当他这样做时，也会笑得十分开心。

“鲍勃·迪伦”这个名字包含了太多东西，它所带来的重担几乎要压垮这个消瘦的男人，年近五十的他被这个名字禁锢，无法逃离，无法终止，只能前行。

自从《红色天空下》这张唱片上市后，鲍勃有七年时间没有再出唱片。刻薄的评论如潮水袭来，说它只是一张二流唱片，没有什么可取之处。鲍勃却没放弃它，在接下来的巡演中，仍会演唱其中的歌曲，有时现场的改编会给某首歌新的生命，这是鲍勃的本领，他总能给人们惊喜。

鲍勃的演出像是一场赌博，有时他会表现得很好，他卖力地表演，认真地演唱；有时他会跑调走音，演唱时歌词含混不清，像是一个喝醉的人，在台上肆意胡闹。但是，不能用传统的眼光来看待鲍勃·迪伦，他从不追求完美的音准，也不追求无瑕疵的音色，他只用属于他的方式诠释一个作品，或许别人演绎他的作品，会更加严格地按照音乐本身固有的规律，但那恰恰不再是鲍勃·迪伦，而变成了一首普通的流行单曲。

1990 年 8 月 7 日，鲍勃结束了和卡罗琳仅仅四年的婚姻。这期间，他将全部精力放在了巡演和创作上，鲍勃没有足够的时间陪伴家人，这成为离婚的主要原因。离婚后，悲伤和痛苦将鲍勃包围，孤独成为他最亲密的朋友，他无时无刻不处在孤独的世界里，即将被吞噬。

律师开始处理离婚的相关事情，鲍勃只做了简单的交代，又踏上了巡演的路。这一次离婚，鲍勃失去了家人，也是去了一部分财富，塔扎纳名下的房子价值66万美元，也划分给卡罗琳，还有数百万的安置费，这是草率婚姻的代价，也是作为父亲的责任。

鲍勃的经济开始拮据，在他支付完百万安置费之前，卡罗琳可以自由使用杜姆角的房子，像与萨拉离婚后一样，卡罗琳享有他歌曲的一半版权和随之产生的所有收益。

就如这场婚姻开始时一样，对于离婚，鲍勃也竭尽所能地保密，甚至在法院的记录上，鲍勃所留的名字为齐则莫曼，而且要求法院将所有相关的卷宗封存，不得向外界公布。

这时的巡演大多数都在小剧场举行，乐队入住也多选在小型的旅馆，鲍勃喜欢那些安静的地方，只是旅馆必须允许狗进入才行，鲍勃巡演一直带着他的狗，这已经成了他的“家人”。

鲍勃不喜欢空调，更喜欢开窗，除了演出之外的所有时间，他都独自待在房间里。结束了一个城市的演出，就驾车赶往下一个城市，就像公路电影一样，粗犷的摇滚歌手，带着一支乐队和一条大狗，驾驶着汽车，行驶在夕阳照射的公路上，渐渐远去……

离婚后的鲍勃经常酗酒，乐队成员曾看到鲍勃像喝水一样地喝酒，然后醉醺醺地排练演出。喝醉的鲍勃很暴躁，他在用这种极端的方式经历一段难过的时光。

这种事情不单发生在彩排中，正式演出也会出现各种问题。有时演唱正在进行，鲍勃突然停下来，然后十分气愤地看着乐队成员们，没人知道发生了什么，只能惴惴不安地等待鲍勃的反应。

如果排练曾经多次演出过的歌曲，鲍勃会十分不耐烦，他抵触这种彩排，感觉是在浪费生命。他开始感到厌倦，变得情绪失常。

1991 年 2 月，鲍勃获得了一个非常重要的奖项——格莱美终身成就奖。他出席了颁奖典礼，并演唱歌曲《战争主宰》，但现场的鲍勃表现得不太正常，他脸色苍白，嗓音沙哑，整个人像是经历了某种精神折磨。数百万人观看了这次演出，鲍勃却像自言自语一样完成了表演，人们无法听清他唱的是什么，更无法理解他的表演方式。颁奖结束之后，鲍勃发表了一段让人费解的获奖感言："双亲如果放弃了自己的孩子，那么这个世界就有可能被'污染'。"这是父亲送给他的话，如今他作为感言说给百万观众听。没人能够准确分析这段话的用意，也许只是鲍勃的随性感慨，也许其中蕴含着复杂的人生感悟。

怪异、孤僻的鲍勃似乎走到了音乐道路的尽头，他的表现像一个毫无斗志的战士，等待着战争最后的宣判。可幸运之神又一次挽救了鲍勃，索尼音乐公司收购了哥伦比亚唱片公司，并于 1991 年发行了"私制唱片系列（1~3 辑）"。这是一个横跨了鲍勃·迪伦三十年音乐生涯的作品，其中还包括四十八首从未发表的作品，用来告知听众，鲍勃这样的伟大歌手不能被遗忘。这套唱片成功地唤醒了每一个人，在聆听这些曾被隐藏的经典时，人们重新仰视鲍勃·迪伦。

许多音乐作品，都因曾经鲍勃的拒绝，未被已发行唱片收入，这些歌曲十分优秀，对其他歌迷来说，这些像是被尘土覆盖的珠宝，如今呈现在大家面前。四十八首作品，代表一路走来的鲍勃，当鲍勃得知公司有发行这些歌曲的打算时，他便开始整理相关的资料，包括曾经的录音、样片和演唱会片段，这些作为重要资料一并发行。

三十年来，鲍勃发行了许多唱片，两次整理发行的合辑，可以代表鲍勃的巅峰水平，它们都收录了鲍勃最出色的作品，还将鲍勃一路成长记录其中，这也印证了鲍勃在乐坛不可替代的重要地位。

1992 年 10 月 16 日，鲍勃参加了索尼音乐公司的三十周年纪念庆典，这是一场宏大的演出，是对音乐人的高度肯定，能够参与其中是每一位音乐人的荣幸。

鲍勃没有停止巡演的脚步，他调整了乐队成员。事实上，他与之前的乐队成员关系日渐紧张，他不会和任何人亲近，也不会与别人交谈，只独来独往地生活，除了演出，大家在其他时间根本看不到鲍勃。

又一轮巡演开始了，他举行了 105 场大大小小的演唱会，鲍勃几乎将所有的时间都用在巡演上，也许借此他才能对抗离婚带来的痛苦。鲍勃曾说："我做任何事的唯一原因就是我喜欢这么做，如果别人理解，那自然很好；如果不能理解，那也不能强求什么。"也许当下没人能理解他，但百年之后，人们会称赞他的做法，他只是按照真实的想法去做。

在五十岁的这一年，鲍勃又恢复了单身，他的性格变得古怪，生活更加忙碌，唯一没有更改的是他的音乐理想，即使现在孤身一人，鲍勃也没有停止前行的脚步，继续迎接属于他的起起落落。

在半个世纪前，鲍勃发表了自己的第一张唱片，此后，音乐创作从未停止，数量惊人的全球巡演，让他变成一个回忆富足的人，但鲍勃注定是一个不会活在回忆里的音乐巨人。

BOB DYLAN

The Times They Are a-Changin'

第 11 章

诗人就是不称自己为诗人的人

A poet is anybody who wouldn't call himself a poet

1. 最珍贵的父亲

鲍勃再一次回到大众的视野时，已经结束了一段婚姻。这段婚姻的结束几乎和之前一样。很多人都在怀疑，究竟鲍勃有没有爱过卡罗琳。但是答案无从得知，因为鲍勃向来是对自己的私生活讳莫如深的。鲍勃把全部的精力都投放到他的创作中，从未停止过。

卡罗琳也曾经质疑过鲍勃对自己的爱情。因为这一次鲍勃的离去太过决绝。看着鲍勃远去的背影，卡罗琳清楚地知道这个出现在自己生命中的男人将彻底从她的生命里消失，但是与鲍勃的决然离去相比，鲍勃留给卡罗琳的财产是丰厚的，让人羡慕。两次婚姻，鲍勃都以如此"慷慨"的方式结束。因为鲍勃的手上没有足够的现金，所以鲍勃签署了一份委托书作为证明。他把杜姆角住所的大部分房间留给卡罗琳居住和使用。而这样的情况将持续到鲍勃支付完所有的离婚安置费。除此之外，鲍勃还承诺将支付卡罗琳巨额的赡养费。这笔巨款将在鲍勃今后的演出收入当中扣取。那么，幸运的卡罗琳除了失去了一生的挚爱之外，丝毫没有其他的损失。两人婚姻中所有的财产都将作为共同财产公平分配。卡罗琳还将拿走鲍勃创作的版税用于孩子的抚养。面对如此高昂的离婚费用，鲍勃丝毫没有回心转意。因为，鲍勃想结束一段婚姻的想法异常坚定。

诗人不会苟且，因为还有梦和远方。在爱情、金钱、名誉、地位这些虚妄的名词面前。鲍勃表现得如此从容。在这个世界上，真正能够阻止他的，只有死亡。

离婚之后的鲍勃并没有陷入消沉之中无法自拔，而是一口气演出了 105 场演唱会。作为一名歌手，一个艺人，1992 年对他来说是一个特别充实的年份，充实到十分疲惫的状态。记得那还是鲍勃第一次离婚的时候，在 1978 年，他也是像现在这样忙碌。为爱情疗伤，也为自己颓废的精神寻找出路。忙碌的鲍勃在工作中调整生活的节奏。没有人看得出来鲍勃内心的痛苦。无论是好友还是家人，甚至是鲍勃自己都觉得那段日子的自我疏离和麻痹是无法想象的。每个人的一生中都需要经历和自我的剥离，寻找真正的自我的阶段。在鲍勃和卡罗琳的婚姻结束之后，鲍勃就处于这样一种状态。庆幸的是，这位近乎疯狂的音乐人找到了出走的门口，并毅然奔向远方。

除此之外，鲍勃这样拼命工作的另一个原因就是他还想在事业上有所作为。虽然人生已经走过半程，但是鲍勃并不会向命运低头。可悲的是，鲍勃失去了创作的灵感。不仅仅是因为年老，更是因为需要支付巨额的离婚安置费。这一切的痛苦和追求都不被外人所知。

这一桩离婚案件是鲍勃不愿提起的往事。鲍勃对于自己的私生活向来守口如瓶。很多时候，人们甚至感觉鲍勃只是活在音乐的世界里，不曾在人间停留。年近半百的鲍勃比以往更加孤独和阴郁。也正是这样的鲍勃，才能够在近乎与世隔绝的境况下创作出经典音乐作品。很多时候，鲍勃要感谢孤独。

走在音乐道路上的鲍勃是成功的。但是生活中的鲍勃却无比可怜。与卡罗琳的离婚案使他在此后多年一直深陷财务泥潭。尽管收入可观，但是鲍勃的高额支出更加惊人。因为在鲍勃的生活里，不仅仅有卡罗琳，还有萨拉·迪伦，以及众多的女友和六个孩子，还有鲍勃的孙辈们。此时的鲍勃就像是一棵巨大的榕树，有很多栖身于此的枝叶在吸吮主干的养分。可是鲍勃从未因此抱怨过。

在鲍勃的眼中，自己依然有责任和义务来照顾前妻，尽管已经没有爱情。这就是鲍勃，他看似绝情和冷酷，但是有责任和担当。

当鲍勃为了维持生计而四处奔波的时候，萨拉·迪伦正住在比弗利山，享受着鲍勃数百万的离婚安置费和他的高额版税。在外界看来，鲍勃与前妻萨拉的关系是十分融洽的，甚至有时可以用亲密来形容。但是，这层看似让人羡慕的关系只是为了孩子们而营造的假象。媒体人穷追不舍地跟踪报道，但即使是心思缜密的媒体记者也没有找到任何蛛丝马迹证明两个人有复婚的可能。

为了孩子们能够健康快乐地成长，鲍勃做了很多努力。鲍勃的长子耶西充分继承了父亲的基因。耶西是一个性格开朗的大男孩，体态微胖的他像很多美国的大男孩一样，喜欢流行音乐。但是耶西进入纽约大学之后，没有生活压力的他并没有把更多的精力放在学业上，他并没有取得纽约大学的毕业证。但是作为一个年轻人来说，他的成就是显著的。起先，耶西还只是为洛杉矶制作公司设计流行音乐的录影带和一些电视广告。可是，当这家在当时还不是很有名的小公司被天堂音乐与娱乐公司兼并之后，耶西已经作为一位主要的投资者参与其中了。此后的耶西和很多社会名流交往，并且担任了公司的主席和执行总裁。

和自己的父亲相比，耶西成了一个成功的商人，并没有走上艺术家的道路。当所有人都认为耶西将继承父亲的衣钵，即将成为一个音乐界的天才巨子时，耶西却悄悄地改变了航行的方向。但是，无论耶西选择了怎样的人生道路，鲍勃都默默支持并祝福他，这就是父爱的深沉和伟大。

对于长子的“离经叛道”，鲍勃是十分理解的。和耶西不同，他的弟弟们都继承着父亲的基因，在音乐的道路上渐行渐远。塞缪尔和雅各布就像是一对双胞胎。不仅相貌相似，爱好兴趣也几近相同。他们两个人都是身材高挑，略显消瘦，和他们的哥哥耶西的微胖身材很不同。自然卷曲的褐色头发让他们看起来更加迷人。最特别的是他们和鲍勃一样，有一双深邃迷人的蓝眼睛，幽怨而多情。塞缪尔和雅各布一样安静、敏感，情绪中稍带一点狂乱。大学毕业之后，塞缪尔在进入麦秸狗公司之前，还曾经当过一段时间的摄影师。

鲍勃对于孩子们的影响是潜移默化的。他在杜姆角的寓所里放置了很多乐器，只要是目之所及的地方就会有一件乐器在那里。孩子们深受感染和熏陶。虽然他们在很小的时候就知道自己的音乐才华和父亲“天赋”的音乐感知相比是永远望尘莫及的，但孩子们在父亲的言传身教中酷爱音乐是个不争的事实。

鲍勃是一个成功的父亲，他对孩子们的培养可谓是竭尽全力。在孩子们稍微长大一些的时候，每当鲍勃有演出的时候，总会把孩子们带在身边。用可感可知的音乐形式培养着他们。每次巡演之后，鲍勃还会和孩子们共同分享感受。在时光的旧影里，这些都成为鲍勃晚年最美好的回忆。

在众多的孩子里，鲍勃最欣赏的还是最小的儿子雅各布。这可能和许多传统家庭一样，孩子们中最小的一个总是会受到特别的关注和宠爱。雅各布和父亲十分相似，有着相同的精神追求。拒绝平庸和无为，渴望成为备受关注的知名人士。或许是家境殷实导致的结果，雅各布和他的哥哥一样，没有完成学业就去组建了“壁花”乐队。

这样的表现无疑是在向他的父亲宣告他要正式踏入这个充斥着浮躁与喧哗的音乐世界。没有人比鲍勃更加清楚这个行业的残酷和种种乱象。可是鲍勃除了格外关注儿子雅各布之外，并没有阻止他的脚步。鲍勃在一次采访时曾经说过："我最初的想法只是不想看到雅各布被粗野地对待。"来自一位父亲最深沉的关爱和担忧可见一斑。

这是一个身为音乐人的痛苦挣扎，矛盾不可转化。一方面，作为父亲的鲍勃想要让孩子在成长的过程中享受快乐；另一方面，作为音乐人的鲍勃又十分渴望自己的孩子能在音乐这条道路上有惊人的表现。很多时候，矛盾的鲍勃甚至不希望看到耶西和塞缪尔始终身处幕后。因为在鲍勃看来，只有走到台前的音乐人才能真正诠释自己的存在，不可代替的存在。

但是，更多的时候鲍勃还是能够克制自己的想法。因为他知道，孩子们未来的坎坷道路需要他们亲自去走完，没人可以替代。每一次的摔倒都是为了更坚强地站立。可是鲍勃还是看到了让他痛心的事情。1992 年，雅各布组建的"壁花"乐队发行的首张同名专辑销量堪忧，儿子这一次的努力宣告失败。对于音乐人来说，唱片的销量就是生命线，就是检验自己是否受欢迎的标尺。可是，这一次，也是第一次，雅各布失败了。

鲍勃在思考，应该用怎样的方式去安慰孩子受伤的心灵？一位父亲的深沉思考沉浸在午夜的灯光中，泛着微黄的光亮。一切的不快都会过去，当雅各布从失败中走出来，开始投入全新的生活的时候，鲍勃激动得几乎落泪，因为孩子要比他想象的更坚强。

当孩子们都组建了自己的家庭，当儿孙们承欢膝下时，鲍勃感受到了家庭带来的温暖和快乐。这样的生活体验和音乐无关。

父亲的深爱，母亲的优雅，孩子们的努力……这就是鲍勃的家庭。不得不承认，虽然鲍勃和萨拉离婚了，但是这个表面看来破碎的家庭并没有影响孩子们的健康成长。因为孩子们并没有因为殷实的家境和不完整的家庭而变得堕落和奢靡。财富和宠爱只是让他们更加快乐地生活，并没有导致他们走向失败的人生。

孩子们对鲍勃的评价是：“他是一位非常优秀的父亲。他懂得倾听和关注，懂得退让和帮扶。”这是孩子们对父亲最真挚的感受。

任何父亲都会犯错，即便是在自己的家庭中，鲍勃也还是保留了性格中的内向、被动、孤独和阴郁，只有面对音乐的时候他才能展现全部的热情。但是，这并不阻碍孩子们深爱他们的父亲。他们为鲍勃在音乐上取得的成就感到自豪。

父爱如山，我们没有选择父亲的权利，但是我们从不缺少父亲的关爱。

2. 告别恶习

无论鲍勃怎样将精力投入他的家庭里，音乐都是鲍勃无法抛弃的重要生命拼图。如果说鲍勃在家庭生活上是一个孤僻、冷漠的人，那么在音乐的世界里，鲍勃则摇身一变，浑身上下瞬间充满了热情。鲍勃的音乐俘获了不同年龄层次人的认可和青睐。这是连鲍勃自己都始料未及的。

1994 年，在美国纽约的索则提举办了一场盛大的音乐节，以纪念 1969 年伍德斯托克音乐节举办二十五周年。当鲍勃身为主导流行的领军人物时，他冷落了这一处于初创阶段的音乐节，他当时宁愿在怀特岛演唱开场曲目。当年过半百的鲍勃到达了演唱会的现场，看到年轻人在泥水中扭动身躯为“红辣椒”乐队近乎夸张的表演热烈欢呼时，鲍勃简直惊呆了。这样的年轻人能够接受一个老人演唱流行音乐吗？鲍勃起初是怀疑的。并且，鲍勃在看过演出的节目单之后，更加沮丧。因为鲍勃的演出排在这支乐队的后面。

鲍勃在自己的巡演车里待了很久，他害怕自己站在舞台上受到的是冷漠和无视的眼光。这台巡演车静静地停在北面的舞台后面。“我们站在后面，等着万事俱备。当所有事情都处理完毕后鲍勃还是没有从巡演车里走出来。”担任舞台监督之一的帕特里克·斯坦菲尔德说。这位与鲍勃合作了二十多年的老朋友从未见过他这样缺乏自信。没有人知道鲍勃在巡演车里都想了些什么。最终，鲍勃还是穿着一件极具西部风格的演出服出现在了舞台上。

这一次的经历对鲍勃来说简直是太重要了。因为这完全是一次自我否定，然后自我重建的过程。在与过去的自我剥离的时候，鲍勃完成了新的自我的救赎。

当舞台的灯光投向鲍勃，当鲍勃还未开口，当无数的年轻人看到鲍勃出现时，大家人都近乎疯狂。这样的情形反倒让舞台中央的鲍勃惊慌失措。那些刚刚在泥中扭动的半裸的年轻人也会对这个“老头子”投以狂热的激情。斯坦菲尔德说：“鲍勃并不知道听众们喜爱他，也不知道他们希望他出席音乐节。我不知道鲍勃为何有这样的感觉。”鲍勃需要肯定，尤其需要青年人的肯定。因为这是为即将衰老的生命注入活力的灵丹妙药。

如果你认为这是全部的鲍勃那就大错特错了。因为鲍勃还会用绘画来放松精神。巡演的空闲时间，鲍勃会让助理为他准备铅笔、炭笔和钢笔。因为鲍勃喜欢绘画，这也是鲍勃用来释放压力，缓解情绪的有效方法。

1994年，兰登书屋出版了一本收录了鲍勃1989年至1992年的一些画作。这本书有一个很文艺的名字——《涂抹空白》。这是鲍勃触摸已知世界的一个途径，很多人在看过这本画作之后深受感动。因为画面的构成多是旅行者的世界。公路、车轨、餐厅，这些生活中的零散意象被鲍勃捕捉到，并用流畅的线条与温暖的色彩呈现在世人的面前。画作中少有的几张人物肖像是巡演中的队员。这些温暖的画作，让我们又一次捕捉到了鲍勃的孤独与寂寞。同时也是鲍勃支离破碎的生活写照。很多时候，艺人的生活是忙碌的，原本不像我们看到的那样光鲜亮丽，优雅从容。鲍勃在忙碌的生活中找到了艺术的契合点——绘画与写作。

1995年一整年鲍勃都忙于各种演出活动。这一整年鲍勃一共举办了近百场演唱会。在整个过程中，鲍勃都是全情投入。每一次的巡演鲍勃都会亲自参与策划和所有前期的准备工作。在这一年里，鲍勃也消瘦了很多。

艺术的灵感很多时候需要精神的供给。但是，再好的艺术家也有精神枯竭的时候。所以，鲍勃沾染上了恶习，吸烟和酗酒在很多时候成了鲍勃的精神寄托。甚至，有的记者把鲍勃的作品和吸食毒品牵连在一起。当然，这只是带有恶意的揣测罢了。

可是酗酒已经成为一个事实，并且严重损害了鲍勃的健康。因为大量的饮酒使鲍勃的健康每况愈下。他的朋友们都十分担心一旦这样下去，鲍勃迟早有一天会酒精中毒。在孩子们善意委婉的规劝中，鲍勃开始考虑戒酒。这个过程是痛苦的。戒酒过程中的鲍勃有时就像是一个小孩子，明明知道自己犯了错，可是还是不想悔改。很多次，鲍勃的手已经触及酒杯，可是一刹那之间，那只颤抖的手又缩了回去。就是在这样的反复折磨中，鲍勃戒掉了酗酒的恶习。

这样的努力在 1995 年的夏天得到了最好的证明。在“感恩而死”乐队演出时，舞台上的鲍勃精神格外抖擞，一场激情四射的表演之后，鲍勃赢得了热烈的掌声和欢呼。更富有磁性和感染力的嗓音又一次征服了全世界。如此灿烂夺目的表演成了鲍勃的转折点。他将迎来又一次音乐道路上的巅峰时刻。

在此后的很长一段时间里，脱胎换骨的鲍勃在每一次的演出中，都能给歌迷带来很多惊喜。但是，那段时间里，鲍勃所创作的作品还是湮没在他已有的盛名里。一位创作者不能沉浸在已有的成就里而沾沾自喜，创作者的生命应该永远是鲜活的，这样才能使创作的灵感长久地保持下去。

所以，鲍勃制作了一张新唱片，取名为《很久以前》。这成为一位艺术家复苏的标志性动作。虽然名字很怀旧，但是收录的都是鲍勃创作的新歌。他想通过这张唱片，让大众认识一个新的鲍勃。七年之久，鲍勃终于推出了自己的新唱片。整张唱片曲风冷峻孤傲，好像是一位历经坎坷命运的老者在低沉诉说。让所有听到旋律，感念歌词的人神伤心动。这就是音乐的无穷魅力。能够让所有的心灵相通，感知彼此的命运。

这张唱片的灵感和创作源泉来自1992年到1993年之间鲍勃录制的民谣歌曲，这些歌曲也是选自美国的民间音乐典籍中。曲风质朴的民间音乐给了鲍勃许多创作的灵感，让鲍勃再一次找到了年轻时候创作音乐的快感。当创作的灵感再一次被激发的时候，鲍勃再也不能停下创作的脚步。有时，鲍勃甚至工作到凌晨。最初，歌词常常在夜晚浮现在他的脑海里，就像是一闪而过的流星，如果不及时抓拍，那个划过天际的瞬间美丽将转瞬即逝。有的时候，鲍勃则会把歌词记录在香烟盒上，潦草的字迹记录着一位歌者的心声。

那些猛烈、深刻的词汇不断地跳跃在鲍勃的笔尖，无法停止，就像是精灵一样活跃在他的思维里。鲍勃在创作时永远充满了激情，就像是一个亢奋的孩子在玩弄手中心爱的玩具。鲍勃·迪伦在他的音乐道路上艰难又快乐地行走着，不分昼夜和欢悲，诗化的语言和真情犹如神鸟一样从他的口中飞入聆听者的心里。《很久以前》这样唱片在这一年的晚些时候公开发行，被认为是鲍勃职业生涯中的又一杰作。

就在《很久以前》这张唱片大卖的时候，鲍勃的儿子雅各布的“壁花”乐队也获得了成功。雅各布的单曲《前灯》和《跳下马背》销量惊人，干净清新的曲风征服了无数歌迷的心。

父子的成功被世人传为佳话。在格莱美奖的获奖感言中，鲍勃很是感谢自己的创作团队。同时也感谢来自家人的关注和支持。人生已过半程，鲍勃再一次取得了巨大的成功。音乐是有选择性的。很多时候，能够一直备受关注和深受欢迎的歌手并不多见。鲍勃就是其中之一，他是当之无愧的歌中之王。

3. 诗歌与聆听者

鲍勃·迪伦是当代流行音乐独一无二的现象级人物。从他成为一个民谣歌手至今，他就用难以置信的勇气，最大限度地做到了对后工业社会的商业规则的顽强挑战。他不屈从，他始终遵循他的大脑，而不是身外的任何商业规则。在此之前，也只有作家塞林格有过类似的做法。这让习惯商业规则的人们对鲍勃这个人无所适从，激增了媒体和公众对这个“怪人”的兴趣。他的歌词、音乐、外表，甚至他说过的每一句话，都能成为人们讨论的话题。但是，鲍勃从来不正面解答人们对他的质疑。这反倒让人们的好奇心变本加厉。无数解读、分析鲍勃的文章、书籍面世，但人们始终没有搞清楚他究竟是一个什么样的人。相反，这个“蹩脚”的诗人、反商业的歌手，在他写过的上千首歌中，没有几首成为热门歌曲，他的歌词也没有多少人能看明白。换作其他人，人们早就会将其忘记，但是人们从来没有忘记鲍勃。

他可能是唯一一个用反商业方式获得成功的人，他为自己创造的商业价值可能微不足道，但是对他好奇的人们因为他而创造的商业价值却无法计算。鲍勃·迪伦活在这个世界上，就像一只刚刚从水里爬出来的猫，本能地用最快的频率抖掉身上的水珠，把人们贴在他身上的标签抖得一干二净。与其说贯穿了过去整个 50 年，人们喜欢谈论鲍勃·迪伦作为一个美国文化现象的方方面面，还不如说他是一个抗议后工业社会规则的歌手。

斯科特·科恩在 1985 年采访迪伦时曾经这样描述他："鲍勃·迪伦，桂冠诗人，身穿摩托夹克的先知，神秘的游民，衣衫褴褛的拿破仑，一个犹太人，一个基督徒，无数的矛盾集合体。完全不为人所知，像一块滚石。他曾经被分析、定级、分类、钉上十字架、定义、剖析、调查、检验、拒绝，但是从来没有被弄明白过。"

鲍勃携一把吉他，一只口琴，一个伍迪·格斯和小理查德的混合体，头戴一顶灯芯绒帽子，在 1961 年像一阵风一样开始了他的传奇。他是第一个朋克民歌手。他把抗议歌曲引入了摇滚乐。他使歌词变得比旋律和节奏更重要。他的沙哑的歌喉和浓重的鼻音是独一无二的。他可以创作超现实主义的歌曲，却具有自己的逻辑——就像詹姆斯·罗森奎特的画作和兰波的散文诗一样，简单，直指内心，带有民歌特有的轻松。他可以调用夜晚的黑暗，将白昼涂黑。如果他可以自己选择，他可能会成为猫王之后最成功的偶像。

1965 年，当他在新港民歌音乐节上登台演出插电摇滚乐时引起了骚动，纯正的民歌派别认为他出卖了自己。之后在爱与和平运动的顶峰，人人追随东方宗教的时候，鲍勃头戴圆顶小帽来到了耶路撒冷的哭墙。10 年之后他成为一个获得新生的基督徒，发行福音专辑。人们发现，鲍勃真的和他之前大为不同了。

并不是鲍勃忽然间变得远离政治。其实，《圣经》里面的诗句一直都是他在歌曲里面经常引用的。人们多年来一直称他为预言家。谁知道呢，也许一场神性的转变即将到来，而摇滚乐则为新生世界拉开了序幕。还有谁能成为比鲍勃·迪伦更好的先知呢?

鲍勃的生活非常简单，他住在加州海边的隐蔽居所里。尽管他近来常常被曝光，参加格莱美，录制音乐录像带，甚至接受访谈，但这些丝毫不能减少他的神秘。事实上，鲍勃在今天重新定义了“艺术家”这一概念。在20世纪60年代，流行歌手通常被称为唱片艺人，他们提供给大众的是一种娱乐消遣行为，很少有人把这些艺人跟艺术家联系在一起，19世纪以来，“艺术家”往往指的是画家、作曲家、作家。但鲍勃·迪伦的出现，重新定义了这个概念，他做的事情与任何一个艺人做的无异——录制唱片，像底层流浪艺人那样到处演出，但他是一个真正的艺术家——一个一生充满叛逆和不妥协的艺术家。

鲍勃从来不跟媒体和公众互动，不管在他成名之前还是之后，明星与公众之间的关系都被默认为：作为明星有责任回应人们的好奇和疑问，因为这可能会给你带来直接商业利益。一直以来，商业媒体、明星、公众之间的关系就一直以互动的方式存在，从没有改变过，直到鲍勃出现。

1962年，刚刚出道的只有21岁的鲍勃，在媒体面前就显示出他冷漠刻薄的一面，在一次广播节目采访中，主持人问：“为什么要到纽约来？”鲍勃说：“我不能告诉你，因为这会牵扯到其他人。”在剩下的半个小时的时间，他回避了主持人提出的任何问题，导致这个节目不得不中止。1963年，在另一次广播节目中，主持人问他：“《暴雨将至》这首歌中的‘暴雨’是不是‘核雨’的意思？”鲍勃说：“仅仅是暴雨。”当有人问他：“你是唱自己的歌还是别人的歌？”鲍勃的回答简明扼要：“现在都是我的。”鲍勃在接受访谈时的冷漠、嘲讽和机智，是人们印象最深刻的，他也是用这样的方式保护了自己，让他在媒体和公共视野中逐渐变成了一个谜团。

1969年，鲍勃接受《滚石》杂志主编詹·温纳采访时说：“如果你接受了一家杂志的采访，很快，你就会被采访所包围。这就是我为什么不接受采访的原因。”但很快有好事者对鲍勃接受采访次数做了统计，从他出道至今，平均每个月接受一次媒体采访。不过从这些采访中人们会发现，鲍勃熟练地用自己的方式控制着整个采访，他用冷漠、尖锐的思路主导着谈话内容。

在采访中他通常不会透露任何有价值的信息。他更喜欢把媒体当成一个笑料来对待。媒体不顾一切地想尝试界定他，试图使他钻进设定好的圈套，但是鲍勃谜一样的态度让媒体无功而返。由于人们无法搞懂鲍勃，无能的记者喜欢用平庸无聊的问题来对待鲍勃。曾经采访过几次鲍勃的乐评人罗伯特·希尔本说："在他心里，就根本没把媒体当回事，人们总试图为他贴标签或者归类，所以他对整个采访和报道过程感到怀疑。"

鲍勃的脑子里永远有无数和采访者希望知道的结果截然相反的答案，或者他的回答让人抓狂又难以捉摸。包括他的歌词，读起来没什么特别的，但勾起人们破解密码一样的兴趣。他经常在歌词中提及很多人物或者发表无数观点，但是人们不知道那些究竟代表什么。

1966年，鲍勃接受《花花公子》杂志的采访，采访者是纳特·亨托夫，亨托夫在当时也算个挺了不起的人物，他是个爵士乐手、小说家、乡村歌手兼乐评人。鲍勃说："看，我没那么深刻，事情也没那么复杂。我的动机不管是什么它都不是商业性的，不是为了钱。但我挣钱了，我就顺其自然了，我觉得没有理由不去做这个事情。我的老歌，可以这么说，它什么意义都没有，新歌也一样没什么意义。唯一不同的是，新歌是在一个更大的观念下写的，可能也是无意义的……我知道我的歌是什么。"亨托夫好奇地问："是什么？"鲍勃说："有些歌大约4分钟长，有些5分钟长。有一些不管你信不信，大约有11分钟或12分钟长。"

这种有趣的回应是鲍勃睿智的体现。他一直很清醒地试图让别人对他自己和他的作品感到迷惑不解。在看似严肃正经的回答背后，是鲍勃为了保护自己私人世界不受到任何干扰的动机。他曾说："我唯一想对他撒两次谎的，一个是自己，一个是上帝，媒体不是其中的任何一个，他们跟我没有任何关系。"

有一次在电视直播现场，鲍勃被问道："你是怎么解释你的吸引力的？"他回答："对什么的吸引力？"当被问到是喜欢表演还是录唱片的时候，他严肃地说："演出确实比以前有意思多了，但是唱片更重要，因为它确实可以更容易听到歌词和其他东西。"

1986 年，鲍勃在接受《滚石》杂志科特·洛德的采访时说："当我回望过去，我很惊讶写出了那么多歌，现在回想起来，我写歌的时候有一种精神，你知道吗？写《荒芜之街》的时候，我只是想着某一个夜晚，歌词也没什么逻辑，它就从我脑子里出来了。"在另一个访谈里他的回答也大同小异："我也不知道是怎么写出来的，反正那些早期的歌曲很神奇地就写出来了。"

于是，人们喜欢分析鲍勃的歌词，试图寻找某些终级答案。鲍勃很厌烦人们这种喜欢在歌词中搜寻隐含的意思和透露的信息的做法。所以人们评论鲍勃的创作是"创造性完全是神秘甚至充满魔力的过程"。大概过于关注自我和技巧在某种程度上会妨碍无拘无束的创造性。人们对鲍勃的期望就是失望的过程。包括他自己。

2005 年，鲍勃在马丁·斯科塞斯的纪录片《归家无向》中回忆他早年与媒体打交道时说："他们认为表演者会提供所有社会问题的答案，这太荒谬了。"他还说："谁还指望什么？我是说任何人从我这里期待得到任何东西都是一个界限的问题。但凡现实一点的人都不会希望从我这里得到什么。我已经给他们足够多了，他们还想从我这要什么？你不能总是指望一个人给你所有的东西。"

鲍勃是少有的保持了某种不可理解的神秘性的人。他 50 年来形成的深不可测的完美化形象随处可见。然而，今天却很少有人了解他。在媒体无孔不入的时代，看起来很难做到，但是他实现了。

诗人的使命就是完成人类共同思考的命题，鲍勃一直在寻找答案。

4.世界唯一的鲍勃

鲍勃·迪伦是世界上唯一一个集歌者、画家、诗人于一身的人。

瑞典文学院常任秘书萨拉·达尼乌斯近日在瑞典文学院会议厅揭晓诺贝尔文学奖。文学院在当天发表的新闻公报中说，鲍勃·迪伦因为“在美国歌曲传统形式之上开创了以诗歌传情达意的新表现手法”而获得今年的诺贝尔文学奖。

瑞典文学院宣布将2016年诺贝尔文学奖授予美国音乐人兼作家鲍勃·迪伦。年届75岁的鲍勃成为自1901年诺贝尔文学奖创立以来首位获得该殊荣的音乐人，也成为自1993年托尼·莫里森之后，又一位获得诺贝尔文学奖的美国人。与此同时，诺贝尔文学奖该不该授予一名歌手成为各国人民热议的话题，有媒体认为，鲍勃·迪伦获奖是诺贝尔文学奖历史上最具争议的结果。

诺贝尔文学奖是对获奖者一生文学成就的肯定，而非只奖励某一部作品。在《纽约时报》题为《鲍勃·迪伦获诺贝尔奖重新定义文学边界》一文写道，“现在，迪伦先生，摇滚音乐界的诗人被授予了同托马斯·艾略特、加西亚·马尔克斯、托尼·莫里森等人具有一样荣光的诺贝尔文学奖”，文章指出不少人对歌词可以与诗歌等高雅文学作品等量齐观持有不满意见。《华盛顿邮报》也称鲍勃获奖的消息是“瑞典发生的爆炸性新闻”。

早在 2010 年 2 月 10 日，美国总统奥巴马携夫人米歇尔在白宫举行了一场纪念美国人权运动的音乐会，也邀请鲍勃·迪伦来献唱《时代变了》。不过，鲍勃·迪伦依然很特立独行，非但不参加排练，就连音乐会当天和总统夫妇拍照环节都显得丝毫不感兴趣。奥巴马说两人仅有的互动就是礼节性的握手和鲍勃·迪伦离开时报以的一个笑容。“如果他做些别的什么，那他就不是鲍勃·迪伦了。”

奥巴马很买“非主流迪伦”的账，是他的忠实“粉丝”。在一次采访中，奥巴马告诉《滚石》杂志的联合创始人，说鲍勃·迪伦的歌是自己 iPod 上播放率极高的歌曲。他说：“和新潮音乐相比，我似乎更钟情于小时候听过的那些歌曲，鲍勃·迪伦、滚石、迈尔士·戴维斯，这些都是经久不衰、百听不厌的。”

鲍勃·迪伦的大半生，追逐时代，审视时代，推动时代而终被时代所追赶，以至于我们常常只能看着他的背影，或是把他的一张张脸孔分门别类。

让我们简单回顾一下：鲍勃·迪伦的原名是罗伯特·艾伦·齐默曼，他在大学开始唱民歌时改名鲍勃·迪伦。他取这个名字一半是因为模仿美国电视节目中的西部英雄马特·狄龙，另一半是因为这个新名字实在好听又好记。他的民谣生涯是从考上明尼苏达大学开始的。鲍勃和不少当时的年轻人一样厌倦枯燥无味的大学生活，他整天出入酒吧试图从音乐中找到自己。当时的摇滚乐还并没有成型，不少年轻人都嫌弃“三件套”式的音乐太简单，于是鲍勃把手里的电吉他换成了一把钢丝弦的吉布森民谣吉他，从扒流行民歌组合金斯顿三重唱开始，到疯狂地模仿当红的民谣歌手伍迪·格斯。时间沉淀，鲍勃·迪伦慢慢摸索建立起属于自己的风格。

鲍勃·迪伦迄今为止的生涯都是在“被贴标签”和“撕标签”中进行

的，用“斗士”一词来形容他也不为过。不仅因为他歌词中的批判精神和自始至终的摇滚精神，还在于他反复地否定自己，别人捉摸不透的同时却能感受到他的坚定。迪伦的转变和顽固在一段时期被很多人曲解，歌迷也屡次指责他“为了商业利益出卖自己”，但他认为：“只要能继续做我喜欢做的事，我不在乎被贴标签，或者媒体怎么看，因为我每天晚上都在面对人们演出。”

近二十年来，他像一个“多产的幽灵”发行一张又一张唱片，人们惊叹，当年那个戴着墨镜，四周散布着光芒，像精灵一样超脱于所有同时代年轻人的自由顽童、那个叼着一根粗大的雪茄构成所有存在主义符号的年轻迪伦，竟如此老朽了。歌迷们这种让人沮丧的体验来自意识到历史的突然断层，意识到自己倾注在鲍勃身上的所有乌托邦式的回忆、一帧帧二十岁理想主义影像的死亡，他们曾经如此紧密地参与过这个时代，而这一切都随着鲍勃的老去而消逝了，这个世界不再与他们有关。

鲍勃对时代的主流思想始终保持着强烈的警惕心。他说：“我只是觉得主流文化很落后，是个骗人的把戏。它就像窗外那坚固的冰霜，你不得不穿着笨重的鞋子走在上面。”无论是出席格莱美或是参加义卖唱片《天下一家》时，鲍勃几乎总是以一些孤僻、不合群的行为让他在活动组织者眼中成为大煞风景的人。

民谣是鲍勃成名和探索世界的方式，而诗意的歌词则是他作品中最核心的因素。他的歌词完全能够脱离曲调而被当作诗作来阅读，而他的文学成就也完全可以在他的传记里独立成章。我们更多的时候爱的是鲍勃身上所具有的一种精神。这种精神可以战胜一切不可能战胜的心魔，支撑着在苦难的岁月中艰难摸索的人们。

从女性角度来看，鲍勃年轻时的形象是“万人迷”的典型代表。卷发，深情双眼，才子内核……事实上，他的私人生活并不如20世纪60年代其他摇滚歌手那么复杂混乱，每一段爱情都有可以追溯的感人故事。

这就是我们所认识和不认识的鲍勃·迪伦。无论在感情上、生活上、事业上、音乐上有何种怪异表现的鲍勃，都永远是一个时代精神的召唤。鲍勃的存在标志着美国一个时代的开始和结束。没有人会怀疑这个人类的“先知”有一天会变得平庸。因为，鲍勃·迪伦从未依附于任何一个时代。他始终走在世界的边缘，冷静地观察着一切。

或许只有无休无止的巡演是让鲍勃觉得更舒服的生活方式，直到现在他已经是个七旬老人，还依然没有停下来的意思。有人说，鲍勃已经在26岁之前完成了自己所有的人生，后来他就和时代脱节，感到尴尬无事可做。但他从未对自己的行为做出任何解释，只是在不停地行走，歌唱……